Renate Schernus und Fritz Bremer

Tyrannei des Gelingens

Paranus

RENATE SCHERNUS, Jg. 1942, Psychotherapeutin, langjährig leitend tätig in den von Bodelschwinghschen Anstalten Bethel, seit 1992 Redaktionsmitglied der »Sozialpsychiatrischen Informationen«, zahlreiche Veröffentlichungen, u.a. »Die Kunst des Indirekten – Plädoyer gegen den Machbarkeitswahn in Psychiatrie und Gesellschaft«, Paranus Verlag, 2000, und »Hausärztin im Kiez – Porträt der Anna B.«, Psychiatrie-Verlag, 2002.

FRITZ BREMER, Jg. 1954, ist Diplompädagoge und arbeitet seit Mitte der 70er Jahre in sozialpädagogischen und sozialpsychiatrischen Einrichtungen. Er gründete 1985 mit Henning Poersel den »Brückenschlag – Zeitschrift für Sozialpsychiatrie, Literatur, Kunst« und später den Paranus Verlag. Zahlreiche Veröffentlichungen, u. a. »In allen Lüften hallt es wie Geschrei – Jakob van Hoddis, Fragmente einer Biografie«, Paranus Verlag, 2001. Heute ist er (Mit)Geschäftsführer der Brücke Neumünster gGmbH. Er ist verheiratet und Vater von drei Kindern.

Renate Schernus und Fritz Bremer

Tyrannei des Gelingens

Plädoyer gegen marktkonformes Einheitsdenken
in sozialen Arbeitsfeldern

Der PARANUS-Verlag ist integrierter Bestandteil
der gemeinnützigen »Brücke Neumünster gGmbH«.
An Redaktion, Herstellung, Werbung und Vertrieb unserer Bücher und Zeitschriften sind
alle Betriebsangehörigen – Lektoren, Teilnehmerinnen und Teilnehmer der Einrichtung,
Setzerinnen, Drucker und Betreuende – gemeinschaftlich beteiligt.
Wir danken herzlich allen Menschen und Institutionen, die im Förderkreis PARANUS-
Verlag unsere Arbeit unterstützen.

Bibliografische Information Der Deutschen Bibliothek
Die Deutsche Bibliothek verzeichnet diese Publikation in der Deutschen
Nationalbibliografie; detaillierte bibliografische Daten sind im Internet über
http://dnb.ddb.de abrufbar.

© 2007 Paranus Verlag der Brücke Neumünster gGmbH
Postfach 1264, 24502 Neumünster
Telefon (04321) 2004-500, Telefax (04321) 2004-411
www.paranus.de

Lektorat: Hartwig Hansen, Hamburg
Umschlaggestaltung: druckwerk der Brücke Neumünster gGmbH
unter Verwendung eines Bildes von Sabine Heimann, Wiesbaden
Druck und Bindung: druckwerk der Brücke Neumünster gGmbH

ISBN 978-3-926200-92-1

Inhalt

III. Soziale Kultur statt Marktkonformität –
Not macht erfinderisch, aber nicht alles mit

Anhang/Dokumentation

Dann und wann etwas riskieren ...

»Rezepte gibt es nicht und auch keine Trampelpfade.
Es gibt nur die Möglichkeit zu tun, was man für richtig hält,
gegen das zu argumentieren, was man für falsch hält,
zu ändern zu versuchen, was einen stört –
und dann und wann etwas zu riskieren.
Manchmal ein bisschen zu weit zu gehen anstatt stets allzu kurz zu treten.
Neugierig zu sein, was daraus entsteht.
Auszuhalten, dass man im Voraus nicht so genau weiß, wohin der Weg führt.
Und im Übrigen nicht zu vergessen,
dass alle Auswege mit Irrtümern gepflastert sind.
Risiken und Nebenwirkungen müssen in Kauf genommen werden –
da helfen weder Arzt noch Apotheker.
So ist die Welt – kein göttlicher Heilsplan,
sondern eine Versuchsanordnung.«
Aus: Robert Misik: Genial dagegen – kritisches Denken
von Marx bis Michael Moore, 2005

In diesem Buch geht es um das, worum es unserer Meinung nach in Deutschland und weltweit in den letzten Jahren immer weniger geht: um den »be-achtlichen« Einzelnen, um seine nicht normierbare Originalität, seine un-berechenbare Verrücktheit, seine durch keinerlei PR-Doping zu vertuschenden Schwächen, seine angeborene Abhängigkeit von ihm wohlwollenden Anderen, sein Recht auf Unvollkommenheit und Misslingen. Dabei ist unsere Perspektive diejenige von Menschen, die an der »sozialen Arbeit« im erweiterten Sinn beteiligt sind. Das sagt noch wenig aus, denn aus dieser Perspektive könnten wir auch den Standpunkt einnehmen, dass die Dinge nun einmal laufen, wie sie laufen, und dass ein tüchtiger, moderner Sozialprofi seine Managementfähigkeiten darin beweist und entfaltet, dass es ihm gelingt, auch unter widrigen Umständen schwarze Zahlen zu schreiben. Er hat sich eben den Regeln des Marktes und der sich zu dessen Gunsten in rasanter Folge ändernden Sozialgesetzgebung anzupassen.

Verantwortung? Schwer zu ermitteln, wo sie liegt. Parteilichkeit für Benachteiligte? Man muss eben das Beste aus der Situation machen. Auch das wäre eine mögliche Haltung. Nur, dass das *für den Menschen* Beste dabei unversehens auf der Strecke bleiben könnte. Dabei besteht das Problem nicht so sehr darin, dass das Beste nicht gelingt. Historisch gesehen ist es noch nie gelungen. Die Frage ist vielmehr: nehmen wir Teil an einer Dynamik, in der wir uns davon mehr und mehr entfernen, oder an einer, in der wir uns annähern? Wird diese Dynamik von der ethischen Frage »was sein soll?« oder von ganz anderen Fragen angetrieben? Wir zweifeln.

Wir können uns mit einigen Haupttrends gesellschaftlicher Ideologiebildung und ihrem Niederschlag im Alltag der Arbeit im Sozial- und Gesundheitswesen nicht einverstanden erklären. Wir sehen durchaus, dass manches parallel zu dem Zweifelhaften »doch recht gut läuft«, wie man zu sagen pflegt. Wir sehen auch, dass Not hier und da erfinderisch macht. Aber dass zum Beispiel engagierte Bürger/innen »Tafeln« gründen, wo arme Menschen billig und gut essen und einkaufen können, entschuldigt nicht, dass dies in einem der reichsten Länder Europas geschieht, in dem, wie Arno Geiger bei der Eröffnung der Bregenzer Festspiele formulierte, das Victoryzeichen der Spitzenmanager identisch ist mit dem Zeichen für eine geöffnete Schere, der Schere zwischen Reich und Arm.

Die in diesem Buch versammelten Aufsätze sind Versuche, zu verstehen, zu analysieren, was gesellschaftlich vorgeht, Versuche, von Grundrechten her zu denken, ketzerische Versuche, sich dem Glauben daran zu entziehen, dass die Ökonomie nicht mehr zu dienen, sondern zu herrschen hat. Es sind auch Versuche, den Glauben an die Standardisierbarkeit und Messbarkeit dessen, was Menschen an Unterstützung und Hilfe brauchen, zu hinterfragen.

Bei unseren ersten Überlegungen zu einer Veröffentlichung wären wir um ein Haar der Tyrannei des Gelingens erlegen. Wir hatten die ebenso zeitgemäße wie leicht zwanghafte Idee, es könne nur dann ein gelungenes Buch werden, wenn wir es schafften, zumindest den letzten Teil mit Zielangaben, Projektvorschlägen und sozialpolitischen Handlungsanweisungen zuzupflastern. Der moderne manische Pragmatismus steckt eben an, diese Sucht dauernd zu handeln, zu ändern, zu reformieren ohne ausreichende Analyse, ohne ausreichende Berücksichtigung von Nebenwirkungen. Man vergisst leicht, dass es Zeiten gibt, in denen innehalten wichtiger ist, Zeiten, in denen es geratener sein kann, sich im Dickicht des Waldes genau nach Orientierungszeichen der Natur umzuschauen, statt fröhlich die Angst weg pfeifend, draufloszuwandern.

Mit Nachhilfe unseres Lektors, Hartwig Hansen, kamen wir schließlich zu dem entlastenden Schluss: Dieses Buch muss uns in diesem Sinne nicht gelingen. Die Wahrheit ist, wir haben keine Rezepte, wir kennen keinen genau beschreibbaren Weg. Selbst da, wo wir uns am Ende des einen oder anderen Beitrags (besonders im dritten Teil) zu Ideen, zu Vorschlägen, zu Impulsen hinreißen lassen, verlässt uns nie das Gefühl, dass dies allenfalls ein Anfang von etwas sein kann, das wir noch nicht kennen.

Allerdings haben uns die Erfahrungen mit der Initiative »Soltauer Impulse« (Siehe Dokumentation im Anhang) ermutigt. Es lohnt sich, das eigene Unbehagen zu artikulieren, sich mit anderen zu verbünden, es lohnt sich, etwas zu tun. In dem Beitrag »Kiesel für Davids Schleuder« am Ende des Buches (ab S. 159) beschreiben wir, wie die Initiative zu den Soltauer Impulsen entstand und was sich aus einem kleinen Anstoß entwickeln kann. Neugierige können diesen Text auch als (weitere) Einführung lesen. Unter anderem wird in ihm etwas über die Entstehungsgeschichte des Buches, das im Grunde einen »Vorlauf« von gut zehn Jahren hat, deutlich.

Bei allem tastenden Suchen, bei aller Unsicherheit – für eins behaupten wir ein sicheres Gespür zu haben: Alle Menschen, gesunde und kranke, behinderte und nicht behinderte, alte und junge, arme und reiche, brauchen Raum und Zeit; Raum und Zeit für Beziehungen, Raum und Zeit, in denen Respekt und Aufmerksamkeit eine Rolle spielen. Daraus muss sich jedes unterstützende, heilende, begleitende, manchmal auch eingreifende, Grenzen setzende oder Anstoß gebende Handeln ableiten. Die kranken, die behinderten, die alten und die armen Menschen brauchen allerdings mehr und nicht weniger davon. Ein »Weniger« und schließlich ein »Zu wenig« führt zum Ausschluss und für Mitarbeiter/innen in sozialen Arbeitsfeldern schließlich zu Verwaltung und Organisation von ausschließenden Systemen. Darüber können all die schönen »Plastikwörter« von Qualitätssicherung bis zur Kundenorientierung nicht hinwegtäuschen. Dass wir hier Gefährdungen sehen, die nicht nur von den (angeblich oder tatsächlich) fehlenden finanziellen Mitteln herrühren, genau dies ist es, was uns zum Nachdenken antreibt, was als Motivation hinter diesem Buch steht. Was aus ihm werden kann, hängt sicher einerseits davon ab, ob es anregend genug geschrieben ist und etwas trifft, das Kolleginnen und Kollegen in Arbeitsfeldern des Sozial- und Gesundheitswesens, aber auch interessierte Bürgerinnen und Bürger, bewegt. Ähnlich wie bei den »Soltauer Impulsen« hängt es aber auch davon ab, was daraus gemacht wird, ob es zum Beispiel hilft, das eigene Unbehagen besser zu verstehen, ob es genutzt wird, mit anderen ins Gespräch zu kommen und vielleicht auch dazu, mehr Mut zu eigenen Formen öffentlicher Meinungsäußerung und eigenen sich dem Trend entziehenden Arbeitsweisen zu finden oder sogar zu Formen öffentlichen Protests.

Wir leben – Gott sei Dank – nicht in einer Diktatur, aber gerade deshalb sollten wir uns keiner Tyrannei ergeben.

Als Lesehilfe: Das Buch hat drei Schwerpunkte. Der erste Schwerpunkt »Raum und Zeit für Menschen – Sozialzeit statt Bürozeit« berührt am stärksten die konkrete Arbeit mit Menschen, so wie sie sich heute zwischen Markt und Bürokratie bewegt. Im zweiten Abschnitt »Einseitige Menschenbilder – irreführendes Denken – fragwürdiges Handeln« wird zwar der Blick auf das Alltägliche und Lebensnahe beibehalten, es wird aber gleichzeitig riskiert, einige grundsätzliche Überlegungen darüber, »was der Mensch eigentlich für einer ist«, mit einzubeziehen. Der dritte Teil vereinigt Aufsätze, in denen versucht wird, die Analyse gesellschaftlicher Mechanismen mit einigen Handlungsimpulsen zu verknüpfen.

Wir haben nicht versucht, unseren vornehmlich zum Arbeitsfeld Psychiatrie bestehenden Praxisbezug zu verleugnen. Er bleibt in vielen Texten deutlich erkennbar, dient aber vor allem dazu, grundsätzliche und verallgemeinerbare Fragestellungen zu behandeln.

Fritz Bremer
Neumünster

Renate Schernus
Bielefeld

Teil I
Raum und Zeit für Menschen –
Sozialzeit statt Bürozeit

Fritz Bremer

Auf Umwegen besser zum Ziel?

Wider die Ökonomisierung der Arbeit mit (psychisch) kranken und behinderten Menschen[1]

Mehr denn je beherrscht die Sprache des Marktes die Soziale Arbeit. Computergesteuertes Qualitätsmanagement fördert nicht Qualität, sondern die Entfremdung in den zwischenmenschlichen Beziehungen. Und vor der kostendominierten Entwicklung droht die Würde von behinderten Menschen auf der Strecke zu bleiben.

»Darum sagte Kant, der Mensch habe keinen Wert, sondern eine Würde, denn jeder Wert ... kann in eine vergleichende Rechnung eingehen. Würde dagegen nennen wir jene Eigenschaft, auf Grund derer ein Wesen aus jeder abwägenden Berechnung ausscheidet, weil es selbst Maßstab der Berechnung ist.«
Robert Spaemann: Moralische Grundbegriffe, 1991

»Heute, wo es schick geworden ist, bei jeder Gelegenheit zu sagen, dass es zum Kapitalismus keine Alternative gäbe, scheint sogar das Beharren Adornos auf dem Recht des Subjekts, gegen Bestehendes in aller Ohnmacht wenigstens theoretisch Einspruch zu erheben, und sei es nur, indem die Dinge beim Namen genannt werden, schon des Guten zu viel.«
Konrad Paul Liessmann: Ein Moment des Glücks.
In: Freitag, 5. September 2003

---

1 Überarbeitete Fassung eines Vortrags für die Jahrestagung der Deutschen Gesellschaft für Soziale Psychiatrie, November 2003, Dresden

Raum für authentische Beziehungen in der Sozialen Arbeit finden, die Würde des behinderten und erkrankten Menschen wahren, die Rechte des Subjekts, die sozialen Rechte der Bürger respektieren – das sind einige der maßgeblichen handlungsleitenden Ziele in unserer Arbeit der vergangenen ca. dreißig Jahre.

Welche Wege oder Umwege zu einer stetigen subjektorientierten Weiterentwicklung der gemeindenahen psychiatrischen Behandlung und Betreuung kann es geben, noch geben? Hilft ein Plädoyer, wenn mit Hinweis auf die »strukturelle ökonomische Krise« und »leere Kassen« die »Ökonomisierung« sich endgültig als das erweist, was sie seit Beginn der stimmenreichen Diskussion über sie immer war: Der Versuch der – zuerst noch einvernehmlichen – Erhöhung von Effizienz und Effektivität mit dem Ziel der Kostendämpfung? Und, wenn das nicht ausreicht, so dient der dichte Nebel, der sich über den Diskussionsfeldern von Qualitätsmanagement und Sparpolitik ausgebreitet hat, doch der mentalen und emotionalen Vorbereitung auf verordnete Sparmaßnahmen, auf Abbau von Standards, von Personal, von Betreuungs- und Lebensräumen für die betroffenen Menschen, auf Abbau von Räumen für praktische Solidarität und Mitmenschlichkeit. Für Mitarbeiterinnen und Mitarbeiter, für Einrichtungsträger wäre es vielleicht hilfreich, mit Unterstützung des Begriffes »Verblendungszusammenhang« (Adorno) den Nebel der schon erwähnten Diskussionen zu lichten, um den Blick wieder ganz für den Alltag, für die unmittelbare Begegnung mit Menschen in psychischen Krisen und Erkrankungen frei zu haben.

Eine andere Erfahrung hat meinen Blick auf unsere Arbeit nachhaltig verändert: Seit zehn Jahren lässt mich unsere Tochter Sofia, die wegen einer neurologischen Erkrankung geistig und körperlich schwerbehindert ist, eine andere Perspektive kennenlernen. Sofia ist rund um die Uhr pflege- und hilfebedürftig – und sie ist ein wunderbarer Mensch. Wir haben durch Sofia viel gelernt. U.a. haben wir durch sie gelernt, dass eine »integrative Kindertagesstätte« mit ihrem Eingliederungshilfeanteil für uns betroffene Menschen ein notwendiger Lebensraum und nicht eine zusätzliche Dienstleistung ist. Auch diese Erfahrungen werden in diesen Beitrag einfließen.

In allen Poren: Die Sprache des Marktes

Was prägt unsere Arbeitssituation in dieser Zeit vor allem? Für einen Augenblick rufe ich Jürgen Habermas zur Hilfe. Die Dominanz des Ökonomischen, des Denkens in Kategorien von Effektivität, beschreibt er in seiner Rede zur Verleihung des Friedenspreises des deutschen Buchhandels im Oktober 2001 als eine allgemeine gegenwärtige Tendenz, als weitere Etappe in der Geschichte der Säkularisierung: »Die Sprache des Marktes dringt heute in alle Poren ein und presst alle zwischenmenschlichen Beziehungen in das Schema der selbstbezogenen Orientierung an je eigenen Präferenzen. Das soziale Band, das aus gegenseitiger Anerkennung geknüpft wird, geht aber in den Begriffen des Vertrages, der rationalen Wahl und der Nutzenmaximierung nicht auf ... Säkulare Sprachen, die das, was einmal gemeint war, bloß eliminieren, hinterlassen Irritationen.«

Wie kann uns die Vorstellung vom weiteren Schritt in der »Geschichte der Säkularisierung« zum Verständnis unserer gegenwärtigen Lage helfen? Welche »Irritationen« könnte Habermas meinen, die wir in der Arbeit erleben? Dringt die »Sprache des Marktes« in die Strukturen und in unsere Arbeitsweisen ein? Lässt sich unsere Arbeit in den »Begriffen des Vertrages« bewahren und entwickeln?

Die Begegnung mit Menschen in psychischer Krise und Erkrankung oder mit Menschen mit einer geistigen Behinderung ist mehr als ein vertraglich zu regelnder Dienstleistungsvorgang. Die Beziehung, die in einer solchen Begegnung unter Umständen wächst, ist mehr als ein beliebig einsetzbares und rundum kalkulierbares Instrument. In der Begegnung entsteht Irritation, wenn säkulares Handeln und Sprechen versucht, all das zu eliminieren, was »sich ökonomisch nicht rechnet« und was sich rational nicht fassen lässt.

Die tägliche Begegnung zwischen Menschen in psychiatrischen Institutionen ist durchwirkt von mindestens vier speziellen Denk- und Sprechweisen:

* die medizinisch-psychiatrische Denk- und Sprechweise
* die gemeindepsychiatrisch-versorgungstechnische Denk- und Sprechweise
* das finanzierungstechnische Denken und Vokabular der Kostenträger/Leistungsträger
* das Denken und Vokabular der Qualitätsmanagementmethoden

Formularzeit gegen Beziehungszeit

Seit einigen Jahren verstärkt sich bei mir und vielen anderen, mit denen ich in der Arbeit im Gespräch bin, der Eindruck, dass paradoxerweise parallel zur Entwicklung der Psychoseseminare, parallel zur wachsenden Bedeutung der Subjektorientierung die alltägliche menschliche Begegnung aus dem Zentrum des Interesses verschwindet. Teil dieser Paradoxie ist, dass auf allen Ebenen psychiatrischer Praxis, eben auch in den Einrichtungen der »Eingliederungshilfe«, über Qualitätsmanagement diskutiert wird. Qualitätsmanagementsysteme werden entwickelt, eingekauft, implementiert. Für alle vergütungssatzgebundenen Einrichtungen werden Leistungsvereinbarungen ausgeklügelt, die in äußerst nüchterner Sprache das Feld beschreiben, in dem nach wie vor im Wesentlichen Begegnung geschieht, extrem divergierende Erfahrungen von Menschen in ganz unterschiedlichen Rollen aufeinandertreffen. Beim Lesen dieser Vereinbarungen bekomme ich den Eindruck, eine komplizierte Gebrauchsanweisung oder Reparaturanleitung vor Augen zu haben.

Viele Mitarbeiterinnen und Mitarbeiter verbrauchen viel Zeit und Energie mit dem Anfertigen all dieser Vorgaben. Im Rahmen der verschiedenen Verfahren werden Befragungen durchgeführt, Formulare ausgefüllt, Manuale entwickelt.

All diese Arbeiten müssen zusätzlich erledigt werden von MitarbeiterInnen, deren Gehälter im Rahmen der Personalschlüssel aus den Vergütungen für die einzelnen betroffenen/betreuten Menschen gezahlt werden.

Sicher, Ordnung muss sein – aber man müsste blind sein, um nicht zu bemerken, dass die Proportionen nicht mehr stimmen. All die neuen Anforderungen bewirken schlicht und ergreifend, dass immer mehr Zeit über Formularen, vor PCs, in Sitzungen verschwindet und für die direkte Begegnung, für Beziehung und Aufmerksamkeit für die Menschen, für die diese Vergütungen gezahlt werden, verloren geht. Auf diese Weise werden die Mittel für die Betroffenen – sie sind die Antragsteller, an sie sind die Bewilligungsbescheide gerichtet – zweckentfremdet. Wird das vom Gesetzgeber nicht geradezu provoziert?

Was veranlasst mich zu solchen skeptischen Fragen und kritischen Behauptungen?

Zum Beispiel folgende Äußerungen in einer AG-Sitzung eines Dachverbandes – eine leitende Mitarbeiterin: »Ambulant betreutes Wohnen ist durch die Trennung direkter und indirekter Leistungen so überreguliert, dass die Arbeit an der Grenze der Verantwortbarkeit liegt.« Ein psychiatrieerfahrener Mann: »Das, was in den Leitlinien steht und was in den Einrichtungen geschieht, geht weit auseinander.«

Ein hochrangiger Vertreter der kommunalen Spitzenverbände sagte zum Thema »Hilfeplanung« und »Qualitätsentwicklung«: »Die Qualitätsdiskussion ist angesichts der Finanzlage der Kommunen nicht redlich.« Ein Vater: »Die Klinik entlässt nach vier Wochen, die Eingliederungshilfeeinrichtung nimmt noch nicht auf wegen der fehlenden Bewilligung. Jetzt wird er in die Obdachlosigkeit entlassen. Das kann doch nicht sein.« Eine Mitarbeiterin: »Je schöner die Worte, desto schwieriger wird es in der alltäglichen Arbeit.«

Entfremdung hinter Datenmasken

Was bedeutet das für uns, für Kolleginnen und Kollegen, in unserem Wahrnehmen, Empfinden, Denken?

Zum einen habe ich den Eindruck, dass die alltägliche Wirklichkeit der Begegnung in den Einrichtungen, die Wirklichkeit der Menschen, um die es in der Arbeit geht, überschattet wird von einem aufgeblähten Datenformalismus. Wir arbeiten an einer Abspaltung, an der Überwölbung der Realität durch eine dokumentierte, qualitätsgemanagte, PC-gestützte Überwirklichkeit. Welche wird in Zukunft maßgeblich sein?

Werden die reale Begegnung, die Irritation in der Beziehung, die Möglichkeit von Umwegen für Menschen, die Psychosen erleben, die Zeit, die für schwierige Verständigung notwendig ist, Inhalt, Umfang, Dauer, Motive der Arbeit bestimmen? Oder soll sich diese Wirklichkeit den Medien ihrer Darstellung anpassen? Glaubt jemand auf diesem Weg sparen zu können?

Zu welcher Art von Beziehung/Begegnung werden Mitarbeiter und psychiatrieerfahrene Menschen veranlasst?

Kennen Sie das? Beim Arzt, bei der Versicherung ... Sie stehen am Tresen. Die Mitarbeiterin schaut auf den Bildschirm, tickert auf der Tastatur, wartet, liest am Bildschirm, schaut keinesfalls Sie an und sagt: »Ah, da haben wir Sie ja!« Ist es schon so weit? Sieht unser Beratungskontakt zu einem Menschen in einer psychosenahen Verfassung auch so aus? Können wir uns ohne den Datensatz am PC nicht mehr orientieren im direkten Kontakt? Was wird der andere denken über die Wirklichkeit seiner Anwesenheit? Wird er seine wahre Identität auf dem Bildschirm vermuten oder wird er bei sich bleiben? Wird er vermuten, die Wahrnehmung des Mitarbeiters sei verrückt, oder wird er ihm trauen? Heißt die

Botschaft: »Du bist in meiner Wahrnehmung erst angekommen, wenn deine Daten auf dem Bildschirm erscheinen!« oder: »Aha, hier im PC habe ich dich. Jetzt bist du handhabbar!«?

Die Methoden und Medien der Darstellung tendieren dazu, die Art der Begegnung selbst zu verändern. Die Tendenz der Veränderung heißt: Objektivierung des anderen, Depersonalisation. Und das heißt: Wenn es um psychisch erkrankte Menschen geht, dürfen diese Methoden und Medien keinesfalls bedenkenlos eingesetzt werden.

Ich nehme wahr, dass in Zeiten des »personenzentrierten Ansatzes« in Wirklichkeit um den subjektiven Zugang, um den Zugang zum Subjekt, um das Recht auf subjektive Beziehung in der Betreuungsarbeit wieder gekämpft werden muss. Mit all den Datensammeleien und Kontrollen wird etwas so lange in die Wirklichkeit, in die Erfahrungswelt – in meine, deine, seine subjektiven Erfahrungen hineingeredet, bis es anfängt, selbst den Anschein von Wirklichkeit zu erlangen. Und deine Erfahrungen schrumpfen scheinbar zu nichts. Und da die Beschreibungen in technokratischer, subjektentleerter Tonart, da die PC-gestützten Datenmasken so nüchtern und fremd wirken, da sie so weit von der alltäglichen Begegnungswirklichkeit entfernt sind, entwickeln sie um sich eine Aura von Kühle und Macht, von machtvoller zentraler Wirklichkeitskontrolle.

Teil der Wirklichkeitskontrolle ist die induzierte Veränderung unserer Mitarbeiterhaltung. Was geschieht? Mitarbeiter und Mitarbeiterinnen, die gezwungen sind, ihre betreuende Arbeit vorrangig unter Kostengesichtspunkten zu sehen, die gezwungen sind, Dienstleistungen zu dokumentieren, Qualitätsmanagement zu betreiben, werden in einen unauflösbaren Widerspruch getrieben. Ihre Erfahrung, deine Erfahrung sagt, dass diese Arbeit ohne Empathie, ohne Mitempfinden, ohne Mitgefühl nicht geht. Diese emotionale Qualität ist Grundlage der Arbeit – genau dieser Qualität wirst du, werden wir entfremdet, weil diese emotionale Praxis, diese Beziehungserfahrung nicht quantifizierbar ist. Wir werden veranlasst, den Menschen als Kunden, unsere Arbeit als Dienstleistung zu sehen. Wir werden veranlasst, uns von der wesentlichen Qualität unserer Arbeit zu entfremden und sollen genau in dieser Entfremdung Qualität der Arbeit entwickeln.

Mentalitätswechsel und Kostensenkung

Diejenigen, die all dies wahrnehmen, darunter leiden und es vorsichtig zu artikulieren suchen, werden schnell, zu schnell als Sozialromantiker oder Gut-Menschen diffamiert. Ich halte diese diffamierende Redeweise in dieser Zeit nicht für zufällig. Solche ironische Distanzierung dient als Instrument aus dem Arsenal ideologischer Begriffe. Sie bildet einen kulturellen Hintergrund für den Mentalitätswechsel, der der machtvoll voranschreitenden Säkularisierung zum Durchbruch verhilft. Als Frage füge ich hinzu: Wo findet in solcher Mentalität der Respekt vor spirituellen, vor religiösen, vor existenziellen und mitmenschlichen Aspekten in der Begegnung mit Menschen in psychischen Krisen überhaupt noch Platz?

In der Übertreibung rational-instrumenteller Qualität verbirgt sich die Selbstentwertung unserer Arbeit und vor allem auch die Entwertung der betroffenen Menschen. Das ist eine Gefahr: Der Angriff auf den Wirklichkeitsgehalt unserer Beziehungen und Begegnungen in der Arbeit bzw. die totale Rationalisierung von Qualität, die zur Irrationalisierung unserer realen Erfahrungen führt. Die andere, immer aktueller werdende Gefahr: Die Wegrationalisierung, das reale Wegsparen unserer Arbeit und damit die Gefährdung von Lebensräumen erkrankter und beeinträchtigter Menschen.

Einige konkrete Entwicklungen seien hier genannt (weitere aktuelle Tendenzen, siehe im Beitrag »Wiederkehr der Machtfrage?« ab S. 113). Der Paritätische Bundesverband hat im Jahre 2002 in allen Bundesländern nach den erkennbaren und schon praktizierten Sparmaßnahmen gefragt. Hier einige Ergebnisse:

- Investive Mittel werden gestrichen oder beschränkt, notwendige Platzzahlerweiterungen, zum Beispiel in WfbM-Bereichen, verhindert/verschoben. Überbelegungen werden in Kauf genommen und zugleich zum Beispiel durch die Ankündigung verschärfter Prüfungen bekämpft.
- In mehreren Bundesländern ist die Tendenz erkennbar, mehrfach schwerbehinderten HeimbewohnerInnen den Zugang zur Tagesförderstätte zu versagen.
- Der Grundsatz »ambulant vor stationär« wird von Politik/Kostenträgerseite gegenwärtig forciert – vor allem mit dem Ziel der Kostenreduzierung. Folgende Tendenz wird beschrieben: Ambulant betreutes Wohnen wird ausgebaut – allerdings ohne auch für schwer beeinträchtigte Menschen ausreichend sein zu können, trotz einer deutlichen Nachfrage nach solcher Betreuung. Diese Kostenreduzierungs-

falle führt zur Absenkung von Standards und zur Unterversorgung schwer beeinträchtigter Menschen.

• Kostenträger/Politik forcieren Modellprogramme zum »persönlichen Budget« mit zwei Zielsetzungen: erstens Stärkung der Selbstbestimmung; zweitens Kostensenkung.

Vertreter der Kommunen und der Länder machen unmissverständlich klar, dass das »persönliche Budget« als Steuerungselement mit dem Ziel der Kostendämpfung umgesetzt werden soll. So weit die Umfrage aus den Bundesländern.

Zum Thema »persönliches Budget« noch einige Bemerkungen: Es soll zur Kostensenkung beitragen. Es darf also sicher keine Mehrkosten verursachen. Vertreter der Betroffenen, der Einrichtungsträger, der Verbände sind also mit einem Motiv konfrontiert, das mit subjekt-orientierter Arbeit wenig zu tun hat. »Es darf nicht mehr kosten« – aber: Wenn sich das alles im Sinne und nicht zum Schaden der hilfesuchenden, beeinträchtigten Menschen entwickeln soll, wer trägt dann die Mehrkosten, die mit Sicherheit entstehen werden? Wodurch entstehen diese Mehrkosten?

1. Für die Umsetzung von Hilfeplanung und persönlichem Budget braucht der Leistungsträger zusätzliches Personal.
2. Personal muss geschult werden.
3. Die Assistenz- oder Lotsenfunktion, die der behinderte Mensch, vor allem der schwer beeinträchtigte Mensch, zur Wahrnehmung seiner Rechte im Verfahren und bei der Budgetverwaltung benötigt, muss finanziert werden.

Nur wenn das geschieht, kann sich Mitwirkung der hilfesuchenden Menschen entwickeln. Nur dann können die Hilfen wirksamer werden – im Sinne von mehr Verselbstständigung und Selbstbestimmung. Und dann kann eine so ausgestaltete Hilfe vielleicht auch zur Kostensenkung beitragen. Angesichts der Kassenlage und angesichts der Aussagen aus verschiedenen Bundesländern ist aber zu befürchten, dass es um eine vordergründig verstandene Kostendämpfungsstrategie geht. In einer Diskussion zum Thema Hilfeplanung erlebte ich Folgendes: Ein Mitarbeiter einer psychiatrischen Einrichtung schlug vor, viele zusätzliche Kosten könnten eingespart werden, wenn Leistungs- und Einrichtungsträger und Hilfesuchende gemeinsam – unter Einbeziehung der in vielen Einrichtungen entwickelten Kompetenz – die Hilfeplanung ausgestalten würden. Der Vertreter eines kommunalen Spitzenverbandes wies das zurück unter Hinweis auf die Voreingenommenheit der Einrichtungsträger, die natürlich ihre eigenen Interessen sichern wollten. So wird es schwierig. Mit so viel Misstrauen wird es keine gemeinsamen Lösungen geben.

Wo bleiben Respekt und Würde?

Gilt das Argument der Voreingenommenheit dann auch für die Hilfesuchenden und ihre Angehörigen? Mit welcher Haltung wird in Zukunft die Not, das Anliegen der Hilfesuchenden betrachtet? Mit einer Reihe von Situationen und Aussagen aus verschiedenen Bereichen könnte ich belegen, dass wir uns in dieser vom Aspekt der Kosten dominierten Entwicklung bereits in einer Phase der Respekt- und Würdelosigkeit gegenüber behinderten Menschen befinden.

Von einer Situation möchte ich berichten, die ich seitdem nicht mehr vergessen kann: Meine Frau und unsere Tochter Sofia fuhren zu einer Kur für Mütter mit behinderten, auch schwerbehinderten Kindern. Während einer gemeinsamen Unternehmung berichtete eine Mitarbeiterin meiner Frau vom Gespräch des Einrichtungsleiters mit dem Vorgesetzten in der Trägerorganisation. Man habe ihm gesagt, der Tagessatz sei zu hoch. Das Angebot für schwerstbehinderte Kinder sei zu teuer. Warum das denn sein müsse. Bei denen würde sich ja doch nichts mehr tun.

Unsere Tochter ist schwerstbehindert. Bei Sofia »tut sich« täglich sehr viel. Und mein Erschrecken über eine solche Aussage hatte eine neue Qualität.

Ich kann seither besser nachvollziehen, wie es erkrankten, behinderten Menschen und ihren Angehörigen geht, wenn notwendige, unterstützende, begleitende, entlastende Hilfen von Politik und Leistungsträgern in Frage gestellt werden.

Solidarität stärken

Was können MitarbeiterInnen, was können Betroffene und Angehörige tun?

1. Die gegenwärtige Entwicklung macht Empowerment wirklich notwendig. Wir müssen noch mehr Wert darauf legen, psychiatrieerfahrene Menschen und ihre Angehörigen zur Mitwirkung anzuregen –

Mitwirkung in den Einrichtungen und in politischen Gremien. Wir können noch mehr ermutigen zur entschiedenen Vertretung und Wahrung von Interessen, zum Beispiel auch in Hilfeplanverfahren. Viele von uns haben durch die Psychoseseminare viel gelernt. Nun muss das Gelernte auch alltäglich und politisch praktisch werden.

Meine Erfahrung mit der Entwicklung von Mitwirkungsarbeit in Einrichtungen der gemeindenahen Psychiatrie sagt mir, dass in dieser Möglichkeit eine der wenigen Visionen schlummert, der wir in dieser Zeit nachgehen können. Neben der ermutigenden, Selbstvertrauen stärkenden Wirkung bei den betroffenen/betreuten Menschen bewirkt Mitwirkung auch Selbstermutigung bei den Kolleginnen und Kollegen. Sie eröffnet neue Wahrnehmungsweisen, vermittelt Anregungen zur Veränderung der Alltagspraxis und schafft ein Lernfeld für neue Möglichkeiten von Beziehung.

2. Wir können auch lernen, dass wir es nicht mit Spezialdiskussionen im Bereich Psychiatrie zu tun haben. Wir können uns verbinden mit anderen Lebens- und Arbeitsfeldern der Behindertenhilfen – vor allem mit den Menschen und Einrichtungen im Kreis der geistig und körperlich behinderten Menschen.

3. Es gilt, sozialpsychiatrische Ziele und Argumente mit Blick auf die gegenwärtige Lage zu überprüfen. Gute Ziele dürfen nicht missbraucht werden als Fassade für Sparprogramme. Sehr deutlich wird die Notwendigkeit solcher Überprüfung in der Diskussion über das »persönliche Budget«. Diese Wachsamkeit ist auch notwendig, damit wir es nicht beiläufig mit einer Spaltung zwischen »Modernisierern« hier und »Mahnern« dort zu tun bekommen.
Behinderte Menschen werden in absehbarer Zeit in dieser Gesellschaft so etwas wie »Greenpeace für Behinderte« oder »attac sozial« benötigen. Wir müssen neue Vorstellungen von Hilfeformen entwickeln. Und wir müssen in dieser Zeit unsere Haltung in unserer Arbeit ethisch noch besser und klarer und laut hörbar begründen.

Als Vater eines behinderten Kindes ist mir vor allem wichtig, dass wir in all dem Durcheinander zwischen »Sparzwang – Reformdruck – Qualität« nicht die verlässliche mitmenschliche Zuwendung vergessen. Denn ohne die ist alles nichts.

Renate Schernus

Wie viel Qualitätsmanagement verträgt der Mensch?

Qualität im Strudel der Begriffsverwirrung

»Rette das Ziel, triff daneben.«
Stanislaw Jerzy Lec

Qualitätsmanagement – was steckt dahinter?

Spontan ist jeder geneigt zu sagen: Sicher eine gute Sache, denn der Begriff Qualität bürgt ja dafür. Aber dann schleicht sich ein gewisser Zweifel ein! Wenn die seit etwa 1993 zu beobachtende, steigende Flut von Veröffentlichungen zu den Themen Qualitätssicherung, Qualitätsmanagement usw. mit der steten Verbesserung der Behandlungs- und Lebensbedingungen psychisch kranker und sozial benachteiligter Menschen Hand in Hand ginge, würden wir den sozialsten aller Zeiten entgegeneilen. Aber ist das so? Schauen wir uns also »die gute Sache« etwas genauer an und nähern uns ihr von der Wortbedeutung her.

Als Wort stellt der Begriff Qualitätsmanagement ein latein-englisches Fusionsunternehmen dar. »Qualitas«, die Beschaffenheit oder Eigenschaft von etwas bezeichnend, kommt aus dem Lateinischen, »to manage« aus dem Englischen. Für »to manage« finden wir im Lexikon folgende Wortbedeutungen: handhaben, führen, leiten, verwalten, bewirtschaften, dirigieren, regulieren, deichseln, herumkriegen, gefügig machen. Das Wort hat eine Aura, die dirigierendes, zielgerichtetes Zu- und Eingreifen nahelegt. Auf was auch immer dieses »to manage« trifft, wird nicht gelassen, wie es ist. Nun denken wir, das würde den katastrophalen Verhältnissen, denen zum Beispiel alte, insbesondere gerontopsychiatrisch erkrankte Menschen in manchen Altenpflegeeinrichtungen ausgesetzt sind, ja nur gut tun.

Es ist aber die Frage, mit welchem Qualitätsverständnis der Managementbegriff sich heute paart. Im Brockhaus wird ein wirtschaftlicher und ein philosophischer Qualitätsbegriff ausgewiesen.

Der ökonomische Qualitätsbegriff

In der Wirtschaft bedeutet Qualität nach Brockhaus »die Beschaffenheit einer Ware oder Dienstleistung nach ihren Unterscheidungsmerkmalen gegenüber anderen Waren oder Dienstleistungen, nach ihren Vorzügen oder Mängeln«. Weiter heißt es: »Für den Markterfolg ist die relative Qualität entscheidend, d.h. die Qualität im Vergleich zu Konkurrenten.«

Dieses aus der Wirtschaft kommende Qualitätsverständnis, das neuerdings mit wachsendem Elan auf den Sozial- und Gesundheitssektor übertragen wird, hält sich nicht lange bei der Frage danach auf, was der Mensch eigentlich ist und wie man ihm hinsichtlich der verschiedenen Dimensionen seines Wesens zu begegnen habe. In diesem Modell ist er selbstverständlich Kunde bzw. Konsument. Auch der psychisch kranke Mensch ist Kunde und Konsument und die Dienstleistung eine einzukaufende Ware.

Der philosophisch-anthropologische Qualitätsbegriff

In der Philosophie nun bedeutet Qualität »das System der Eigenschaften, die ein Ding zu dem machen, was es ist, und es von anderen Dingen unterscheiden«. Qualität wäre in diesem Sinne so etwas wie das Wesen, das Eigentliche einer Sache. Diese Qualitätsauffassung leitet zu der Frage: Was macht den Menschen aus, wie haben wir ihn zu verstehen? Was folgt für unser Handeln aus der Erfassung seiner Eigenheit? Gleichviel, ob wir uns letzterer eher phänomenologisch oder eher ontologisch mit der Frage nach seinem Wesen zu nähern versuchen.

Auf diesem mehr philosophisch-anthropologischen Weg gibt es viele Abenteuer und Entdeckungen. Ich kann zum Beispiel entdecken, dass Menschen sich nicht beobachten lassen wie Dinge, sondern dass meine Beobachtung sie verändert. Nach meinen ersten gescheiterten Versuchen,

Menschen wieder »hinzukriegen«, werde ich erkennen, dass der Umgang mit Menschen anderen Gesetzen folgt als der mit Sachen, eine Erkenntnis, die Klaus Dörner in seinem Buch »Der gute Arzt« so ausdrückt: »Auf Sachen geht man gezielt, frontal, direkt zu; wenn Menschen nicht mit Sachen verwechselt werden, ist der Umgang mit ihnen grundsätzlich indirekt, umspielend, wie das Wort Um-gang bereits ausdrückt.« (4)

Ich werde ferner verblüfft feststellen, dass Standardisierungen und Normierungen in Form von Diagnosen oder Hilfebedarfstypen nur sehr bedingt nützlich sein können, da sich die Individualität eines Menschen dem immer wieder entzieht. Ich werde entdecken, dass ich selbst niemals unverändert aus der Begegnung mit einem anderen Menschen hervorgehen kann. Ich kann entdecken, dass meine Ängste die Wahrnehmung des anderen erheblich verzerren. Ich werde bescheiden und realistisch erkennen, dass der Mensch, egal ob gesund oder krank, vom ersten bis zum letzten Tag seines Lebens auf Beziehung und Schutz angewiesen ist, und dass es mit seiner Autonomie eine gar so große Sache gar nicht ist. Andererseits entdecke ich aber auch, dass der Mensch sich ohne die Freiheit zu höchst persönlichen, ggf. auch riskanten Entscheidungen, nicht weiterentwickeln kann.

Wir merken, wie sich aus dem eher philosophisch-anthropologischen Verständnis angemessene Zugänge für die Arbeit im Sozial- und Gesundheitswesen entwickeln lassen, die bereits eine Dialektik von Kritik und Selbstkritik in sich selbst enthalten.

Welche Art von Qualität lässt sich managen?

Was aber hat es nun mit dem modernen Qualitätsmanagement auf sich und welche Qualität soll gemanagt werden, die mit dem philosophisch-anthropologischen oder die mit dem ökonomischen Hintergrund oder gar beide? Die Definition von Qualitätsmanagement, die wir im Brockhaus finden, weist ganz eindeutig auf ein wirtschaftlich determiniertes Modell. Sie lautet: Als Qualitätsmanagement sei anzusehen die »Gesamtheit der sozialen und technischen Maßnahmen, die zum Zweck der Absicherung einer Mindestqualität von Ergebnissen betrieblicher Leistungsprozesse angewendet werden«.

Nun liegt es auf der Hand, dass wir in unserer Arbeit, insbesondere hinsichtlich ihrer wirtschaftlichen Aspekte, ohne Management im Sinne von führen, leiten, verwalten, bewirtschaften gar nicht auskommen können. Und was die Qualität der Arbeit betrifft, so hat dieses Führen und

Leiten darauf zu achten, dass Strukturen vorhanden sind und ein Klima entsteht, in denen sich Qualität entfalten kann. In diesem Sinne schadet es auch nichts, wenn sich Teams neuerdings neben den üblichen Übergaben, Wochenplanungen und Fallgesprächen einmal pro Monat in einem Dienstgespräch Zeit nehmen, über bestimmte Themen hinsichtlich ihrer Handhabung und konkreten Verbesserung nachzudenken. Früher hätte man so etwas vielleicht Konzeptgespräch genannt, heute kann es meinetwegen ruhig Qualitätssitzung heißen. Darin liegt durchaus eine Messerspitze Vernunft. Nur so viel Vernunft hatten gute Leitungen und verantwortungsvolle Mitarbeiter schon immer.

Eine Messerspitze Vernunft kann man auch durchaus in der Rede von den Kunden finden. Denn natürlich müssen PatientInnen »praktikable Möglichkeiten haben, zu prüfen, ob das, was Behandler und Helfer anbieten, tatsächlich eingelöst wird«. (1) Dies spielte in früheren patriarchalen Helferbeziehungen eine zu geringe Rolle. Und selbstverständlich haben wir alle auch etwas Kundenhaftes an uns, wenn wir Leistungen des Gesundheitswesens in Anspruch nehmen, je gesünder und fitter wir sind, umso mehr. Also, ein wenig Qualitätsmanagement scheint verträglich. Jedoch, ein Qualitätsbegriff, der auf der ganzen Linie Patienten zu Kunden macht und (mittels oder trotz ihrer) durch Wettbewerb und Vergleich unter entsprechendem Management die Mindestqualität betrieblicher Leistungen optimieren will, passt nun gerade besonders schlecht auf die Schwächsten, Ärmsten, Verrücktesten und Ältesten. Bekennende Qualitätssicherer behaupten, dass sich das, was da angeblich optimiert wird, messen lässt. Das mag wohl sein. Aber, so Klaus Dörner: »Das Messen hat zur Folge, dass wirkliche, also nicht messbare Qualität gar nicht mehr existiert, weshalb sie auch nicht bezahlt werden muss. Und damit ist erreicht, dass all das, was akut Kranke weniger, chronisch Kranke aber um so dringender brauchen, insbesondere reine Begleitungszeit, wegrationalisiert ist, was zwar diesen Patienten schadet, aber allen anderen ein gutes, qualitätsgesicherte Gewissen macht.« (5)

Wir haben es also mit zwei unterschiedlichen Bedeutungsfeldern des Begriffs Qualität zu tun. Bei der einen Art von Qualität gibt es kaum die Gefahr, dass einem Menschen davon zu viel angetan werden könnte. Diese Art von Qualität, die der Umwegbedürftigkeit des Menschen Rechnung trägt, lässt sich aber extrem wenig managen. Vielmehr verändert sie sich unter einem messenden, an Standards interessierten Zugriff in etwas anderes. Hingegen die eher ökonomisch zu definierende Art von Qualität lässt sich gut managen. Pflegetage, belegte Plätze, Gebäude, Zimmer, die

Anzahl von Waschbecken und Toiletten, vorhandene Vollkraftstellen usw. kann ich durchaus zählen und in mein »Outcome« einbeziehen. Jedoch: »Der Versuch der Quantifizierung von Beziehung steht – nicht nur wenn es um psychoseerlebende, erleidende Menschen geht – im Ansatz schon im Widerspruch zum Versuch einer qualitativen Aussage über Beziehung. Das Eindringen des quantitativen, des ökonomischen Denkens in diesen Bereich ist vor allem Symptom fortgeschrittener Entfremdung.« (2)[1]

Verwirrende Vermischung von widersprüchlichen Qualitätsverständnissen

Meine Hypothese ist, dass von Mitarbeitern der Basis bis zu Heimleitungen und Klinikchefs zurzeit alle in einer von Ambivalenzen geprägten Verwirrung stecken, hinsichtlich dessen, was gegenwärtig vorgeht, woran sie sich da unter den neuen schönen Vokabeln eigentlich beteiligen. Die Verwirrung kommt m. E. daher, dass die Mitarbeiter aller Berufsgruppen von dem eher philosophisch-anthropologisch bestimmten Menschenbild herkommen, das den verschiedenen Fachausbildungen bisher noch zugrunde liegt und bei dem der Begriff Qualität durchaus positiv besetzt ist.

Wenn nun Mitarbeiter hören, dass die Arbeit verbessert werden soll, können sie sich dem von ihrem Selbstverständnis her gar nicht verschließen. Sie kommen aber dann ins Schleudern, wenn sie spüren, dass es nicht so sehr darum geht, mit mehr Kreativität danach zu suchen, wie leidenden Menschen ihr Leben erleichtert werden kann, wie man also diesem jeweils so ungemein unterschiedlichen bio-psycho-sozial bedingten Lebewesen Mensch und seiner Neigung zu Umwegen gerecht werden kann. Sie stellen schließlich verstört fest, dass der wirkliche, einmalige, lebendige Mensch in den neuen Modellen so gar nicht vorkommt.

1 Auch Diakonische Einrichtungen und die Kirchen haben häufig kein Gespür dafür, wie sehr die von Beraterfirmen empfohlenen, betriebswirtschaftlich dominierten, quantifizierenden »Qualitätsoffensiven« sie von ihren eigentlichen Anliegen entfremden. In einem 2006 veröffentlichten Impulspapier des Rates der EKD heißt es zum Beispiel: »Der durchschnittliche Gottesdienstbesuch am Sonntag sollte von derzeit vier Prozent auf zehn Prozent aller Kirchenmitglieder gesteigert werden«; es (gilt) »die Taufquote signifikant zu erhöhen«; bei evangelischen Partnern sei »eine Trauquote von 100 Prozent anzustreben.« (Zit. nach Joachim Perels: Das Evangelium wird zur Ware, Frankfurter Rundschau vom 7.11.2006)

Die Bereitschaft der Mitarbeiter, an Verbesserungen dessen, was sie intuitiv unter Qualität verstehen, mitzuwirken, wird m. E. in vielen der neuen Vorgehensweisen rund ums Qualitätsmanagement unter schwer durchschaubaren, ungeklärten Voraussetzungen benutzt, fast möchte ich sagen »missbraucht«, auch wenn sicher kein einzelner böser Wille dahintersteht.

Insbesondere leitende Mitarbeiter merken oft zu spät, nämlich erst dann, wenn sie bereits in einer Fülle von ökonomischen, mehr oder minder technischen, standardisierten Instrumenten stecken, dass sich all das mit ihrem bisherigen Menschenbild, das sich mehr oder minder bewusst in Wechselwirkung zwischen kulturellen Faktoren, Ausbildung, Erfahrung und Intuition entwickelt hat, keineswegs ohne Dissonanzen vereinbaren lässt. – Allerdings weiß ich nicht, ob es etwas nützen würde, wenn sie es früher merkten, denn es scheint nahezu unmöglich, sich dieser neuen Art der gesetzlich verankerten Qualitätssicherung zu entziehen.

Gefährdung des zwischenmenschlichen Umgangs

Hinzu kommt eine neue, einschüchternde Art von Herrschaftswissen. Wenn man mühsam und widerstrebend begriffen hat, dass es sich nunmehr auch bei den Ergebnissen der sozialen und klinischen Arbeit um Produkte handeln soll, kann man gleich weitermachen mit multidimensionalen Zielsystemen, audits, benchmarking, target costing, critical pathways usw., bis man die ganze Welt durch die ökonomische Brille zu sehen gelernt hat. »Dieses Denken, zu dem wir uns da zwingen, wirkt wie Gehirnwäsche.« So zitiert Fritz Bremer eine langjährige Kollegin nach einem Gespräch über Dokumentationssysteme. (2)

Einerseits gelingt es Mitarbeitern bisweilen, Freiräume zu nutzen und bestimmte formalisierte Anforderungen listig zu modifizieren oder zu unterwandern. Andererseits wird Ratlosigkeit spürbar zum Beispiel auch bei ärztlichen Leitern von Landeskliniken und Abteilungen die von der Druckwelle des ökonomisierten Qualitätsmanagement zunehmend mehr erreicht werden. »Ich weiß noch nicht so recht, wie ich bewerten soll, was da vor sich geht, aber so wenig Zeit für Patienten hatte ich noch nie. Ob das gewollt ist?« Solche und ähnliche Sätze habe ich von Ärzten in den letzten Jahren oft gehört.

Aber, wird der eine oder andere einwenden, brauchen wir denn nicht zumindest so etwas wie Qualitätskontrollen? Schließlich weiß doch jeder, dass es bisweilen zu groben Missständen kommt.

Es wäre sicher unrealistisch, alle Kontrollen und Leistungsnachweise von Arbeitsqualität in Bausch und Bogen für unnötig zu erklären. Jedoch, ehe ich etwas kontrollieren oder sogar messen kann, muss ich eine Vorstellung davon haben, was es ist, also zum Beispiel was Qualität in der psychiatrischen Arbeit eigentlich bedeutet. Dann kann es vielleicht gelingen, das Instrument dem Gegenstand anzupassen und nicht umgekehrt den Gegenstand dem Instrument. Wenn ich den Bereich des Zwischenmenschlichen wie einen Modulbaukasten behandele, dann kann ich zwar gut messen und kontrollieren, herauskommen wird aber nur ein Zerrbild – wenn auch ein sauber dokumentiertes. Und was häufig vergessen wird, ein solches Vorgehen hat Rückwirkungen. Es verändert nicht nur den Umgang, und damit das Menschenbild, sondern es beeinträchtigt häufig auch Motivation und innovative Kreativität der Mitarbeiter.

Abschließende Bemerkung:
... davon können die Menschen ziemlich viel vertragen ...

Wirkliche Qualität in der psychiatrischen Arbeit (und in jeglicher Arbeit des Sozial- und Gesundheitswesens) lässt sich nicht in den Alltag von Mitarbeitern hineinmanagen. Sie ergibt sich weniger aus standardisierten Instrumenten als aus einer Grundhaltung der Beziehungsbereitschaft. Aus dieser vor allem müssen sich die Impulse für die Handlungen des Alltags und die sozialpolitisch notwendigen Ideen und Handlungsimpulse ableiten.

Zur Beziehungsbereitschaft gehört: Jede Person aufmerksam in ihrer Besonderheit wahrnehmen und unseren Umgang von dieser Besonderheit bestimmen lassen. Die aufmerksame Förderung und auch Überwachung *dieser* Qualität gehört u. a. zu den Aufgaben von verantwortlichen Leitungspersonen auf den verschiedenen hierarchischen Ebenen. Ich glaube, sie wären gut beraten, Elementen wie dem eigenen Vorbild, der Motivation ihrer Mitarbeiter, regelmäßigen Mitarbeitergesprächen, sorgfältiger Mitarbeiterauswahl, inhaltlicher Begleitung von Dienstgesprächen, Beteiligung der Mitarbeiter an konzeptionellen Entwicklungen und Ähnlichem viel Aufmerksamkeit zu widmen. Ein Königsweg zur Beförderung von qualitativ guter Arbeit liegt jedoch meines Erachtens darin, Strukturen für die Beteiligung von Psychiatrieerfahrenen selbst sowie der Angehörigen aufzubauen und zu nutzen.

Wird dies alles unter Qualitätsmanagement verstanden, dann verträgt m. E. der Mensch, der Patient, der Klient, aber auch der Mitarbeiter ziemlich viel davon.

Aber da ein humanes Qualitätsverständnis, wie ich zu zeigen versucht habe, in der Koppelung an den Managementbegriff leicht in Atemnot geraten kann, weil zu wenig Spielraum für Umwege, spontane Einfälle, Langsamkeit, unverwüstliche Einmaligkeit vorhanden ist, würde ich empfehlen, bei der eigenen Sprache zu bleiben und vielleicht von Qualitätsentwicklung oder besser noch von der Entwicklung angemessener Lebens- und Behandlungsbedingungen für psychisch kranke (oder sonst wie kranke, alte oder behinderte) Menschen zu sprechen. Wenn von Einsparungen die Rede sein soll, von wirtschaftlichen Plandaten, von Rationalisierung und Rationierung, vom Ausstechen der Konkurrenz etc., würde ich es vorziehen, das dann auch so zu benennen. Ein hochgestochenes Qualitätsvokabular droht einiges zu vernebeln, zum Beispiel die Tatsache, dass Preiskonkurrenz es über kurz oder lang erforderlich macht, den Preis auf Kosten der Qualität zu senken.

Ich glaube nicht, dass es gleichgültig ist, wie wir sprechen, welche Worte wir benutzen. Dazu hat ein uralter Weiser etwas gesagt, das mir auch heute noch beherzigenswert erscheint, nämlich Konfuzius.

Konfuzius wurde einmal gefragt, was er als Erstes tun würde, wenn er ein Land zu regieren hätte. »Ich würde vor allem die Sprache verbessern«, erwiderte er. Seine Zuhörer waren verwundert. Deshalb fragten sie nach. Die Antwort des Meisters: »Wenn die Sprache nicht einwandfrei ist, sagt man nicht, was man meint. Wenn das Gesagte aber nicht ist, was man meint, bleibt ungetan, was getan werden soll. Wenn es ungetan bleibt, verfallen Sitten und Künste, und das Recht geht in die Irre. Wenn das Recht in die Irre geht, ist das Volk hilflos und unsicher. Deshalb darf in dem, wie gesprochen wird, nichts Willkürliches sein, es gibt nichts Wichtigeres.« (7)

Literatur

1. Bremer, F.: Ver-rückte Ethik – Klammheimliche Verrückung der Werte: Anmerkungen zur Qualitätsdebatte im psychosozialen Bereich. In: Blume, J., Bremer, F., Meier J. (Hg.): Ökonomie ohne Menschen? Zur Verteidigung der Kultur des Sozialen. Neumünster, Paranus Verlag 1997, S. 78, 80, 83 (s. auch Dokumentation im Anhang)
2. Bremer, F.: Erosion oder Reform? In: Bremer, F., Hansen, H., Blume, J. (Hg.): Wie geht's uns denn heute! Sozialpsychiatrie zwischen alten Idealen und neuen Herausforderungen. Neumünster, Paranus Verlag 2001, S. 177
3. Deppe, H.-U.: Die Kostenexplosion im Gesundheitswesen ist eine Erfindung der Politik. In: Frankfurter Rundschau vom 18.6.1996
4. Dörner, K.: Der gute Arzt – Lehrbuch der ärztlichen Grundhaltung. Stuttgart, Schattauer Verlag 2000, S. 114
5. Dörner, K.: Die Gesundheitsfalle – Woran unsere Medizin krankt / Zwölf Thesen zu ihrer Heilung. München, Econ Verlag 2003, S. 82
6. Jerzy Lec, St.: Alle unfrisierten Gedanken. München/Wien, Carl Hanser Verlag 1991
7. Konfuzius: in: Denjean-von Stryk, B.: Sprich, dass ich dich sehe. Stuttgart 1996, S. 152

Renate Schernus

Sichert Dokumentation die Qualität der Arbeit im Sozial- und Gesundheitswesen?

Skepsis als vorläufige Zwischenlösung

>»Wenn zwei Deutsche im Hof nämlich Holz zerspalten,
stehn drei andere herum, die das verwalten.«
Kurt Tucholsky, 1930 (7)

Wir brauchen mehr Evidenz und Effektivität, höhere wissenschaftliche Standards, mehr statistischen Durchblick, mehr Projekte, mehr Leitbildprozesse, mehr Fragebögen zur Kunden- und sonstigen Zufriedenheit, mehr Wettbewerb der Anbieter, mehr ökonomisches Denken, mehr Qualitätsbewusstsein, -sicherung und -kontrolle, mehr Qualitätssteuerungsgruppen, -beauftragte, -zirkel und -siegel. Wir brauchen dringend umfassenderes und aktiveres Qualitätsmanagement, mehr Risikomanagement, vor allem brauchen wir immer neue Qualitätserfassungs- und -steuerungsinstrumente. Wir brauchen zum Beispiel Joint Commission, FQM nach DIN ISO, BSC, EFQM, Demo pro QM, KTQ, EQA sowie DRG's, DMP's, überhaupt mehr Abkürzungen (8) und vor allem brauchen wir mehr Transparenz und dazu brauchen wir mehr, viel mehr Dokumentation all dieser zur Verbesserung unseres Tuns und Lassens förderlichen Maßnahmen.

Mit der grotesken Übertreibung der vorangegangen Litanei habe ich mich bemüht, die »normative Wucht«, die sich in all den neuen Verfahren ausdrückt, spürbar zu machen.

Außer bei der Sache mit den Abkürzungen hätte ich vermutlich vor etwa zehn oder fünfzehn Jahren bei dem einen oder anderen des Aufgezählten sogar einen gewissen Bedarf gesehen.

Was ich mit der Übertreibung verdeutlichen wollte, ist, dass wir es vielleicht auch bei der im Titel gestellten Frage unter anderem mit einer Angelegenheit des Maßes, der Verhältnismäßigkeit zu tun haben.

Dass ich den Titel mit einem Fragezeichen versehen habe, macht bereits deutlich, dass mich bei einer doch eigentlich fraglos vernünftigen Angelegenheit, der Dokumentation, Zweifel beschleichen. Warum?

Ist es nicht selbstverständlich, dass wir mit Blick auf den einzelnen Patienten aufzeichnen, was wir zu tun für notwendig hielten, damit nachfolgende Behandler/innen da anknüpfen können, damit das Rad nicht immer wieder neu erfunden werden muss? Ist es nicht selbstverständlich, dass wir mit Hilfe der Dokumentation kontrollierbar bleiben für den Fall, dass uns Irrtümer unterlaufen?

Ist es nicht selbstverständlich, dass sich in Bezug auf Medikamente, wenn man es für notwendig hält, sie über Jahre hinweg zu geben, in den Patientenunterlagen so etwas wie Synopsen der bisherigen Verordnungen finden?

Sollte es nicht sogar selbstverständlich werden, dass im Zeitalter des mündigen Patienten, des informed consent, dem Patienten selbst der Arztbrief ausgehändigt wird zur Weitergabe an den niedergelassenen Arzt? So wird es zum Beispiel in einer Bielefelder Tagesklinik praktiziert.

Könnte es nicht selbstverständlich werden, dass die Therapeuten, die ärztlichen, psychologischen oder welche auch immer, dem Patienten die Berichte zum Lesen vorlegen, sie besprechen und ggf. sogar etwas ändern, wenn bestimmte Aspekte, die dem Patienten wichtig sind, nicht ausreichend dokumentiert worden sind?

Könnte man ferner nicht sogar – wie Fritz Bremer es in außerklinischen Arbeitsfeldern anzuregen versucht – noch früher, nämlich bereits bei der Erstellung der Verlaufsdokumentation, die Klienten mit einbeziehen, mit originären Zitaten zum Beispiel, und sie so weit wie möglich diese Art von Dokumentation mit unterzeichnen lassen?

Und sollte es nicht selbstverständlich sein, dass die Informationsweitergabe aus der Klinik an die weiter behandelnden Ärzte bzw. Therapeuten schnell getätigt wird und nicht ständig hinter ausbleibenden Arztbriefen hinterhergejagt werden muss? Wenn sich die aufgezeichneten Informationen auf das, was vorrangig den Patienten dient, konzentrieren würden (dürften) und die Verfasser nicht ständig überzogene Verwaltungsanliegen und Sparinteressen der Krankenkassen bedienen und berücksichtigen müssten, wäre das meiner Meinung durchaus leistbar. Könnte so nicht mit den Mitteln von Dokumentation durchaus die Qualität psychiatrischen Handelns, wenn schon nicht gesichert, so doch verbessert werden?

Und gibt es nicht auch Themen wie zum Beispiel Suizide oder Gewalt, hinsichtlich derer auch eine über den einzelnen Patienten hinausgehende Dokumentation sehr viel Sinn macht?

Wenn zum Beispiel im Bezirksklinikum Regensburg nachgewiesen wird, dass 75% aller Suizide außerhalb des Klinikgeländes und 85% während eines Ausgangs oder während einer Beurlaubung unternommen wurden, dass ferner das höchste Suizidrisiko für Patienten mit der Diagnose Schizophrenie und besonders langen chronischen Krankheitsverläufen besteht und sich erhöht, wenn auch schon früher Suizidversuche unternommen worden sind, so könnten diese Erkenntnisse durchaus Einfluss auf die Qualität psychiatrischen Handelns haben. Denn entsprechend solcher Befunde wird man den Brennpunkt der Suizidvorsorge nicht so sehr auf restriktive Maßnahmen auf den Stationen legen, sondern eher aufmerksam auf den Verlust von Sinnhorizonten achten, dieses Thema sowie auch frühere Suizidversuche in die Behandlung mit einbeziehen und Ausgänge und Beurlaubungen sorgfältig vorbesprechen und ggf. auf Begleitung stärkeren Wert legen.

Auch bei dem Thema Gewalt und der Aufzeichnung professioneller Zwangsmaßnahmen, die für notwendig gehalten werden, kann Dokumentation und der dadurch mögliche Vergleich von Kliniken untereinander wichtige Anstöße zur Änderung eigener, bisher zur Routine gehörender Verhaltensweisen geben, zum Beispiel was die Dauer von Fixierungen betrifft oder hinsichtlich der Vorgänge vor oder nach einer professionellen Zwangsmaßnahme.

Solche und ähnliche, aus der Praxis erwachsenden inhaltlichen Fragestellungen, ihre Untersuchung und Dokumentation scheinen mir durchaus sinnvoll. Warum sollte man nicht bereit sein, darin einen Beitrag zur Verbesserung der Qualität psychiatrischen Handelns zu sehen?

Dennoch nagen an mir weiterhin Zweifel bezüglich der Art, wie heutzutage Dokumentation gehandhabt wird.

Durch das Wörtchen »sichert« werden diese Zweifel noch in besonderer Weise angestoßen, denn jeder weiß, dass wir auf dem Gebiet der Psychiatrie, dieser so sonderbar auf der Borderline zwischen Geistes- und Naturwissenschaften angesiedelten Disziplin, gar nichts endgültig sichern, sondern stets nur nach angemesseneren Verbesserungen und Erkenntnissen suchen können.

Aber ich hege noch einen anderen Zweifel, der mich daran gehindert hat, den Titel einfach im Indikativ zu formulieren.
Dieser Zweifel bezieht sich auf das psychiatrische Handeln selbst. Mir scheint die Frage ungeklärt, welche Dokumentation welche Qualität fördern soll.
Um hier mehr Klarheit zu gewinnen, kommt man nicht umhin, zunächst einmal herausfinden, was unter Qualität verstanden werden soll.

Heutzutage begegnet uns der Begriff Qualität meist in Kombination mit dem Begriff Management. Denn, so Professor Auerbach, in einer offensichtlich nicht von Zweifeln geplagten indikativischen Formulierung: »Angesichts gestiegener Anforderungen reichen ›Insel- und Partiallösungen‹ nicht mehr aus.« (1) Gefordert sei eine Gesamtstrategie, eben das Qualitätsmanagement. Dokumentation wird dabei als Teil des Managementsystems angesehen.

Was aber steckt hinter diesem sogenannten Qualitätsmanagement? Spöhring und Richter – Qualitätsbeauftragter in einer psychiatrischen Klinik der eine, Referent für Qualitätssicherung bei einem Landschaftsverband der andere – formulieren folgendermaßen: »... die moderne ›Qualitätsbewegung‹ bemüht sich um einen umfassenden Zugang zur Gesamtheit der erkannten qualitätsrelevanten Fragen aus einer Management- und Systemsichtweise. ... Diese Entwicklung hängt mit der zunehmenden Ökonomisierung des Gesundheitswesens zusammen. Die Verknappung der finanziellen Ressourcen führt in allen Staaten der westlichen Welt zu der gesundheitsökonomischen Fragestellung, welche Leistung des Gesundheitssystems für welchen Preis zu erhalten ist.« (6) Die ISO-Normen zum Beispiel dienen vorrangig einem solchen »modernen« Qualitätsverständnis. Was meine diesbezüglichen Zweifel nicht zur Ruhe kommen lässt, finde ich bei Katharina Gröning, Professorin an der Fakultät für Pädagogik der Universität Bielefeld, bereits 1997 sehr prägnant formuliert: »Analysiert man (nun) den Qualitätsbegriff nach der ISO-Norm, so fällt sofort die Fixierung auf den zweckrationalen Handlungstypus auf. Pflegedokumentation, Pflegestandards, Qualitätssicherungsmaßnamen, dies alles bedeutet zuerst eine enorme Ausweitung technischer Regeln und eine Ausweitung des instrumentellen Handlungstypus, während verständigungsorientierte Regeln und Ethiken in den Hintergrund treten. Auf Verständigung hin orientierte Berufsmotive werden randständig. Randständig werden mit dem Qualitätsbegriff der

ISO-Norm aber auch dem kommunikativen Handeln zugerechnete Kompetenzen wie Empathie, Identifikation und Solidarität.« (4)

Wenn im Brockhaus das ökonomisch zu verstehende Qualitätsmanagement beschrieben wird als die »Gesamtheit der sozialen und technischen Maßnahmen, die zum Zweck der Absicherung einer Mindestqualität von Ergebnissen betrieblicher Leistungsprozesse angewendet werden«, taucht auch hier wieder das Wörtchen »sichern«, in der leichten Abwandlung von »absichern«, auf. Dokumentation stellt in diesem Zusammenhang einen Teil der Maßnahmen dar, der der Absicherung einer Mindestqualität dienen sollen.

Was bedeutet das für die Frage, welche Dokumentation dient welcher Qualität?

Wenn es vor allem um die Ermöglichung von Preisvergleich und Wettbewerb gehen soll, genügt eine rein formale bzw. pragmatische Qualitätsdefinition, wie etwa die der Deutschen Gesellschaft für Qualität in Frankfurt am Main (DGQ) in der DIN 55350, Teil 11: Qualität ist »die Gesamtheit von Eigenschaften und Merkmalen eines Produktes oder einer Tätigkeit, die sich auf deren Eignung zur Erfüllung gegebener Erfordernisse bezieht«.

Nun kann man beobachten, dass die gegebenen Erfordernisse auch in der sozialen Arbeit zunehmend mehr als festlegbare Standards begriffen werden. Um das Erreichen solcher Standards zu überprüfen und mit Konkurrenten vergleichen zu können, sieht man sich veranlasst, Messinstrumente zu entwickeln. Viele der neuen Dokumentationssysteme sind insofern mit der ökonomisch bestimmten Qualität gut kompatibel, ob sie auch kompatibel sind mit einem Verständnis von Qualität, das sich eher aus einer anthropologisch-philosophischen Tradition herleitet, daran zu zweifeln, fühle ich mich bis auf Weiteres verpflichtet.

Vielleicht hat der Psychiater Manfred Bleuler geahnt, was kommen wird, als er 1975 formulierte: »Je mehr wir uns vom Kranken weglocken lassen und unsere Aufgabe als Ärzte ... in anderen Bereichen als am Kranken suchen, ... desto weniger verdienen wir, Arzt genannt zu werden. Verdienen wir es nicht mehr und treten andere an unsere Stelle, so werden humanitäre Werte ..., die bisher uns Ärzten zufielen, in andere Hände gelegt – oder sie gehen verloren.« (2) Ich sehe die anderen Hände nicht, in die die humanitären Werte gelegt werden können, denn andere Berufsgruppen werden genauso vom Patienten durch massiv erhöhte Dokumentationsanforderungen weggelockt.

Als zwischen 1994 und 1996 im Auftrag des Bundesministeriums für Gesundheit der Leitfaden zur Qualitätsbeurteilung in psychiatrischen Krankenhäusern entwickelt wurde, gab es meines Erachtens noch mehr Gespür für die Klippen und Fallen, in die das Bemühen um Qualitätssicherung geraten kann. In diesem Leitfaden ging es in systematisierter Weise um die alltagsnahen Bereiche, die ich zu Beginn eher unsystematisch an ausgewählten Beispielen habe anklingen lassen:
– um das Ergebnis der Behandlung im Einzelfall,
– um den Verlauf der Behandlung im Einzelfall,
– um die jeweilige Behandlungseinheit,
– um die Gesamtinstitution bzw. die Rahmenbedingungen der Behandlung. (in Anlehnung an 1)

Diese Bereiche unter bestimmten Fragestellungen auf ihre Güte hin zu beleuchten und hier auch durch entsprechende Dokumentation für Transparenz zu sorgen, das schien mir damals sinnvoll und in den Ablauf der alltäglichen Arbeit integrierbar, sofern es nicht dogmatisch und starr gehandhabt wurde.

Das Autorenteam des Leitfadens entwickelte zu den erwähnten Bereichen Fragen, die in Team- und Fallgesprächen aufgenommen werden konnten. Damals ging es noch nicht um eine angeblich objektive externe Zertifizierung. Es ging nicht um ein Zertifikat als Ergebnis, sondern um die Qualität des Handelns im Prozess selbst. Man hatte noch ein deutliches Gespür für die Grenzen des Objektivierbaren oder gar Messbaren in der psychiatrischen Arbeit. Durch die Anleitung zu einer methodischen Reflexion sollte vorrangig die eigene Urteilsfähigkeit verbessert und eine achtsame Grundhaltung aller Beteiligten gefördert werden. In der Auseinandersetzung mit den Anregungen des Leitfadens ging es vorrangig um die Verbesserung der Qualität im Verfahrensablauf selbst.

Einen ähnlichen Weg wollten übrigens auch Diakonie und Caritas wählen in ihrem Leitfaden »Pro Psychiatrie Qualität« (PPQ).

Inzwischen scheint die Entwicklung in eine andere Richtung zu gehen und sich das Gleichgewicht, zwischen dem, was messbar und per Dokumentation feststellbar ist, und dem, was sich nur in einem ständigen Prozess entfalten und begleiten lässt, mehr zu Gunsten des Ersteren zu verschieben.

Die wachsame Beobachtung und kritische Beurteilung dieser Tendenzen scheint mir wichtig, denn – ich zitiere nochmals Katharina Gröning in leichter Abwandlung: Die Ausweitung bürokratischer Kontrollen verstärkt nur Entfremdung und dürfte letztendlich weder dem Patienten noch den Mitarbeitern nützen – dafür aber den Beratungsdiensten, den Vertreibern von Gütesiegeln und Qualitätszertifikaten.

Sichert denn nun Dokumentation die Qualität psychiatrischen Handelns? Ich hoffe, dass ich deutlich machen konnte, dass einige Voraussetzungen geklärt sein müssen, um diese Frage positiv beantworten zu können. Dass Dokumentation das Kontrollbedürfnis von Management und Verwaltung befriedigt, reicht jedenfalls nicht für eine positive Antwort.

Bisweilen kann man über den Zeitgeist auch etwas aus Kriminalfilmen im Fernsehen lernen.

Beim »Tatort« sagt der Polizist Ballhoff ziemlich patzig zum Staatsanwalt: »Wir können doch nicht mehr als unsere Arbeit tun.« – »Doch«, entgegnet der Staatsanwalt, der unbedingt die Presse bei einer Ermittlung dabei haben will, »wir können sie besser verkaufen.«

Manchmal befürchte ich, dass sich auch in den unterschiedlichen Feldern der sozialen und pflegerischen Arbeit der Schwerpunkt des Engagements genau in diese Richtung zu verschieben droht.

Was tun? – Wie sich der von Klaus Dörner ausgemachten »Doppelzange aus Markt und Bürokratie« entziehen, die »die Lust und die Verantwortlichkeit der ärztlichen Tätigkeit abwürgt«? (3) Nicht nur der ärztlichen, ist hier sicher zu ergänzen.

Welche Spielräume bleiben Mitarbeiterinnen und Mitarbeitern in ihrer alltäglichen Arbeit? Meiner Beobachtung nach gibt es unterschiedliche Spielräume in den verschiedenen Einrichtungen, je nachdem wie gläubig sich Leitungen den jeweiligen Vorgaben gegenüber verhalten und was auf den unterschiedlichen hierarchischen Ebenen abgefedert werden kann.

Zwischen vorauseilendem Gehorsam und einer Eins-zu-Eins-Übernahme der new economic speach bis zu Reformulierungen und Modifikationen von Vorgaben, um sie für die jeweiligen Bereiche angemessener zu gestalten, gibt es viele unterschiedliche Versuche, mit der »Doppelzange« irgendwie klarzukommen.

Kompromisse wird man vermutlich spätestens dann eingehen, wenn man hofft, dadurch für die Patienten und die eigene Einrichtung Schlimmeres zu verhüten.

Vor einiger Zeit bemerkte ein Arzt während einer sehr ernsthaften Tagung zum Qualitätsmanagement in der katholischen Hochburg Paderborn, ihm komme der immer umfassender werdende Anspruch des TQM (= Total Quality Management) sehr katholisch vor, so wie die Suche nach der reinen Lehre, der sich alle zu unterwerfen haben. Und auch der Humor scheine irgendwie zu fehlen. Darin liegt, finde ich, ein Trost. Denn das kennt man ja, dass sich trotz reiner Lehre und unumstößlichen Dogmen hinter der Fassade, wenn man es mit dem Gläubigsein nicht allzu arg übertreibt, noch sehr viel Humorvolles, Kreatives, Humanes, Spontanes, aber auch für die Menschen, in unserem Fall die Patienten, Verlässliches abspielen kann.

Vielleicht gibt es ja noch oder irgendwann wieder die Möglichkeit, die Qualitätsdebatte von moralischen, ethischen, anthropologischen und fachlichen Gesichtspunkten her zu steuern und der Dominanz von Verwaltung, Management und Betriebswirtschaft zu entziehen.

Prinzipieller und öffentlicher streiten wäre vielleicht auch gut. – Vielleicht! – Ich muss zugeben, dass ich bisweilen auch hinsichtlich der Wirkung solchen Streitens von Zweifeln geplagt bin. Deshalb schließe ich diesen Text mit einem eher skeptischen Zitat von Guillaume Paoli, dem Mit-Herausgeber von »müßiggängster«, dem in Berlin erscheinenden »kontemplationsblatt der glücklichen arbeitslosen«. Es lautet: »Dabei ist die Streitprozedur mit den Gegnern sehr artig geworden. Man merkt, dass Kommunikationstrainer um sich geschlagen haben. ... egal, worum die Diskussion geht, immer kommt das gleiche Schlusswort, eine freundliche Hand auf der Schulter: ›Leider, leider, diese Entwicklung ist unaufhaltsam. Danke für dieses Gespräch.‹« (5)

Literatur

1. Auerbach, P.: Qualitätsmanagement in der psychiatrischen Arbeit, Vortrag beim 7. Paderborner »Forum Psychiatrie und Psychotherapie« 2002
2. Bleuler, M.: Was den Arzt ausmacht. In: Wunderli, J., u.a. (Hg.): Medizin im Widerspruch. Freiburg, 1975, S. 108–114
3. Dörner, K.: Gesundheitssystem in der Fortschrittsfalle. In: Deutsches Ärzteblatt, Jg. 99, Heft 38 vom 20. September 2002
4. Gröning, K.: Pflege in Zeiten der Fortschritts- und Konsumphilosophie – Qualitätssicherung in der stationären Altenpflege. In: Mabuse 108, Juli/August 1997, S. 29ff.
5. Paoli, G.: Lasst euch nicht gehen – Weisheiten der Kampfkunst. In: Hegemann, Carl (Hg.): Erniedrigung genießen, Kapitalismus und Depression III, Berlin, 2001
6. Spöhring, W./Richter, D.: Qualitätsmanagement in der Psychiatrie. In: Wollschläger, M. (Hg.): Sozialpsychiatrie – Entwicklungen, Kontroversen, Perspektiven. Tübingen, dgvt-Verlag 2001, S. 732
7. Tucholsky, K.: Aus dem Gedicht »Die Ortskrankenkasse«. In: Theobald Tiger (Hg.): Weltbühne 23 vom 3.6.1930

8. Glossar:

Joint Commission =	Joint Commission on Accredation of Healthcare Organisations, führendes QM-Konzept in den USA
BSC =	Balanced Score Card
EFQM =	European Foundation for Quality Management
Demo pro QM =	Demonstrationsprojekt Qualitätsmanagement im Krankenhaus, zwischen 1998 und 2001 im Rahmen eines Modellprogramms in somatischen und psychiatrischen Krankenhäusern durchgeführt
KTQ =	Zertifizierungsprojekt Kooperation für Transparenz und Qualität im Krankenhaus
EQA =	European Quality Award

Renate Schernus

Beziehungsgestaltung am Beispiel psychiatrischer Arbeit – ethische Aspekte

»In ihren Händen wird aus allem Ware.
In ihrer Seele brennt elektrisch Licht.
Sie messen auch das Unberechenbare.
Was sich nicht zählen lässt, das gibt es nicht.«
Erich Kästner,
aus: Zeitgenossen, haufenweise 1929

I. Der Mensch kommt als Einzelexemplar nicht vor

»Beziehungsgestaltung« und dann noch unter »ethischen Aspekten« –
hört sich irgendwie unmodern an. Handelt es sich womöglich um Schnee
von gestern? Sollte ich das Thema vielleicht besser beiseite legen? Jedoch
der Gedanke daran, dass der Mensch als Einzelexemplar einfach nicht
vorkommt, sondern von Anfang an ein Beziehungswesen ist, und dass
dies durch alle Zeiten hindurch gültig bleibt, lässt mich fortfahren.
Außerdem scheint mir, dass die soziale Konstitution, mit der unser
Menschsein unausweichlich verknüpft ist, auch die Voraussetzung dafür
bildet, überhaupt ethische Fragen stellen zu können. Wie könnte ich
sonst darauf kommen, nicht nur zu fragen, was für mich gut ist,[1] sondern auch, was gut ist für mich in Bezug auf andere und für andere in
Interaktion mit mir? Jedes Sollen, und damit hat Ethik es zu tun, ergibt

---

1 Selbst diese Frage kann ich eigentlich nur als soziales Wesen stellen, denn auch, was für
  mich gut ist, habe ich schon von anderen gelernt.

sich aus unserer sozialen Konstitution, der wir nicht entrinnen können. Es ist ja nicht so, dass es auf der einen Seite die Beziehungen gibt, und dann kommt von außen das Ethische hinzu. Selbst wenn ich ein Philoso- phieverächter wäre und nie und nimmer über Ethik nachdenken möchte, hätte dennoch die Art und Weise, wie ich als erwachsener Mensch kom- muniziere, immer schon implizit ethische Aspekte. Wenn ich im Folgen- den mehr über Beziehung und Kommunikation als über Ethik sagen wer- de, setze ich eben dies voraus.

Es gibt also gute Gründe zu behaupten, dass das Thema des *Zwischen* wegen seiner unvermeidlichen Bedeutsamkeit nicht nur ein Thema von gestern, sondern auch von vor- und vor-vor-gestern ist und ein Thema von heute und von morgen sein und bleiben wird.

Die eigentliche Frage scheint mir nämlich nicht zu sein, *ob* das Thema heute aktuell ist, sondern *wie* es heute aktuell ist. Um das Wie und das Heute in den Blick zu bekommen, tun wir gut daran, diesen, unseren Blick nicht nur auf die Mikroebene des alltäglichen zwischenmensch- lichen Umgangs und seiner Spezifikationen im psychiatrischen Bereich zu richten, sondern auch darüber hinaus schweifen zu lassen. Beziehungs- gestaltung findet auf vielfältigen Ebenen statt, Ebenen, die voneinander abhängig sind, in Wechselwirkung miteinander stehen. Meist ist uns nicht bewusst, dass die Art, wie wir zu Menschen in Beziehung treten, also zum Beispiel zu Patienten, nicht nur von unserer Persönlichkeit und dem, was wir etwa therapeutisch, pädagogisch, medizinisch derzeit als Handwerkszeug zur Verfügung haben, abhängig ist. Wir vergegenwärti- gen uns nicht ständig, dass unsere Beziehungsgestaltung u. a. abhängt von der Versorgungslandschaft der Region, von Ausstattung, Kultur und ideologischer Ausrichtung der jeweiligen Klinken, Heime oder sonstigen Dienste. Und all dies wiederum ist in hohem Maße abhängig von gesamtgesellschaftlichen, kulturellen Strömungen sowie von den Leit- ideen der Politik.

II. Das Gehirn ist ein soziales Organ

Beginnen will ich allerdings mit einigen Überlegungen zur Mikroebene. Was diese Ebene betrifft, wird die Bedeutsamkeit des Zwischenmensch- lichen durch die Hirnforschung gerade an die vorderste Fortschrittsfront neurobiologischer Erkenntnisse befördert. Schon länger weiß man ja, dass das, was uns durch die Gene als neurobiologische Grundausstattung zur Verfügung steht, bereits etwas höchst Erstaunliches ist, dass diese

Grundausstattung aber in Interaktion treten muss, um sich einzuspielen und zu entfalten. Und sie muss ständig in Interaktion bleiben, um keinen Schaden zu nehmen. Das hat übrigens Viktor von Weizsäcker, vermutlich auf eher intuitive Weise, bereits 1930 erkannt. Er formulierte damals: »Die Gesundheit eines Menschen ist eben nicht ein Kapital, das man aufzehren kann, sondern sie ist überhaupt nur dort vorhanden, wo sie in jedem Augenblick des Lebens erzeugt wird. Wird sie nicht erzeugt, dann ist der Mensch bereits krank.« (15)

In der heutigen Sprache der Hirnforschung heißt das: die neurobiologischen Anlagen des Menschen sind derart konzipiert, dass sie sich nur im Kontext zwischenmenschlicher Beziehungen entfalten können. »Das Gehirn«, so der berühmte Neurobiologe und Philosoph Gerhard Roth, »ist ein soziales Organ«. (DIE ZEIT vom 23.2.06) Roth geht sogar noch weiter, indem er behauptet, die Hirnforschung sei zumindest in Teilen als Sozialwissenschaft anzusehen. Besonders interessant sind in unserem Zusammenhang die sogenannten Spiegelneurone. Bei diesen handelt es sich um im prämotorischen System angesiedelte Neurone, die vermutlich die biologische Grundlage für all das bilden, was wir Verstehen, Einfühlung, Intuition nennen. Dass wir verstehen, was der andere tut, ja sogar aus kleinsten mimischen Veränderungen spontan und nahezu simultan auch seine Gefühle und Gedanken erfassen, liegt daran, dass wir das, was der andere tut, denkt und fühlt, unbewusst als »inneres Simultanprogramm« (1) erleben und aus dieser Innenperspektive heraus verstehen. Es ist wie mit dem Igel und dem Hasen. Der Igel des intuitiven Erfassens ist immer schon da, bevor der Hase der intellektuellen Analyse ans Ziel kommt. Dass natürlich in beiden Systemen, aus den unterschiedlichsten Gründen, Irrtümer möglich sind und es deshalb gut ist, sich beider zu bedienen, auch für die Psychotherapie zu bedienen, will ich jetzt hier nicht diskutieren.

Mir kommt es zunächst darauf an, zu verdeutlichen, dass zwischen Menschen, also auch zwischen uns und unseren Klienten, vom ersten Moment der Begegnung an die Spiegelneurone »feuern« und nicht erst dann, wenn wir versuchen, unsere Behandlungen, Programme und Pläne umzusetzen.

III. Die Menschen: das sind ihre Geschichten

1. Asymmetrische Beziehungen: Wie geht es Ihnen?

Um dies konkreter zu machen, gehe ich wieder weg von der Ebene der Neurone auf die Ebene menschlicher Geschichten. Eine Geschichte, die ich erzählen will, trägt den Titel »Die Psychologin«. Sie stammt von Agnes Thorbecke, einer Frau, die sich, wie es uns allen passieren kann, eines Tages sehr krank in einer Klinik wiederfand. Ich zitiere Auszüge: »Ich denke nun schon seit einigen Tagen darüber nach, warum sie mir so schrecklich unsympathisch ist. Ich möchte nicht ungerecht sein, denn eigentlich hat sie mir doch gar nichts getan. Sie stand nur eines Vormittags vor meinem Bett und sah durch eine Brille mit riesengroßen Augen auf mich herunter.« ... »Als sie mich fragte ‹Wie geht es Ihnen?›, fuhren plötzlich alle meine Antennen aus. ›Achtung Falle‹, signalisierten sie mir, ›überleg genau, was du sagst‹. Ich schaute möglichst neutral nach oben zurück und antwortete dann schließlich ebenso neutral: ›Danke, gut.‹« Widerstrebend folgt Agnes Thorbecke schließlich der Einladung der Psychologin zu einer Gesprächsgruppe. Hier werden die Patienten nacheinander gebeten, sich zu äußern. Ich gebe Agnes Thorbeckes Beschreibung sehr verkürzt wieder: »Die Psychologin ... schaute zufrieden in die Runde. ›Jetzt zählt sie die Opfer‹, dachte ich bei mir und zählte mit. Wir waren sechs, ich die Vierte von links.« Die Kandidatin vor Agnes Thorbecke sagte, »dass ihr die dauernden Gespräche über die Krankheit schon auf die Nerven gingen und dass sie in ein Einzelzimmer verlegt werden möchte. Das passte! ›Sie dürfen Ihre Krankheit nicht verdrängen. Sie müssen sie annehmen, auch wenn es schwerfällt.‹ Die Frau nickte unsicher und wollte nichts mehr sagen. Jetzt war ich dran. ›Mir geht's gut‹, sagte ich und hielt dem Betroffenheitsblick stand. ... Ich schaute zur Tür und dann zum Papierstapel auf dem Tisch. ›Ich hätte gerne noch diese Informationen und dann muss ich gehen.‹ ›Natürlich, Sie können jederzeit gehen. Das hier ist alles ganz freiwillig.‹ ... Als ich wieder in meinem Bett lag und vor mich hinheulte, dachte ich, ›Gott sei Dank sieht sie das nicht.‹ Abends im Raucherzimmer wurde ich wieder aufgebaut« und bekam von den anderen Patienten »Tipps, wie man mit so einer Psychologin am besten fertig wird«. (14)

Mikroebene – welches *Zwischen* wird hier beschrieben? Mir scheint, beschrieben wird das Erleben eines Macht- und Abhängigkeitsverhältnisses. Kluge Autoren sprechen von asymmetrischen Beziehungen. Agnes Thorbecke beschreibt nichts Spektakuläres und dennoch wird für uns sofort verständlich, dass sich hier ein Mensch vor einer Beziehung, die gefährden und zusätzlich verletzen könnte, zu schützen versucht. Zu schützen? Eigentlich handelt es sich ja um eine Helferin in Aktion. Ich glaube Agnes Thorbecke versucht, sich vor dem Verlust einer ebenbürtigen sozialen Rolle zu schützen – sie wird »von oben« angesprochen. Die Frage ›Wie geht es Ihnen?‹ erlebt sie als eine Reduktion auf den Status der Schwäche, wobei das »von oben« die Frage nach dem Ergehen bereits in spezifischer Weise einfärbt. In der Gruppe fühlt sie sich gruppiert, als Nummer, die aufgerufen wird. Gruppierung, wir sagen auch Klassifizierung, wenn es sich um diagnostische Zuschreibungen handelt, stellt in der Psychiatrie bekanntlich eine besonders zu beachtende Gefährdungsquelle für das dar, was sich zwischen Professionellen und Patienten entwickeln kann.

Gegen die Routine dienstlichen Alltagshandelns, die sich diesbezüglich bei jedem von uns leicht einschleicht, zitiere ich die Mahnung eines der Psychiatrie gegenüber Außenstehenden. Elias Canetti schreibt: »Die psychiatrische Betrachtung von Menschen hat etwas Verletzendes, das mehr in der Klassifizierung des Abnormen als in seiner einfachen Feststellung liegt. ... Der Psychiater aber, der Kategorien des Abnormen schafft, dem erst an Klassifizierung und dann an Heilung gelegen ist, nimmt dem oft Gedemütigten auch noch seine Einzigartigkeit weg. Diese Macht, andere zu *gruppieren*, wird nicht nur vom Betroffenen als schmerzlich empfunden; es ist auch für den beteiligten Betrachter bedrückend, sie am Werke zu sehen und nicht rückgängig machen zu können.« Was schlägt Canetti vor, um die Psychiatrie von sich selbst zu erlösen? »Fünfhundert oder tausend genaue Berichte, und dazu kein Wort der Einteilung oder Erklärung.« (zitiert nach 9) Vielleicht sollten wir darüber nachdenken.

Dass es für Patienten oder Klienten in helfenden Systemen um eine labile Position in einem Machtgefälle und um die Erhaltung des Gefühls geht, auf die Umstände noch einwirken zu können, beschreibt Agnes Thorbecke in einer anderen Geschichte vom Beginn ihrer Erkrankung: »Es begann mit Warten. Wahrscheinlich steht in jedem Ratgeber für Machtmenschen: Lass die Leute warten, dann werden sie schon von ganz allein klein. Ich wartete auf einer Bank in dem Gang vor dem Chefzimmer. Wir warteten zusammen, die vier Neueinlieferungen ... Es war dann noch nicht der Chef, sondern das Vorzimmer vom Chef. ... ›Vorstellung beim Chef‹ rief es jetzt an der Tür und dann saßen wir wieder zu viert auf der Wartebank. Auf den Chef wartet man natürlich ein bisschen länger, und ich entschied mich aufzustehen und mir ein Buch aus meinem Zimmer zu holen. Neben den anderen, die einfach nur warteten, fühlte ich mich mit dem Buch um einige Zentimeter größer.« (14) Nur Nuancen, gewiss. In kleinsten Nuancen kann es eben ums Ganze gehen, um das Bewahren der eigenen Würde.

Jede Krankheit, jeder Schicksalsschlag macht verletzlich, bedroht die eigene Selbstdefinition, bewirkt, wenn man nicht gerade über eine manische Abwehr verfügt, dass man sich klein und ohnmächtig fühlt. Welche Möglichkeiten wir Professionellen finden, mit der Asymmetrie in helfenden Beziehungen umzugehen, ist in hohem Maße bedeutsam dafür, wie hilfreich wir sein können. Dies alles ist wichtig vor, neben und jenseits all dessen, was wir dann noch handwerklich tun können und müssen. Für Agnes Thorbecke waren die brüderlichen, schwesterlichen Beziehungen der Mitbetroffenen offensichtlich hilfreicher als das Beziehungsangebot der Psychologin. War es überhaupt ein Beziehungsangebot? Wollte es das sein? Vielleicht wollte die Psychologin nur eine Methode anwenden. Methoden ersetzen jedoch nicht die Notwendigkeit der Beziehungsgestaltung. Der Versuch einer rein methodischen Ablaufoptimierung würde hier nichts verbessern, würde höchstens zur inszenierten Nicht-Kommunikation führen.

2. Asymmetrische Beziehungen: Wie geht es meiner Methode?

Ich vermute übrigens, dass es ein Zeichen entweder für die Unangemessenheit einer Methode oder für eine unangemessene Art ihrer Anwendung ist, wenn vom Anwender die volle Identifikation mit der Methode oder dem System an sich verlangt wird. Hierbei wird so getan, als könne es eine Anwendbarkeit im menschlichen Bereich geben ohne Berücksichtigung der vielfältigen individuellen, variablen zwischenmenschlichen Situationen. Wenn man Beziehungsgestaltung als eine Art Vermittlungstätigkeit versteht, setzt das zu allem, was ich tue, eine gewisse Distanz voraus. Vielleicht kann man sogar sagen eine prinzipiell skeptische Distanz, die immer bereit ist, die Methode, den Plan, die Behandlung wegen der Eigenart gerade dieses Menschen, mit dieser Geschichte, in dieser Situation zu relativieren. Auf Vernunftgebrauch in diesem skeptischen Sinn zielt wohl auch Luhmann, wenn er von »selbstkritischer« und »ironischer« Vernunft, die »nicht an sich selber zu glauben beginnt«, spricht. (7)

In dem Moment, in dem ich voll im Glauben an mein professionelles Handwerkszeug aufgehe, kann ich kein Vermittler mehr sein, Vermittler zwischen Mensch und Mensch, zwischen Methode und Mensch, zwischen Wissenschaft und Mensch, zwischen dem Menschen und seiner Geschichte, zwischen Angst und Hoffnung. Beziehungen zu gestalten heißt m.E., sich solchen Vermittlungsprozessen zu widmen. Auch Vermittlungsprozessen zwischen Wahnwelt und üblicher sogenannter Realwelt, zwischen fremd anmutenden Handlungen, Gedanken, Gefühlen und dem Vertrauten und Üblichen. Solches Vermitteln ist nur möglich bei hoher Toleranz für Widersprüchliches, Zweideutiges, rational nicht Auflösbares. Meist wird diese Haltung mit dem Wort Ambiguitätstoleranz bezeichnet. Diese halte ich für eine der wichtigsten Grundtugenden von Mitarbeiterinnen und Mitarbeitern in der Psychiatrie.

3. Asymmetrische Beziehungen:
Und bist Du nicht willig, so brauch ich Gewalt

Beziehungsgestaltung mit Wissen um die Wichtigkeit des *Zwischen* erfordert auch Distanz zu den eigenen Machtmöglichkeiten. Andernfalls wird sie zur Manipulation. Besonders wichtig ist dies natürlich in den Grenzbereichen, in denen wir Zwang anwenden. Dazu ein Beispiel aus der Arbeit in der Beschwerdestelle: Herr Urban, ein sehr scheuer junger Mann, der als Kind erheblichen Missbrauchserfahrungen ausgesetzt war und der in einer ambulant betreuten Wohnung lebt, beschwert sich über seine letzte Einweisung per PsychKG durch einen Arzt des Gesundheitsamtes folgendermaßen: *Dass* er eingewiesen worden sei, sei für ihn jetzt im Nachhinein nicht der Kritikpunkt. Was ihn extrem gekränkt habe, sei das *Wie* gewesen. Arzt und Sozialarbeiter des Gesundheitsamtes hätten robust und laut seine Türschwelle übertreten. Polizei und Rettungswagen standen vor der Tür, was natürlich zur Folge hatte, dass die Nachbarn an allen Fenstern hingen. Seine Schwester sei nicht informiert worden. Es sei ihm verboten worden, vor Verlassen seiner Wohnung wenigstens noch sein Radio auszustellen, und er sei daran gehindert worden, der neben ihm wohnenden Frau Bescheid zu sagen. Kurz und gut, den ganzen Vorgang hat er als so massive Kränkung erlebt, dass er auch nach Entlassung damit nicht fertig wird und bei der Beschwerdestelle nachfragt, was er tun könne. Auf ein klärendes Gespräch mit dem einweisenden Arzt kann er sich einlassen und dieser erfreulicherweise auch. Es stellt sich heraus, dass der Arzt den Patienten für akut suizidal gehalten hat. Er hat ihn das Radio nicht ausstellen lassen, weil es neben einem offenen Fenster stand und er den Sprung hinaus fürchtete. Mit der Nachbarin hat er ihn nicht reden lassen, weil er deren Wichtigkeit für den Patienten nicht einschätzen konnte. Die Schwester wurde nicht informiert, weil der Arzt nicht wusste, dass eine Behandlungsvereinbarung besteht, in der dies vorgesehen ist. Herr Urban ist über die Art, wie der Psychiater ihn wahrgenommen hat, und über dessen Informationsstand höchst erstaunt und kann ihm u. a. glaubhaft deutlich machen, dass er zwar unter extremer Angst vor Vergiftung gelitten habe, aber keineswegs vorgehabt hatte, sich das Leben zu nehmen. Er kann dem Arzt vermitteln, dass die laute energische Art des Eindringens in seinen privaten Rückzugsraum seine Ängste bis zur Panik gesteigert habe, da er dieses Überrolltwerden von männlich-väterlicher Macht wie eine Reinszenierung seiner frühen traumatischen Erfahrungen erlebte. Seine anfängliche Wut: »Wenn ich noch mal eingewiesen werden muss, dann nie wieder von diesem Unmenschen«, weicht der nachdenklichen Bemerkung, »Falls ich wieder eingewiesen werden muss, dann vielleicht doch besser von Ihnen, da Sie jetzt mehr davon wissen, was für mich wichtig ist, als ein mir unbekannter Arzt.«

Möglicherweise hätte der Kollege die Einweisung nicht in dieser Art vornehmen müssen, andererseits bin ich mir auch ziemlich sicher, dass es, wenn unterschiedliche Wirklichkeitswahrnehmungen aufeinanderprallen, ganz ohne Missverständnisse und Kränkungen nie abgehen wird. Natürlich ist auch der Patient stets Mitgestalter und kann seinerseits sein Gegenüber massiv in die Situation des Gekränkten, des Schwachen, des Verletzten bringen. Wie man für aggressiv gefärbte Situationen eine Kultur der deeskalierenden Beziehungsgestaltung entwickeln kann, scheint mir ein wichtiges Thema für alle Aus- und Weiterbildungen psychiatrischer Mitarbeiterinnen und Mitarbeiter. (Siehe auch: 2 und 6) Hier nur so viel: Betroffene, Angehörige und natürlich auch wir Professionellen machen Fehler. Das gehört dazu. Qualität in Beziehungen entsteht nicht durch zwanghafte und ängstliche Fehlervermeidung, sondern eher dadurch, dass alle Seiten für Nachbesprechung, Auswertung und Hinzulernen durch Einbeziehung der Gegenperspektive offen sind.

Wie lässt sich nun das, was wir bisher unter dem Stichwort des Zwischen und der Beziehungsgestaltung bedacht haben, auf Gesundheit und Krankheit beziehen. Viktor von Weizsäcker formuliert 1934: »Behandlung ... ist nicht nur Wiederherstellung der Normalität. Behandeln heißt vielmehr Geschichte machen, sich mit dem Kranken vereinigen, um ein Stück Lebensgeschichte zu machen.« (16) Mir scheint, dass er mit dieser Formulierung dem nahe kommt, was ich mit Vermittlung meinte. Gesundheit kann verstanden werden als ständiger Vermittlungsprozess, eingebettet in Beziehungen, mit Bezug zur Lebensgeschichte. Gesundheitsförderung ohne Beziehungsgestaltung geht nicht, Beziehungsgestaltung ohne Bezug zu den Geschichten der Menschen geht auch nicht. »Denn«, wie der skeptische Philosoph Odo Marquard formuliert: »Die Menschen: das sind ihre Geschichten. Geschichten aber muss man erzählen ... Und je mehr versachlicht wird, desto mehr – kompensatorisch – muss erzählt werden: sonst sterben die Menschen an narrativer Atrophie.« (8)

IV. Gesellschaftlich manipulierte Geschichten

1. Es ist niemals zu spät, der Erste zu sein

Ich möchte die Sache mit den Geschichten benutzen, um die Mikroebene der Beziehungsgestaltung zu verlassen, und, wie angekündigt, die kulturellen, gesellschafts- und sozialpolitischen Zusammenhänge in den Blick zu nehmen. Wenn etwas daran ist, dass die Menschen sozusagen ihre Geschichten sind, liegt es nahe zu fragen, was sind die unsere Zeit prägenden Geschichten, welche Geschichten sind im Trend. Was wird erzählt? Was wird tabuisiert? Wer die 38 Millionen Euro-PR-Kampagne »Du bist Deutschland« verfolgt hat, muss den Eindruck gewinnen, dass vor allem eine bestimmte Art von Geschichten im Trend sind. Bei dieser Kampagne wird in einer Mischung aus Zeltmissionsjargon und SMS-Sprache, ohne dass Inhalte oder Analysen von Inhalten eine Rolle spielen, versucht, in kurz gehaltenen Parolen, TV-Spots und Interviews, Fortschritts-, Erfolgs- und Durchsetzungsgeschichten in die Köpfe zu pflanzen. Alles klingt gesund, stark und verantwortungsfähig. Zum Beispiel: »Dein Wille ist wie Feuer unterm Hintern.« oder »Es gibt keine Geschwindigkeitsbegrenzung auf der Deutschlandbahn.« Aus einem TV-Spot: »Bring die beste Leistung, zu der du fähig bist, und wenn du damit fertig bist, übertriff dich selbst.« Zum Vorbild Michael Schumacher wird gesagt: »Denn sein Erfolgsgeheimnis ist kein gottgegebenes Talent, sondern Perfektionismus und außerirdischer Wille.« Zum Vorbild des Flugzeugerfinders Lilienthal: »Es ist niemals zu spät, der Erste zu werden.« Und zahlreiche bekannte und unbekannte Bürger variieren das Thema: »Ich bin stolz auf das, was wir für Deutschland leisten, aber wir können noch viel mehr.« Tja, können wir?

2. Die müssten sich nur mal am Riemen reißen

An wen richten sich die Botschaften der Kampagne? An die, die gesund, stark und leistungsfähig sind? Aber haben die das nötig? Denn zur gleichen Zeit wird in den Medien von einem eisernen Gesundheits- und Arbeitswillen der Deutschen berichtet. Gemäß einer Analyse der Pflichtmitglieder der gesetzlichen Krankenversicherung waren 2005 nur noch 3,3 Prozent der Beschäftigten krankgeschrieben, was einen historischen Tiefstand bedeutet. Sollte der »Du bist Deutschland-Appell« vielleicht an den anderen Teil gerichtet sein, an die, die nach schlechten Nächten zu düsteren Tagen erwachen, die »sich morgens die Alpträume aus den Haaren kämmen« (12), für die schon der Gang ins Bad eine Leistung bedeutet und bei denen der Wille, am Leben zu bleiben, am seidenen

Faden hängt? Denn für die Bundesrepublik gilt auch: Während die Fehltage in den Betrieben wegen somatischer Erkrankungen erheblich abgenommen haben, haben die Fehltage wegen psychischer Erkrankungen rapide zugenommen. Von allen Arbeitsunfähigkeitstagen pro Jahr lässt sich die Mehrzahl auf psychische Störungen zurückführen und nicht etwa auf somatische Erkrankungen. Nach einer Untersuchung des Bundesverbands der Betriebskrankenkassen ist bei psychischen Erkrankungen seit Anfang der 90er Jahre eine Steigerung um 28 Prozent zu verzeichnen. Damit liegen psychische Erkrankungen derzeit an vierter Stelle der Gründe für Arbeitsunfähigkeit und mit durchschnittlich 29 Tagen dauern sie auch besonders lange.[2]

Da gesellschaftliche Deutungsmuster psychischer Erkrankungen im Sinne »Die müssten sich nur mal am Riemen reißen und die Zähne zusammenbeißen« immer noch Konjunktur haben, könnte es natürlich sein, dass die »Du bist Deutschland-Kampagne« als riesiges Therapieprogramm in diesem »Hauruck-Sinn« und für diese Gruppe gemeint ist. Kommuniziert wird gleichzeitig, dass derjenige, der sich anstrengt, der sein Äußerstes gibt, es schaffen kann, dazuzugehören, zu dem Deutschland der Leistungsfähigen.

3. Leitbild oder Zerrbild? – Der nationale und europäische Athlet

Auf politischer Ebene stellt der Begriff »soziale Gerechtigkeit« so etwas dar wie einen Leitbegriff für die sozialstaatliche Verpflichtung zur Gestaltung der Beziehungsverhältnisse der Gesamtbevölkerung. Dabei kann nach alledem, was ich versucht habe im ersten Teil auszuführen, nur ein Gerechtigkeitsbegriff angemessen sein, der gleiche Leistungen nicht nur unter Messbarkeitsgesichtspunkten für gleiche Bedarfslagen vorsieht, sondern der Spielraum für höchst unterschiedliche, immer interpretierungsbedürftige konkrete Einzelsituationen lässt.

Im Sinne sozialer Gerechtigkeit hatte es die bisherige europäische Sozialstaatspolitik als ihre Aufgabe angesehen, gestaltend und ausgleichend einzugreifen, damit keine zu großen Brüche zwischen arm und reich und

---

2 »Sie sind die Ursache bei etwa jedem dritten jährlichen Rentenzugang wegen verminderter Erwerbsfähigkeit. Auch hier zeigt sich gegen den Trend bei anderen Erkrankungen eine weitere Zunahme der Rentenzahlen.« (BPtK-Newsletter 1/2006) Dabei sollen die Deutschen nach einer WHO-Studie noch besonders gesund sein, jedenfalls gesünder als die Franzosen und Ukrainer und vor allem als die Amerikaner, die mit einem Anteil von 26,3 Prozent psychisch Kranker an der Gesamtbevölkerung den Spitzenplatz einnehmen. (Die Welt vom 4.6.04)

im Zusammenhang damit zwischen krank und gesund, jung und alt, leistungsfähig und leistungseingeschränkt entstehen.

Die Exklusion, also der Ausschluss von Teilen der Bevölkerung aus dem gesamtgesellschaftlichen Beziehungsgefüge sollte so weit wie möglich verhütet werden. Die Formulierung eines Rechts auf »Teilnahme am Leben in der Gemeinschaft« im früheren BSHG, die sich auch noch im jetzigen SGB XII wiederfindet, zeigt deutlich, dass die Ermöglichung sozialer Beziehungen im Blick war.[3] In den letzten Jahren gibt es jedoch zunehmend mehr Anzeichen dafür, dass die Politik in der Versuchung steht, sich von der Last der Verantwortung für die Beziehungsgestaltung im Sinne der Teilhabe am Leben in der Gesellschaft zu befreien. Einer der letzten entlarvenden Ausrutscher eines Regierungsmitglieds lautete: »Wer nicht arbeitet, soll auch nicht essen.« (Franz Müntefering zit. nach: www.zeit.de/online/2006/schreiner). Hinter der PR-Kampagne und hinter solch einem Satz sind bestimmte Menschenbilder zu vermuten. Immer mehr kann man den Eindruck gewinnen, dass einem, insbesondere in Bezug auf das Gesundheits- und Sozialwesen, realitätsfernen Marktkonstrukt ein realitätsfernes Menschenkonstrukt entspricht, ja entsprechen muss, denn das Marktkonstrukt kommt ohne eine Überbetonung von Freiheits- und Willenskompetenzen auf der Ebene des Individuums nicht aus. Der Wirtschaftswissenschaftler und Sozialethiker Friedhelm Hengsbach spricht hier von einem »Zerrbild real existierender Menschen«. Es würden »nationale und europäische Athleten« konstruiert mit dem Ziel, dass die Deutschen sich »als Teilnehmer eines globalen Wettkampfs empfinden, der sie antreibt, wieder an die Spitze der wirtschaftlichen und sozialen Entwicklung in Europa zu kommen«. (4)

4. Bin ich 150 Euro Krankengeld am Tag wert?

Wie das derzeit gesellschaftspolitisch erzeugte Klima sich auf Menschen auswirkt, die mit seelischer Krankheit zu kämpfen haben, beschreibt Anfang 2006 Melanie Rottmann, eine junge Bielefelderin und Mitglied des Vereins Psychiatrie-Erfahrener. Sie notiert einige Etappen aus ihrer Lebensgeschichte und wählt die Überschrift: »Das schlechte Gewissen krank zu sein ... bin ich 150 Euro Krankengeld am Tag wert?« Damit hat

---

3 In diesem Zusammenhang müsste auch den Gründen für den starken Anstieg der Einweisungen nach PsychKG ab Mitte der 90er Jahre nachgegangen werden. Nach einer Studie des MAGS NRW weisen zumindest die Zuwächse bei Einweisungen von alten Menschen, allein lebenden Menschen und wohnungslosen Menschen auf Probleme sozialer Desintegration hin.

sie das ethische Problem, um das es geht, berührt. Zur Beziehungsgestaltung in einem wohlverstandenen Sinn gehört Respekt und Anerkennung jenseits von Verpreislichung. Oder in kantscher Tradition: es geht um Würde, nicht um Wert.

Melanie Rottmann schildert anrührend den Hürdenlauf zwischen wiederkehrenden Psychosen, Versuchen, sich im Arbeitsleben zu behaupten, erlebter Stigmatisierung und der Gefahr, dies alles als »eigene Schuld« zu verarbeiten. Mutig und kämpferisch fragt sie am Schluss: »Was meinen Sie? Sozialschmarotzer oder einfach nur krank? Finden Sie, ich bin schuld daran? ... Ich bin 28 Jahre jung, noch habe ich mein Leben vor mir und ich will etwas ändern.« (13)

Nicht von ungefähr benutzt hier eine Betroffene den Begriff »Sozialschmarotzer«. Im Herbst 2005 wurden durch einen unsäglichen Report aus dem Hause des damaligen Wirtschafts- und Arbeitsministers Begriffe wie »Abzocke« und »Parasiten« im Zusammenhang mit arbeitslosen Menschen in die Öffentlichkeit getragen. In der Folge titelte die Bildzeitung »Die üblen Tricks der Hartz IV-Schmarotzer ... und wir müssen zahlen« (BILD vom 17.10.2005) Nicht viele Menschen, und ganz sicher nicht die sehr alten oder auf Dauer verwirrten Menschen, können sich so streitbar wie diese Frau gegen den Zeitgeist für ihre Würde und Menschenrechte einsetzen.

In dem Text von Rottmann wird meines Erachtens deutlich, wie das, was auf der gesellschafts- und sozialpolitische Ebene verhandelt wird, sich auf die Mikroebenen des Selbsterlebens und der zwischenmenschlichen Beziehungen auswirkt.

Nicht zuletzt, weil wir Menschen nun einmal mit unseren Spiegelneuronen ausgestattet sind, nehmen wir solche gesellschaftlichen Trends, wahr. Bei einer Umfrage des Allensbacher Instituts antworteten auf die Frage »Wie stellen Sie sich die Gesellschaft der Zukunft vor?« 71 von 100, dass die Gesellschaft kälter/egoistischer werde und »dass sich zukünftig nur die Starken durchsetzen würden und die Zahl der Verlierer wachsen werde«. (Nach 10)

V. Beziehungsgestaltung, gesellschaftliche Solidarität und eine Prise Aristoteles

Viele Probleme, mit denen sich psychisch kranke Menschen in unserer Gesellschaft konfrontiert sehen, sind keineswegs rein kausal der psychischen Erkrankung zuzurechen. Und die Tatsache, dass die Zahl derjenigen Menschen, die in dem »athletischen« Wettkampf nicht mehr mitkommen und als psychisch krank deklariert werden, in die Höhe schnellt, kann keineswegs nur als Problem der Psychiatrie, ihrer Behandlungsmethoden und ihrer Beziehungsgestaltung angesehen werden.

Deshalb scheint es mir wichtig, sich nicht nur mit der Beziehungsgestaltung auf den Mikroebenen zu beschäftigen, sondern sich auch bewusst zu machen, in welchen gesamtgesellschaftlichen Strömungen wir uns bewegen. Sprechen wir auf der Mikroebene von Beziehungsgestaltung, so entspricht dem auf der gesellschaftlichen Makroebene der Begriff der Solidarität.[4] Solidarität ist nicht nur ein schönes, nach Ethik klingendes Wort, das Assoziationen an zwischenmenschliche Wärme hervorruft. Solidarität ist ein Steuerungsprinzip der Sozialpolitik. Wenn daran gedreht wird zugunsten der Marktsteuerung im Sozial- und Gesundheitswesen, dann schlägt sich das auf die Mikroebenen nieder und das einzelne Individuum findet sich wieder unter dem Leitsatz: Jeder ist seines Glückes Schmied. (siehe dazu auch den Text »Tyrannei des Gelingens« ab S. 82)

Der eine hat Glück, der andere gerät zunehmend mehr unter Druck, Angst und Stress. Die Psychiatrie muss sich unter anderem im Klaren darüber sein, welche gesellschaftlichen Trends sie bedienen will und welche nicht. Um noch einmal auf die Spiegelneurone zurückzukommen. Von Neurobiologen können wir lernen, dass sie bei Angst, Druck und Stress »in ein Leistungstief fallen«. (1) Den Menschen fehlt dann eine wichtige Voraussetzung für zwischenmenschliche Feinabstimmung, schwierige zwischenmenschliche Situationen und Konflikte können nicht mehr bewältigt werden. Die Lernfähigkeit ist eingeschränkt. Anzunehmen ist, dass bei den Krawallen der Jugendlichen in Frankreich so ziemlich alle Spiegelneurone »außer Betrieb« waren. In neurobiologischen Metaphern gesprochen, müsste Gesundheitsförderung also auch auf sozialpolitischer Ebene heißen: Pflegt die Spiegelneurone eurer Bürger, sorgt dafür, dass Angst, Druck und Stress nicht die Beziehungen, und das heißt letztendlich, den sozialpolitischen Frieden kaputt machen. Psychiatrie ist soziale Psychiatrie oder sie ist keine Psychiatrie (Klaus Dörner).

---

4 Historisch lässt sich natürlich nachweisen, dass es eine absolut solidarische Gesellschaft ohne jegliche Ausgrenzung noch nie gegeben hat und auch nie geben wird. Gegenwärtig jedoch nehmen die Spannungen zwischen dem, was sein sollte, und dem, was ist, nicht nur zu – das wäre an sich noch erträglich und daraus könnten sich neue Impulse ergeben –, sondern das Problem liegt vor allem darin, dass diese Spannungen in schwer durchschaubarer Weise mit Fortschritt suggerierenden und ökonomischen Metaphern einerseits verschleiert und andererseits gerechtfertigt werden.

Sie ist dies unter Einbeziehung der neurobiologischen Grundlagen unserer sozialen Existenz. Das Soziale macht den Menschen von den feinsten Verästelungen seiner Neurone bis hin zu den gesellschaftlichen Prozessen aus.[5] Interessengeleitet drängen sich heute wieder Ansichten über Krankheit und Störung in den Vordergrund, in denen Probleme aus ihren gesellschaftlichen Bezügen herausgelöst und ausschließlich auf der individuellen Ebene angesiedelt werden. Die Folge ist eine Verengung des Blickwinkels. Seelische Krankheit wird dann entweder auf individuelle Willensschwäche zurückgeführt oder als etwas angesehen, was man als Spezialproblem bestimmten störungsspezifischen Techniken der dafür abgestellten Professionellen überlassen kann. Menschen mit Problemen, die sich nicht in die dafür vorgesehenen Programme einordnen lassen, stehen in der Gefahr, entweder unangemessene oder gar keine Hilfeangebote zu bekommen.[6]

Zum Schluss komme ich noch einmal explizit auf den ethischen Aspekt zurück. Wenn Ethik, wie der Philosoph Robert Spaemann sagt, »jene Befassung mit dem menschlichen Handeln« ist, »die den Sinn hat, uns zu zeigen, wie wir selbst handeln sollen, nicht einfach, wie Menschen im Allgemeinen nun einmal handeln« (11), so hoffe ich, dass zumindest meine Suche danach deutlich geworden ist. Wir leben in einer Gesellschaft, die dazu neigt, das zielgerichtete, herstellende, zeitlich genau einzugrenzende Machen überzubetonen und das verantwortliche, auf Zeit angewiesene miteinander umgehende Handeln zu vernachlässigen; eine

5   Nachdenkliche Neurobiologen sind für die soziale und damit auch ethische Brisanz ihrer Erkenntnisse sensibel. So bringt z. B. Gerald Hüther den Begriff der »Verantwortung« ins Spiel. Er formuliert: »Sie (diese Erkenntnisse) zwingen uns ... endlich die Verantwortung für eine optimale Gestaltung der Entwicklungsbedingungen der nachwachsenden Generation zu übernehmen und dafür zu sorgen, dass zumindest den in die Gesellschaft hineinwachsenden Kindern traumatische Erfahrungen in Zukunft erspart bleiben.« (5) Da ich »Beziehungsgestaltung« in diesem Vortrag nicht auf Psychotherapie einengen wollte, bin ich bewusst nicht auf die interessanten Ansätze der sogenannten Neuropsychotherapie (z. B. Klaus Grawe) eingegangen. (Dazu siehe: www.bvvp.de/news04/vt_nt_grawe.htm)

6   Dass dies auch volkswirtschaftlich gesehen teuer wird, konnte Prof. Hans-Ullrich Wittchen von der TU München kürzlich in einer Metaanalyse von 27 EU-Studien belegen. Er wies nach, »dass die indirekten Kosten psychischer Störungen weit höher sind als deren direkte Behandlungskosten (Arzt, Krankenhaus, Medikamente). Außerdem stellte er fest, dass psychische Störungen nur bei 26 Prozent der Patienten überhaupt behandelt werden – eine niedrige Behandlungsquote wie in keinem anderen Bereich der Medizin.« (BPtK – Newsletter 1/2006)

Unterscheidung, die übrigens auf Aristoteles zurückgeht. Ethisch kann sich meines Erachtens unser Handeln in der psychiatrischen Arbeit nur dann nennen, wenn in der Praxis deutlich wird, dass es über das bloße Machen, Verändern- und Bewirkenwollen hinausgeht.

Literatur

1. Bauer, J.: Warum ich fühle, was du fühlst – Intuitive Kommunikation und das Geheimnis der Spiegelneuronen. Hamburg, Hoffmann und Campe 2005
2. Eink, M. (Hg.): Gewalttätige Psychiatrie – ein Streitbuch, Bonn, Psychiatrie-Verlag 1997
3. Heidbrink, L.: Paradoxien der Verantwortung. Frankfurter Rundschau, 19. Juli 2005, Nr. 65
4. Hengsbach, F.: Das Reformspektakel – Warum der menschliche Faktor mehr Respekt verdient. Freiburg, Herder Verlag 2005, S. 9/10
5. Hüther, G.: Die neurobiologische Verankerung traumatischer Erfahrungen. In: Sozialpsychiatrische Informationen 2/2003
6. Ketelsen, R., Schulz, M., Zechert, Ch.: Seelische Krise und Aggressivität – Der Umgang mit Deeskalation und Zwang. Bonn, Psychiatrie-Verlag 2004
7. Luhmann, N.: Die neuzeitlichen Wissenschaften und die Phänomenologie. Wien 1996, S. 45
8. Marquard, O.: Über die Unvermeidlichkeit der Geisteswissenschaften. In: Apologie des Zufälligen. Stuttgart 1986, S. 105
9. Navratil, L.: Spätes Lernen. In: Brückenschlag – Zeitschrift für Sozialpsychiatrie-Literatur-Kunst, Band 18, Neumünster 2002, S. 41
10. Negt, O.: An Heinrich von Pierer – Von der Wirtschaft gegen den Menschen. In: Amery, C. (Hg.): Briefe an den Reichtum, München 2005, S. 60ff.
11. Spaemann, R. (Hg): Ethiklesebuch – Von Platon bis heute. München 1987, S. 21/26
12. Prins, S.: Jetzt endlich lebe ich richtig – Geschichten-Glossen-Gedanken. Neumünster, Paranus Verlag 2005
13. Rottmann, M.: Das schlechte Gewissen krank zu sein im Zuge der Gesundheitsreform oder: Bin ich 150 Euro Krankengeld am Tag wert? – unveröffentlichtes Manuskript 2006
14. Thorbecke, A.: Nur ein paar Sekunden – Geschichten aus dem Alltag. Darmstadt, Justus von Liebig Verlag 2004, S. 68/69 und 72ff.
15. Weizsäcker, v. V.: Soziale Krankheit und soziale Gesundung (1930). In: Ges. Schriften Bd. 8, Frankfurt 1986, S. 31-94
16. Weizsäcker, v. V. Ärztliche Aufgaben (1934). In: Ges. Schriften Bd. 8, Suhrkamp, Frankfurt 1986, S. 143-157

Teil II
Einseitige Menschenbilder – irreführendes Denken – fragwürdiges Handeln

Renate Schernus

Lohnt sich das noch?

Die Arbeit mit schwer beeinträchtigten und dementen alten Menschen[1]

> »Vielleicht werden wir irgendwann
> unsere Seelen
> volkswirtschaftlich verwerten können.«
> *Stanislaw Jerzy Lec*

1. Alte und demente Menschen in Deutschland

In den letzten 125 Jahren hat sich in Deutschland die durchschnittliche Lebenserwartung mehr als verdoppelt. »Der demographische Wandel kommt einer schleichenden Revolution gleich«, so Dr. Christine Bergmann, seinerzeit Bundesministerin für Familie, Senioren, Frauen und Gesundheit, zur Veröffentlichung des vierten Altenberichts der Bundesregierung.[2]

---

1 1999 bekam Renate Schernus von der Deutsch-Polnischen Gesellschaft für seelische Gesundheit den Auftrag, unter dem obigen Titel einige Gedanken vorzutragen. 2006 wirkt die Ausarbeitung in ihren Grundzügen fast aktueller als 1999. Der folgende Text ist eine überarbeitete und erweiterte Fassung.

2 Aus dem 4. Altenbericht geht hervor, dass sich die Bevölkerungspyramide innerhalb von nur 100 Jahren komplett gewandelt hat. 1950 gab es etwa doppelt so viele Menschen unter 20 wie über 59 Jahren. Folgendes wird prognostiziert: im Jahr 2050 wird sich dieses Verhältnis genau umgekehrt haben. In fünfzig Jahren werden knapp acht Millionen Menschen 80 Jahre oder älter sein. Insbesondere die Zahl der Hochaltrigen wird in den

Die Tatsache, dass wir alle dank Verbesserung von Lebensstandard und medizinischer Versorgung so viel größere Chancen haben, länger zu leben, ruft in Teilen der Gesellschaft allerdings ein wenig begeistertes Echo hervor. Bereits 1989 veröffentlicht Hartmut Diessenbacher einen langen Artikel in der Frankfurter Allgemeinen Zeitung mit dem Titel: »Sind die Alten noch finanzierbar?« Vorgerechnet werden dem Leser darin mit erschreckend hohen Zahlen die anteiligen Kosten der Alten an den Budgets der Krankenkassen sowie die Milliardenbeträge, die sich bei Hinzurechnung aller Pflegekosten ergeben. (9) 1993 erscheint das Buch des Juristen Jürgen Borchert mit dem Titel »Renten vor dem Absturz. Ist der Sozialstaat am Ende?« Gleich im ersten Kapitel fragt Borchert ebenfalls: »Sind die Alten noch finanzierbar?« (zit. n. 26) Prophezeit wird ein drohender Verteilungskampf zwischen Alt und Jung.

So auch in dem 1995 erschienenen Buch der Ärztin Heidi Schüller, seinerzeit Schattenministerin in Rudolf Scharpings Wahlkampf-Team. Titel des Buches: »Die Alterslüge«. Schüller suggeriert die Bedrohung der Republik durch die »numerische Diktatur« der Alten. Diese sei nicht weniger gefährlich als eine »handfeste militärische oder ökologische Bedrohung«. Und der von ihr geprägte Ausdruck vom »survival of the sickest« (zit. n. 26) lässt durchaus keine Freude an steigender Lebenserwartung erkennen. Etwa gleichzeitig kommt der Begriff der »Rentnerschwemme« auf, mit dem in ähnlicher Weise der Eindruck erzeugt wird, es handle sich bei der gestiegenen Zahl von Rentnern um eine Naturkatastrophe, gegen die man sich schützen müsse. 1996 wird der Begriff zum Unwort des Jahres gewählt. Von der Freude über die gestiegene Lebenserwartung ist wohl auch der Nachwuchspolitiker und Vorsitzende der Jungen Union Philipp Mißfelder weit entfernt, als er sich zu dem forschen Ausspruch hinreißen lässt: »Ich halte nichts davon, wenn 85-Jährige noch künstliche Hüftgelenke auf Kosten der Solidargemeinschaft bekommen.« (Tagesspiegel, 3.8.2003) Mit dem Titel »Die deutsche Wirtschaft unter dem demographischen Fallbeil« in der Börsenzeitung vom 20.3.2003 wird schließlich ein gewisser Höhepunkt in der Dramatisierung des Themas erreicht.[3] (6)

---

nächsten Jahrzehnten zunehmen. Gegenwärtig sind in Deutschland rund 2,9 Millionen Menschen 80 Jahre oder älter. In zwanzig Jahren werden es rund 5,1 Millionen oder 6,3 Prozent der Bevölkerung sein, in fünfzig Jahren 8 Millionen, das entspricht gut 11 Prozent der Bevölkerung. (36)

3 Hinter der Behauptung »Unser Gesundheitssystem wird immer teurer, weil die Menschen immer älter werden«, stehen keine gesicherten Erkenntnisse, sondern wohl eher Interessen. Dazu führt Holst unter anderem aus: »In den Industrienationen lässt

Neben diesem gesellschaftlichen Diskurs, der bisweilen klassenkampf-
ähnliche Züge annimmt, gibt es einen eher medizinisch-wissenschaft-
lichen Diskurs, in dem es unter anderem darum geht, die Gefahr »epe-
demieartig« sich ausbreitender seniler Demenzen durch Forschung zu
bannen – mit und an den Betroffenen. Womit wir in das gefährliche Feld
der Forschung an nicht einwilligungsfähigen Personen geraten.

Aus einem dritten Diskurs, einem mehr versorgungspolitisch orientierten, erhalten wir genauere Zahlen für die Psychiatrie. In der Tat nehmen Demenzerkrankungen, vermutlich im Zusammenhang mit der stei-
genden Lebenserwartung, zu. Bei den über 80-Jährigen ist nach dem 4.
Altenbericht der Bundesregierung jeder Fünfte, bei den über 90-Jährigen
schon jeder Dritte betroffen. Schätzungen zufolge leiden über 900.000
Menschen an einer mittelschweren oder schweren Demenz, etwa zwei
Drittel von ihnen an der Alzheimer Krankheit.[4] (36)

Die meisten dieser Menschen sind nicht einfach nur hochgradig ver-
gesslich, sondern sie leiden dauerhaft oder episodisch unter zusätzlichen
psychiatrischen Störungen. Sie werden zum Beispiel gequält von wahn-
haft-halluzinatorischen Wahrnehmungsverzerrungen, von Depressionen,
Störungen des Tag- und Nacht-Rhythmus, von Antriebsstörungen. Hinzu kommen verschiedene Verhaltensauffälligkeiten, zum Beispiel: das
Sammeln und Horten, orientierungsloses Weglaufen, lautes Schreien,
rastloses Hin- und Herlaufen. Die Ärztin Claudia Wilhelm-Gößling
macht darauf aufmerksam, dass die Versorgung dieser Menschen gerade
durch die zuletzt beschriebenen Störungen viel eher an Grenzen kommt
als durch die kognitiven Verluste und Veränderungen. (38)

---

sich ... beobachten, dass die Menschen zwar immer älter werden, aber gleichzeitig altern
sie immer gesünder. ... Wer also lange Zeit gesund lebt, der zahlt auch über einen langen Zeitraum hinweg Krankenkassenbeiträge ein und stützt damit das System.« ... »Mit
steigendem Alter belasten die Bürger ihre Kasse pro Erkrankung sogar weniger, denn je
betagter ein Patient ist, desto geringere Fallkosten verursacht er. Bei gleicher Krankheit
kostet die Behandlung eines 90-jährigen nicht einmal halb so viel wie bei Personen zwischen 55 und 60 Jahren.« Das liegt daran, dass die Indikation zu komplizierten
Untersuchungen und belastenden Behandlungsverfahren vorsichtiger zu handhaben ist
als bei jüngeren Personen. (16)
4 In der Berliner Altenstudie wurde bei Frauen ab dem 80. Lebensjahr ein höherer Anteil
an dementiellen Erkrankungen festgestellt als bei Männern. Interessanterweise ließ sich
nachweisen, dass dieser Anstieg nicht mit dem Geschlecht, sondern signifikant mit
anderen Variablen zusammenhing, nämlich mit Bildungsstand, Zugehörigkeit zu unteren sozialen Schichten sowie mit der Wohnsituation, insbesondere wenn letztere in
Heimunterbringung bestand. (Helmchen et al. 1996)

In diesem Zusammenhang ist die Tatsache bemerkenswert, dass diejenigen, die zum reichsten Fünftel unserer Gesellschaft gehören, nicht nur länger leben, sondern auch »schwerere Beeinträchtigungen ihrer Gesundheit« durchschnittlich sieben Jahre später erleiden »als Personen aus der untersten Einkommensgruppe«. (15) Mindestens 60-70% der demenzkranken Personen werden zu Hause von Angehörigen gepflegt, oft bis weit über die Belastungsgrenze hinaus. Tritt bei diesen Patienten eine zusätzliche psychiatrische Begleitsymptomatik auf, erhöht sich die Wahrscheinlichkeit in einer Institution untergebracht zu werden in extremer Weise (19), dies, obgleich es kaum psychiatrische Einrichtungen gibt, »die ein gezieltes Behandlungsangebot für ältere psychisch Kranke« bereithalten. (38)

Bereits 1999 stellt der Fachkrankenpfleger Detlev Beyer-Peters fest, dass der Personalstand auf ein Niveau gesunken sei, das dem vor zehn Jahren entspricht. Damals habe dieser Zustand zu öffentlichen Protesten unter dem Begriff »Pflegenotstand« geführt. Die Feststellung des täglichen Hilfebedarfs nach Minutenwerten, wie für die Pflegekassen verlangt, werde alten Menschen bereits im körperlichen und hauswirtschaftlichen Bereich nicht gerecht. Darüber hinaus sei als katastrophal einzuschätzen, dass »die Zeiten für die medizinische Behandlungspflege, die soziale Betreuung und die Begleitung von verwirrten und desorientierten BewohnerInnen sowie für die Pflege vor dem Tod« in diesem System gänzlich unberücksichtigt bleiben; dies obwohl der Anteil gerontopsychiatrisch veränderter BewohnerInnen in den meisten Alten- und Pflegeheimen bei über 50 Prozent läge und in manchen Einrichtungen bereits mehr als 80 Prozent erreiche. (3)

Am 5.7.2006 wurde der 5. Altenbericht der Bundesregierung dem Bundestag übergeben. Er trägt den Titel: »Potenziale des Alters in Wirtschaft und Gesellschaft – Der Beitrag älterer Menschen zum Zusammenhalt der Generationen« (http://www.bmfsfj.de) In diesem Bericht wird das deutliche Interesse erkennbar, der erwähnten klassenkampfähnlichen Stimmung und einer ausschließlichen negativen Sicht des Alters etwas entgegen zu setzen. In diesem Sinne betonte die Bundesministerin für Familie, Senioren, Frauen und Jugend, Renate Schmidt, bei der Entgegennahme des 5. Altenberichts in Berlin: »Ältere Menschen sind ein Motor für Innovation und für Wirtschaftskraft. Sie wollen sich mit ihrer Kompetenz und Kreativität für die Gesellschaft einbringen und sich engagieren.«

Was aber ist mit denen, die als Wirtschaftsfaktor und aktive Gestalter der Gesellschaft nicht so deutlich erkennbar sind? Was ist mit ihren Menschenrechten? Hat sich hier nach dem 4. Altenbericht die Lage inzwischen grundsätzlich geändert?

Diesbezüglich bleibt der gerontopsychiatrische Experte Leidinger skeptisch. Einerseits räumt er zwar ein, dass »spezielle Hilfen für ältere psychisch Kranke ... deutlich ausgebaut und verbessert worden« seien, andererseits kritisiert er, dass vielerorts der Respekt vor der Eigen-willigkeit dieser Personengruppe zu vermissen sei. Dies werde deutlich an der »Unangemessenheit der Hilfen«. Zu beobachten sei »eine zunehmende Institutionalisierung des Sozialen und Verschärfung institutioneller Regeln bei gleichzeitiger Kommerzialisierung.« (20) Nach wie vor besteht für alte, demenzkranke Personen ein besonders hohes Risiko, in einer jener Institutionen untergebracht zu werden, die kaum in der Lage sind, die unterschiedlichen Notwendigkeiten in Umgang, Behandlung und Pflege angemessen zu berücksichtigen. Die Zahl der Heimunterbringungen ist weiter gestiegen, obgleich im Rahmen der psychiatrischen Versorgung ambulante Hilfen weiter ausgebaut worden sind.

Welche Wirklichkeit hinter dem Stichwort Kommerzialisierung steht, drückt Frank Drieschner 2004 drastisch folgendermaßen aus: »Ob Menschen in der Altenpflege länger oder kürzer überleben, ob sie in Würde sterben oder unter furchtbaren Schmerzen langsam krepieren, das hängt schon seit vielen Jahren nicht allein von ihrem Gesundheitszustand ab, sondern ganz entscheidend von ihrem Vermögen.« (8) Der »vierte Bericht zur Lage der älteren Generation« (36) benennt krasse Missstände und führt sie darauf zurück, dass »zu wenig oder mangelhaft qualifiziertes Personal« zur Verfügung stehe. Das Parlament hat darauf in einer typisch modernen Weise reagiert. Es hat das »Gesetz zur Qualitätssicherung und zur Stärkung des Verbraucherschutzes in der Pflege« verabschiedet. Bitter und ironisch kommentiert Drieschner: »Seither ist gewiss, dass Alte in Deutschland nicht vernachlässigt werden, weil sie gar nicht vernachlässigt werden können! Bis ins Detail ist die Pflege geregelt, jeder Schritt genau zu dokumentieren. Dass das Personal in aller Regel nicht ausreicht, zu leisten, was es täglich durch zahlreiche Unterschriften geleistet zu haben beurkundet – das ist seither nicht mehr das Problem von Politik, Pflegeverbänden und Heimleitungen, sondern allein das der Heimbewohner und ihrer überforderten Pfleger, zu deren regelmäßigen Obliegenheiten inzwischen auch die Dokumentenfälschung zählt.« (8)[5]

2. Die Unmöglichkeit der Frage »Lohnt sich das noch?«

Es gibt Fragen, die gefährlicher sind als die darauf möglichen Antworten, und zwar deshalb, weil sie harmloser wirken und dadurch hinsichtlich hinter ihnen stehender Interessen und Intentionen getarnt sind – man wird ja wohl noch fragen dürfen. Die »unmögliche Frage« im Titel wurde aus Gründen der Provokation gewählt. In ihm kommt, jenseits der logischen Frage- und Antwortstruktur, etwas, das in der Luft liegt, ungeschminkt zum Ausdruck. Ich komme an dieser Stelle nicht umhin, einige grundsätzliche Überlegungen zum menschlichen Zusammenleben einzuschieben.

»Lohnt sich das noch?«, fragt eine 93-jährige Frau, als es darum geht, ihr nach dem Tod ihres Mannes ein anderes Zimmer im Erdgeschoss einzurichten. Der leichte Anflug depressiver Gestimmtheit, der sie bei dieser Frage umwölkte, verschwindet schnell, als sie spürt, dass diese Frage für Sohn und Tochter einfach kein Thema ist. Sie gewinnt Freude daran, Möbel auszusuchen und entwickelt Phantasie hinsichtlich der Einrichtungsgestaltung. Sie fordert schließlich energisch den dazugehörigen Anstrich des Zimmers.

Die Frage, ob es sich lohnt, dass jemand für mich etwas Wichtiges tut, kann ich mir nicht selbst beantworten. Ich bin darauf angewiesen, dass ich mich für den anderen lohne. Auch das Selbstbewusstsein, für sich selbst etwas einfordern zu können – und sei es einen Zimmeranstrich –, beruht auf vielen vorausgegangenen Erfahrungen, dass ich mich für den anderen lohne. Mit uns als Säuglingen fing es an. Hätte es sich für unsere Mütter nicht gelohnt, was wäre aus uns geworden? Wer lohnend war und ist für andere, der wird es seinerseits leichter haben, die Kraft positiver Einstellung seinen Mitmenschen gegenüber zu entwickeln. Dem werden liebevollere Fragen einfallen als »Lohnt sich das noch?« – sei sein Gegenüber auch noch so behindert, verrückt, alt oder alles zusammen.

Ob sich etwas für einen einzelnen Menschen zu tun lohnt, ist auf der zwischenmenschlichen Ebene jedenfalls keine Frage des Rechnens oder

---

5 Im Januar 2006 wird von einem Prozess gegen ein Altenheim berichtet. Ein Bewohner, Herr Kluge, war verstorben. »Herr Kluge wurde wund vom Liegen, unter dem Gips entzündete sich sein Arm, der Knochen lag fast frei. Er war unterernährt und hatte keine Muskeln mehr.« ... »Auf dem Papier wurde Herr Kluge ordnungsgemäß gewickelt, versorgt und alle paar Stunden neu gebettet.« Allerdings fiel auf, dass das nicht immer so gewesen sein kann, »da Vorgänge abgezeichnet wurden, die nicht stattgefunden haben können, da Herr Kluge gerade im Krankenhaus war«. (22)

der digitalen Logik. Oder hätten Sohn und Tochter die zu erwartenden Lebensjahre ihrer Mutter, multipliziert mit Zeitaufwand und finanziellen Mitteln, dividiert durch einen Faktor x und gewichtet mit dem Zufriedenheitsfaktor y in einen Computer eingeben sollen, um herauszufinden, was die rational richtige Antwort ist?

Vielleicht wird jemand an dieser Stelle den bedenkenswerten Einwand bringen, die Art und Weise, wie die Geschwister auf ihre Mutter reagieren konnten, ist nur möglich in einem der reichen Länder. Schon hier zeige sich, dass das Ökonomische die eigentliche Grundlage bilde, um Menschen angemessen zu behandeln und zu versorgen.

Volkswirtschaftlich gesehen ist dieser Einwand natürlich ernst zu nehmen. Jedoch, was sich zwischen Menschen abspielt, wenn es darum geht, ob sich etwas lohne oder nicht, bzw. ob die Frage überhaupt ernsthaft aufkommt, ist meines Erachtens zunächst unabhängig von dem ökonomischen Niveau.

Im Kern der Sache geht es natürlich nicht darum, ob ein Zimmer gestrichen wird oder nicht, sondern darum, ob der andere mit der leisen, meist ja vor-sprachlichen Frage »Was bin ich dir wert?« mein Interesse und Mitgefühl erreicht, ob er anerkannt und bestätigt wird.

Während des schrecklichen Kosovo-Krieges konnte man im Fernsehen mehrfach das Bild einer erschöpften Mutter sehen, die ihren gelähmten, scheinbar auch geistig behinderten, 10- oder 12-jährigen Sohn über viele Kilometer hinweg in einer Schubkarre schob. So war sie mit ihm geflohen, so hatte sie ihm das Leben gerettet.

Spätestens hier wird deutlich: die Frage, »Lohnt sich das noch?«, an diese Frau gerichtet, verbietet sich kategorisch als zynisch. Sie kommt aus einer anderen Sphäre. Wird diese Frage auf den zwischenmenschlichen Bereich angewandt, zerstört sie im Moment des Fragens und nicht erst bei der Beantwortung die Grundlage menschlichen Zusammenseins. Im Moment der Frage wird das Subjekt zu einem objektivierbaren Faktor in einem Kalkül unter Nützlichkeitsgesichtspunkten.

Solche Fragen bilden die Voraussetzung, um wieder so zu philosophieren wie der Psychiater Hoche um 1920. Eines Tages, so gab er seiner Hoffnung Ausdruck, »werden wir vielleicht ... zu der Auffassung heranreifen, dass die Beseitigung der geistig Toten kein Verbrechen, keine unmoralische Handlung, keine gefühlsmäßige Rohheit, sondern einen erlaubten nützlichen Akt darstellt«. (25) In letzter Konsequenz führt also das Zulassen der Frage »Lohnt sich das noch?« für den zwischenmenschlichen Bereich zur Tötung von Menschen, denen andere oder sie sich selbst absprechen, dass ihr Leben Wert hat.[6]

Im Prinzip kann man die Frage, wenn man denn solche Fragen überhaupt zu stellen wagt, in Bezug auf beliebige Gruppen von Menschen stellen. Aidskranke, dialysepflichtige, schwer alkoholkranke, langfristig psychisch kranke Menschen usw. Die Art und Weise, wie die Frage an einer ausgewählten Menschengruppe verhandelt wird, hat zwangsläufig Auswirkungen auf alle anderen. Denn Mensch ist Mensch.

Allerdings lassen sich am Beispiel alter Menschen – im Titel qualifiziert als schwer gestört und dement – Elemente des vorherrschenden gesellschaftlichem Klimas besonders deutlich machen. Was diesbezüglich in der Luft liegt, brachte der inzwischen auch alt gewordene Kabarettist Dieter Hildebrandt bereits 1995 auf den Punkt: »An und für sich ist Altsein bei uns noch erlaubt, nur man sieht's nicht gerne.«[7]

3. Die Möglichkeit der Frage
»Lohnt sich das noch?« – Marktversion

Es ist möglich, die Frage »Lohnt sich das noch?« zu stellen. Sie wird ohne Skrupel dort gestellt, wo man sich als moderner, realitätsverbundener Bürger gerechtfertigt fühlt durch das, was heute von weiten Teilen der Politik und der Gesellschaft unter ökonomischem Denken verstanden wird, etwas, das ich allerdings eher als Ökonomisierung des Denkens bezeichnen würde.

Die Frage »Lohnt sich das noch?« als ökonomische Frage, das heißt als Frage, ob sich die Aufwendung von Mitteln zum Beispiel für schwer behinderte und alte demente Menschen lohne, wird in einer Zeit gestellt, in der im Berufsleben schon das ganz normale Älterwerden für viele

---

6 Das Thema Alter und psychische Krankheit spielte bis in die 70er und 80er Jahre hinein in vielen psychiatrischen Einrichtungen eine untergeordnete Rolle und zwar – so brutal es sich anhören mag – deshalb, weil ganzen Jahrgängen das Altwerden durch die Euthanasiemorde verwehrt worden ist. Lediglich wenigen Einrichtungen gelang es damals, die behinderten und psychisch kranken Menschen zu schützen. Nicht zuletzt hieraus ergibt sich die Verpflichtung und Notwendigkeit, intensiver über die Lebensund Versorgungssituation älterer, psychisch kranker und behinderter Menschen nachzudenken, sie in Gesetzesvorlagen zu berücksichtigen und für menschenwürdige Lebensbedingungen zu sorgen.

7 Auch 1999 gibt das Thema kabarettistisch noch etwas her: »Sei lieb zu deinen Kindern, denn sie suchen dein Altersheim aus ... Man wäre in dieser Gesellschaft gerne was anderes als alt und kein sozialer Kostenfaktor.« (Dieter Hildebrandt, Scheibenwischer)

Betroffene mit reichlich brutalen sozialen Verletzungen verbunden ist. Hierzu stellt der bekannte amerikanische Soziologe Richard Sennett in seinem Buch »Der flexible Mensch / Die Kultur des neuen Kapitalismus« Folgendes fest: »Die jetzigen Bedingungen im Geschäftsleben stecken voller Vorurteile gegen das Alter, negieren den Wert der Erfahrung. Die moderne Unternehmenskultur geht davon aus, dass Menschen mittleren Alters risikoscheu sind, nicht gerne etwas Neues auf sich nehmen. Und diese Vorurteile sind schwer zu bekämpfen.« (32)

Wenn in unserer Arbeitswelt – und das gilt auch für die sozialen Berufe – nur noch die Leistungsstärksten, Schnellsten, Flexibelsten und Anpassungsbereitesten, diejenigen, die sich ständig »fit« machen für den Wettbewerb, eine Chance haben und als Typus entsprechend hoch im Kurs stehen, wirkt sich das unmittelbar auf Wertschätzung und Selbsterleben der anderen aus. Wenn bereits die noch normal Langsamen, noch normal Verträumten, noch normal Querköpfigen, noch normal Vergesslichen unter dieser Situation leiden, wie viel mehr diejenigen, deren Langsamkeit, Verträumtheit, Querköpfigkeit und Vergesslichkeit psychiatrische Ausmaße hat.

Im Sinne des ökonomisierten Zeitgeistes hat der Respekt vor Vergangenem, auf den alte und besonders demente Menschen angewiesen sind, vermutlich wenig Chancen, ist doch gerade, wie Richard Sennett beschreibt, »die Fähigkeit, sich von der eigenen Vergangenheit zu lösen ... der herausragende Charakterzug der flexiblen Persönlichkeit, wie sie ... an den Menschen abzulesen ist, die im neuen Kapitalismus wirklich zu Hause sind.« (32)

Die Frage »Lohnt sich das noch?« im Zusammenhang mit der Verteilung von Ressourcen und angewandt auf hilfsbedürftige Menschen gestellt, ist eine Frage, die widerspiegelt, was sich zurzeit unter Dominanz scheinbar alternativloser Dogmen neoliberaler Marktwirtschaft auch im zwischenmenschlichen Bereich verändert. Was vielen erst in den letzten Jahren immer deutlicher wird, sah der Theologe Jürgen Moltmann bereits 1996 sehr scharf: »Der Markt dient nicht mehr dem Menschen, sondern der Mensch dem Markt. Das verwandelt auch die mitmenschlichen Beziehungen. Ursprünglich und normalerweise beruhen sie auf gegenseitiger Anerkennung, wie wir es im Privatleben, in Familien und Nachbarschaften noch kennen. Seit der Markt zur beherrschenden gesellschaftlichen Institution geworden ist, lösen sich die Beziehungen gegenseitiger Anerkennung auf. Der in gegenseitiger Anerkennung erfahrene Selbstwert weicht dem öffentlichen Marktwert.« (23)

Das Modell des neoliberalen Ökonomismus verfügt übrigens in sich über eine Ressourcenverteilungsmechanik. Sie erfolgt über das sogenannte »Rossäpfel-Theorem«. Man muss die Rösser nur schön fett machen, dann geben sie gute Pferdeäpfel und für die Spatzen bleibt auch noch genug. Nun zeigt sich allerdings weltweit, dass zwar die Rösser mit staatlich gefördertem Hafer immer fetter werden, für die Spatzen jedoch immer weniger übrig bleibt.[8]

Die großen als liberal geltenden Nationalökonomen des 19. Jahrhunderts, wie zum Beispiel John Stuart Mill, hatten, wenn sie sich für die Aufhebung von überflüssigen Handelsbeschränkungen und die Zulassung von Wettbewerb einsetzten, keinen uneingeschränkten Marktkapitalismus im Sinn. So formulierte John Stuart Mill: Ihm leuchte durchaus nicht ein, dass »das Aufeinander-Herumtrampeln, Wegdrängen, Benutzen der Ellenbogen und Einander-auf-die-Hacken-treten, welches die gegenwärtige Form der Gesellschaft ausmacht, das erstrebenswerte Schicksal für die Menschheit sei«. (39) Und es schien ihm sich nicht zu lohnen, »dass Menschen, die bereits jetzt reicher sind als man zu sein braucht, ihren Konsum verdoppeln sollten, mit keinem oder nur geringem Vergnügen zur Folge außer demjenigen, Wohlstand zu repräsentieren«. (39)

8 Nach Ruppert Neudeck verdienen »die zweihundert reichsten Menschen der Welt genauso viel wie die eine Hälfte, die ärmere, der gesamten Menschheit«. (24) Daten von 2004 über das Nord-Südgefälle der Vermögensverteilung zeigen, dass inzwischen 15 Prozent der Weltbevölkerung 85 Prozent des Weltvermögens im Griff haben. (21) Auch in Deutschland ist der Reichtum immer ungleicher verteilt. Seit Beginn der 1990er-Jahre ist die Verteilung der (Netto-)Geldvermögen in den alten Bundesländern immer ungleicher geworden. (Die neuen Bundesländer sind wegen der finanziellen Transformationen nicht direkt vergleichbar.) Wer bereits viel Geld hatte, ist immer reicher geworden, und wer hohe Schulden hatte, hat inzwischen noch mehr davon. (18) Von 1973 bis 1998 nahm der Anteil der Armen zu und zwar von 1,3 auf 6,6 Prozent (Armut = weniger Einkommen als 50 Prozent des Medians). In der gleichen Zeit wuchs das Vermögen privater Haushalte stark an. (18) Nach Angaben der Deutschen Bundesbank ist das Bruttovermögen privater Haushalte (ohne Betriebsvermögen) von 1970 bis 1999 um das 4,3-Fache gestiegen, das reine Geldvermögen sogar um das 5,6-Fache. (18) Für Ende 2004 schätzt der Bundesverband der Volksbanken und Raiffeisenkassen das reine Geldvermögen der ca. 40 Millionen privaten Haushalte auf 4,067 Billionen Euro (NW 18.10.2005).

Die heute immer stärker vertretene merkwürdige Form von angeblich rein aus sich heraus funktionierender Ökonomik, die sich abgekoppelt hat von einer 2000 Jahre alten Tradition reflektierter Ökonomie, ist natürlich nicht alternativlos, auch wenn sie dies gerne vorgibt. Ein auf ungesteuertem Wettbewerb und Gewinnmaximierung beruhendes System muss die Frage, ob es sich noch lohnt, demente alte Menschen oder sonst wie schwer gestörte Menschen in angemessener Weise zu begleiten und zu versorgen, ehrlicher- und brutalerweise mit »nein« beantworten. Schon eine solche Kategorie wie »angemessene Versorgung« wäre als ethische Setzung ein Kriterium, das sich der Autorität des Marktes entzieht und deshalb nicht vorgesehen ist. Öffentlich werden wir ein solches brutales »nein« selten hören.

Übrigens laufen die europäischen Marktwirtschaften noch nicht völlig ungesteuert, und das Gesundheits- und Sozialwesen hat bisher in Deutschland nur ansatzweise die Mechanismen des Marktes übernommen. Immer noch gilt, dass es »weltweit ... kein Gesundheitswesen (gibt), das rein marktwirtschaftlich organisiert ist«. (7) Ob das so bleiben wird, ist fraglich. Nach der sogenannten Lissabon-Strategie der EU wird Wettbewerb als oberstes Leitprinzip der Wirtschaftspolitik angesehen. Europa soll bis 2010 zur wettbewerbsfähigsten Region der Weltwirtschaft gemacht werden. Tendenzen, die marktwirtschaftlichen Regelmechanismen stärker auch auf Bildung sowie auf soziale und gesundheitliche Dienstleistungen auszuweiten, sind deutlich erkennbar. In der Sprache von Veröffentlichungen, Analysen, Vorgaben und Verordnungen hat das Denken in Kategorien des ›sich lohnens‹ oder ›nicht lohnens‹, auch in diesem Bereich schon längst, begonnen, das gesellschaftliche Bewusstsein in sublimer Weise zu verändern.[9]

9 Auch die Ablehnung eines Krankenhauses in Leeds, eine Herztransplantation bei einem Mädchen mit Down-Syndrom durchzuführen, weist in diese Richtung. Begründung: In Großbritannien hätte noch nie ein Patient mit Down-Syndrom ein neues Herz bekommen. Die Lebenserwartung des 9-jährigen Mädchens sei im Vergleich mit anderen Patienten als geringer anzusetzen. Der Zusatz »also lohne es sich nicht« stand nicht in der Zeitung (Frankfurter Rundschau 27.7.99)
Folgender Bericht, der 1997 durch die Presse ging, kann einen in diesem Zusammenhang ebenfalls ziemlich nachdenklich machen: In drei deutschen Kliniken wurde das Computerprogramm RIAD eingesetzt. »Es wird einerseits mit medizinischen Daten gefüttert, die seit Jahren ohnehin in Intensivstationen erhoben werden. Aber es kann außerdem die Kosten der Behandlung errechnen sowie die Überlebenswahrscheinlichkeiten von Intensivpatienten prognostizieren.« (9) Die unter öffentlichen Druck geratenen Klinikleiter erläuterten, dass dieses Programm nicht zur Entscheidungshilfe bei Therapien angewandt werde, sondern lediglich statistischen Zwecken diene.   ➤

In den Rechtsphilosophischen Heften las ich unter dem Titel »Rationierung in der Medizin und Sterbehilfe« (31) Folgendes: »Die Effizienz
einer Maßnahme wird durch die Subtraktion der Kosten vom Nutzen
errechnet. Dabei müssen Kosten und Nutzen aber in einer gleichen Einheit ausgedrückt werden, das heißt Leben müsste in Geldeinheiten umge-
rechnet werden. Bei Lebensversicherungen und Schadensersatzberech-
nungen in Todesfällen wurden Methoden entwickelt, die auch auf den
Gesundheitsbereich übertragen werden können.« Der Aufsatz beginnt
mit der Konstatierung der an sich bekannten Tatsache, dass von den
gesamten Gesundheitsausgaben, die ein Mensch während seines Lebens
tätigt, der größte Teil in die Zeit unmittelbar vor dem Sterben falle.
Danach wird ausgeführt: »Der Schluss liegt nahe, dass deshalb das Spar-
potential in den letzten Lebensmonaten am größten ist. ... Seit die Rationierung medizinischer Güter diskutiert und sogar praktiziert wird, ist die
Frage nach dem ökonomischen Sterben aktuell.« Die Autorin gibt zu
bedenken, dass Knappheit und Rationierung unabwendbar seien und
man sich deshalb überlegen solle, ob man »weiterhin Aufsätze über die
Unantastbarkeit des Rechtsguts Leben und das Verbot der Abwägung
von Leben« lesen oder schreiben wolle.

Vermutlich um solch einem Denken entgegenzusteuern, haben es die
Verfasser der »Grundsätze der Bundesärztekammer zur ärztlichen Ster-
bebegleitung« von 1998 für notwendig gehalten, folgenden Satz in die
Präambel hineinzuschreiben: »Die Entscheidung hierzu (=die nicht um
jeden Preis bestehende Verpflichtung zur Lebenserhaltung) darf nicht
von wirtschaftlichen Erwägungen abhängig gemacht werden.«

Behinderte Menschen werden heutzutage häufig durch die Medien, nicht
selten aber auch durch ihre Nachbarn, daran erinnert, dass sie »teuer«
sind. »Es tut weh«, so Gertrud Auf dem Garten, eine Autorin, die mit
psychotischen Episoden zu kämpfen hatte, »wenn Menschen von anderen Menschen taxiert werden, wenn darüber spekuliert wird, ob sie vielleicht mehr kosten als sie ›wert‹ sind.« (2)

---

9 Ob man sich bei dieser Auskunft beruhigen kann? Eine kleine Studie der Berliner
   Charité erbrachte Folgendes: RIAD hatte bei 53 Patienten nachträglich eine
   Sterbewahrscheinlichkeit von 99,9 Prozent ermittelt. Der Computer hatte sich aller-
   dings geirrt. 16 Patienten hatten nicht sterben wollen, sondern überlebten; nach
   Auskunft von RIAD zum Preis von über 100.000 DM pro Kopf. Ob in einer Zeit, in
   der Kosten-Nutzen-Berechnungen ständig an Bedeutung gewinnen, nicht allein die
   Kenntnis solcher Zahlen zur Bewusstseinsveränderung beitragen kann, halte ich für eine
   ernst zu nehmende Frage.

Der ideale »lohnende« Patient wäre derjenige, der die höchste Rentabilität verspricht, das geringste Krankheitsrisiko mit sich bringt und die großzügigste Versicherung hat. Einen Wettbewerb um schwer gestörte, alte, gar demente Patienten aus den unteren Sozialschichten wird es nicht geben. (Siehe 6). Spätestens angesichts ihrer Problemlagen verliert die Umdefinition von auf Hilfe angewiesenen Menschen in »Kunden am Markt« ihre Überzeugungskraft.

Den Verfechtern einer weiteren Öffnung des Sozial- und Gesundheitswesens für den Markt ist ein Satz des Frankfurter Wirtschaftswissenschaftler Ulrich Deppe entgegenzuhalten, der – 1996 geschrieben – in 2006 eher noch an Überzeugungskraft gewonnen hat: »Als Steuerungsinstrument wirkt Wettbewerb (jedoch) sozial selektiv und polarisierend und ist damit gegen Solidarität« (7) gerichtet. Inzwischen kann man diesen Effekt nicht nur im Großlabor USA studieren, sondern deutlicher als 1996 auch in Europa. Unter ökonomisch diktierten Wettbewerbsgesichtspunkten sind Menschen, bei denen sich »das Lohnende« weder als Bereitschaft zur Produktivität noch als irgendwie objektiv beschreibbarer Fortschritt oder Gesundheitsprozess nachweisen lässt, höchst unattraktiv.

4. Die Möglichkeit der Frage
»Lohnt sich das noch?« – depressive Version

Wenn man zu den bisherigen Ausführungen sagt, »Daran kann man eben nichts machen.«, ist man entweder ein bekennender, forscher Neoliberaler oder hoffnungslos depressiv. Auch die depressive Version der Frage wollen wir uns anschauen. »Lohnt sich überhaupt etwas? Ist nicht alles Leben zum Tod bestimmt? Was also soll der Aufwand?« So sprechen Menschen, deren Grundstimmung Eugen Roth in einem kleinen Gedicht folgendermaßen einfängt:

> Ein Mensch erblickt das Licht der Welt –
> Doch oft hat sich herausgestellt
> Nach manchem trüb verbrachten Jahr,
> Dass dies der einzige Lichtblick war. (28)

Aus solch einer Grundstimmung heraus ergeben sich natürlich keine Impulse zu handeln und etwas zu verändern.

Nun werden Menschen allerdings nicht depressiv geboren, sondern aus Mangel an Lichtblicken depressiv. Das gilt für kranke und behinderte Menschen, aber genauso für Angehörige und MitarbeiterInnen. Sie stehen in der Pflege und der gerontopsychiatrischen Arbeit an manchen Orten tatsächlich in der Gefahr, depressiver Lähmung zu verfallen. Die Situation der MitarbeiterInnen in Heimen beschreibt Beyer-Peters 1999 folgendermaßen: »Immer weniger Personal soll immer pflege- und betreuungsbedürftigere BewohnerInnen mit ständig besserer Qualität in immer kürzerer Zeit versorgen. *Ein magisches Viereck mit Hang zum Teufelskreislauf.* So verwundert es nicht, dass die Beschäftigten immer häufiger an die Grenzen ihrer seelischen und körperlichen Möglichkeiten stoßen. Der wachsende Widerspruch zwischen dem, was im Interesse des einzelnen Bewohners geleistet werden müsste, und dem, was tatsächlich machbar ist, verstärkt die Erscheinungen von Resignation und Demotivation beim Personal.« (3)

Durch solche Zustände wird die Frage »Lohnt sich das noch?« als Variante der Hoffnungslosigkeit künstlich erzeugt. Bleibt doch bei überfordernden Zuständen kaum kreative Kraft, sich die betroffenen Menschen und den Umgang mit ihnen in menschenwürdigeren Situationen vorzustellen und für diese zu kämpfen.[10]

Eindrücklich wird dieser Zusammenhang in einem Gespräch zwischen dem Philosophen Peter Singer und einer Sterbebegleiterin berührt ... Letztere gab zu bedenken, »dass sorgfältig gepflegte Krebspatienten auch in den letzten Stadien keinen Todeswunsch zu erkennen gaben, wo doch Singers Argument gerade lautet, dass Menschen im extremen Leiden nichts mehr wünschen als ihren Tod«. Singer habe geantwortet, »dass das wohl so sei, dass man darum aber nicht Menschen, die unter weniger angenehmen Bedingungen sterben, den gewünschten Tod versagen dürfe«. (30)

Der Dialog macht einerseits deutlich, wie leicht mangelnde Beziehung und Fehlen angemessener Rahmenbedingungen zu tödlichen »Ersatzlösungen« verführen können. Andererseits steckt in der Antwort Singers auch so etwas wie ein Hinnehmen unzureichender ökonomischer Bedingungen als quasi Naturgegebenheit. Etliche Jahre nach dem Zusammenbruch des Sozialismus kann man übrigens immer deutlicher erkennen,

---

10 Ein Krankenpfleger: »Unsere Empathie wird ausgelaugt, unsere körperlichen Kräfte werden noch stärker strapaziert, weil dank der Pflegekassen die MitarbeiterInnen nicht mehr, sondern weniger werden.« (33)

dass der Glaube an die universelle Gültigkeit des ökonomischen Prinzips der Konkurrenz inzwischen auch etliche seiner Anhänger depressiv stimmt, sodass die zu Beginn dieses Abschnitts aufgestellte Entgegensetzung »depressiv« oder »fröhlich neoliberal« so nicht mehr stimmt. Darauf macht Jens Jessen aufmerksam: »Selbst die Wirtschaftsführer, die in den Talkrunden des Fernsehens sorgenvoll ihr Haupt wiegen, beteuern glaubwürdig, dass sie dem System des freien Marktes ausgeliefert und in ihren Entscheidungen ohne Spielraum seien. Sie wollen keine Massenentlassungen vornehmen, aber die Kapitalrendite fordere es; sie wollen keine Arbeitsplätze ins Ausland verlagern, aber die Konkurrenz erzwinge es; sie wollen Firmen weder schließen noch ausweiden, aber die Börse mit ihrem unerbittlichen Blick auf den Aktienkurs, mache es leider unausweichlich.« (17)

In unserem Zusammenhang lässt sich unschwer ergänzen: Keiner will, dass es alten und schwer behinderten Menschen aus den ärmeren Schichten schlecht geht, aber leider, leider können sie als Kunden am Sozial- und Gesundheitsmarkt nun mal nicht mithalten.

5. Gerontopsychiatrie als Teil der Gemeindepsychiatrie

In die Setzungen des freien Marktes wird eine Autorität projiziert, die unausweichlich scheint. Und natürlich werden durch diese neue Gläubigkeit auch gesellschaftliche Wertvorstellungen bestimmt. Diese wiederum beeinflussen zwangsläufig das Selbsterleben jedes Menschen, insbesondere das des kranken und behinderten Menschen.

Wenn der von Jugend an sehbehinderte Theologe Klaus-Peter Hertzsch erzählt: »Zunächst hatte ich es als Junge besonders schwer; ... Hart und zäh und wie ein Windhund flink zu sein, das war die Norm. An ihr gemessen, war mein Leben in der Tat schwerstbeschädigt«, so lässt sich dies damit vergleichen, wie sich heute alte und behinderte Menschen angesichts wandelnder Normen erleben. Hertzsch, aufgewachsen im Nationalsozialismus, fährt dann fort »... als ... die braunen Machthaber verschwanden, änderten sich gleichsam über Nacht auch die Normen, die Maßstäbe, nach denen einer gemessen wurde. Nicht der Scharfschütze war gefragt, sondern der Scharfsinnige. Und unter diesen neuen Normen und Maßstäben sah das, was ich nicht konnte, und das, was ich stattdessen konnte, ganz anders aus. Was bisher nur als Einschränkung erschienen war, erschien jetzt auch als Konzentration. Was bisher nur wie eine Belastung aussah, war jetzt zugleich auch Impuls ... Behinderung ist nicht nur das Schicksal des Einzelnen, sondern sie ist in hohem Maße eine Wechselbeziehung und eine Wechselwirkung zwischen ihm und seiner Umwelt«. (14)

Auch Behindert- oder Altsein ist nicht nur eine Frage des Ausgeliefertseins an, womöglich erbliche, organische Defizite oder biologische Alterungsprozesse, sondern ebenfalls in hohem Maße durch Wechselbeziehungen zwischen dem jeweiligen Menschen und seiner sozialen Umwelt bestimmt.

Und natürlich sind andere Zustände als die in meinem »depressiven Abschnitt« beklagten in der Arbeit mit schwer gestörten alten und dementen Menschen möglich. In den Bereichen von Behandlung, Betreuung und Begleitung, einschließlich der nachbarschaftlichen und/oder professionellen Betreuung in der eigenen Wohnung, sind vielfältige Möglichkeiten bekannt und erprobt. Die Frage, ob sich etwas zu tun lohnt, ist ganz prinzipiell bei dementen und gerontopsychiatrisch erkrankten Menschen nicht anders zu stellen als in der Krankenbehandlung überhaupt.[11]

Allerdings hat sich die psychiatrische Fachwelt auch zur Zeit der Psychiatriereform und unter ökonomisch günstigeren Vorzeichen, bis auf rühmliche Ausnahmen, um die gerontopsychiatrisch erkrankten Personen zu wenig gekümmert. Auch in den Konzeptionen von Gemeindepsychiatrie spiegeln sich die allgemeinen gesellschaftlichen Wertsetzungen wider, bei denen alte und chronisch kranke Menschen zu kurz kommen. »Es droht«, so Friedrich Leidinger 1999, »eine Psychiatrie, die sich nur noch der Jugend, den jüngeren Erwachsenen zuwendet und das Alter nicht mehr kennt.« (19)

Zu wenig bekannt ist die Tatsache, dass auch für die gerontopsychiatrische Behandlung, Pflege und soziale Begleitung, solide Kenntnisse bzw. Anleitung durch erfahrene Mitarbeiter notwendig sind. Zum Beispiel erfordert die neuroleptische Behandlung dieser Menschen spezielle Kenntnisse und Erfahrungen. Hinsichtlich der sozialen Arbeit im gemeindepsychiatrischen Feld muss anderes gelernt werden als in der Allgemeinen Psychiatrie, da es sich um andere Kooperationspartner handelt.

---

11 Prof. Rolf Hirsch, Experte auf dem Gebiet der Gerontopsychiatrie, schreibt: »Bekannt ist, dass die Menge an Psychopharmaka, die pflegebedürftigen Menschen in Institutionen gegeben werden ... mit abhängig ist von der Größe und Art der Einrichtung sowie deren Personalschlüssel.« (15) Ein Befund, der m. E. für jedes psychiatrische Heim gilt, ob von jungen oder alten Menschen bewohnt.

Auch die Kommunikation mit alten, verwirrten, angstvollen Menschen will gelernt sein. Sie erfordert ein hohes Maß an Einfühlung in höchst individuelle Welten. »Demente Menschen sind ehrlich, überaus sensibel, sie merken den Gefühlsbetrug. Sie haben ein unbestechliches Gefühl für Echtheit, sie hören, sehen, kommunizieren allein mit den Emotionen, gleichsam als Ausgleich für die nachlassende Gedächtnisleistung.« (37) Ähnlich die Beschreibung des Krankenpflegers Günther Storck (s.o.), dem es gelingt, mit einer schwerst dementen Frau in Kontakt zu bleiben: »Wir kommen uns seit einiger Zeit näher und sprechen über die Haut. Sie wird ganz ruhig und macht einen sicheren Eindruck, wenn sie zärtlich mit unterschiedlichem Druck gestreichelt und dieser Körperkontakt mit ruhiger, angenehmer Stimme begleitet wird. Es gibt mit dem Mund nicht mehr viel an Austausch, unser Intellekt ist in unserer Kommunikation überflüssig geworden.« (33)

Überall da, wo sich gerontopsychiatrische Arbeit unter angemessenen, kleinräumigen, gemeindenahen Bedingungen vollzieht, entdeckt man andere Bilder, als die von dahinvegetierenden Alten. Dies gilt sowohl für Heime, für klinische Stationen als auch für teilstationäre und ambulante Dienste. Wenn ich die Bielefelder gerontopsychiatrische Tagesstätte oder Tagesklinik besuche oder eine der kleinen Wohngruppen des Bielefelder Vereins »Alt und jung« habe ich nie die Assoziation von »geistig toten« Menschen, wohl aber kann ich mich dieser Assoziation in großen, schlecht ausgestatteten Heimen oder bei Fernsehsendungen, in denen katastrophale Zustände vorgeführt werden, kaum erwehren.

Erfahrene Psychotherapeuten sind inzwischen der Meinung, dass die bekannten psychotherapeutischen Verfahren mit bestimmten Modifikationen auch in der Arbeit mit gerontopsychiatrisch erkrankten und dementen Menschen hilfreich sein können. Bei an Demenz erkrankten Personen spielen natürlich Gedächtnis- und kognitive Trainings, zum Beispiel das Realitätsorientierungstraining, bei welchem unter anderem mit den sogenannten »Realitätsankern« Orientierungshilfen geboten werden, eine größere Rolle.

Und wenn ich nun noch die ermutigenden Ergebnisse einiger Vorher-Nachher-Untersuchungen hinzufügen würde, ließe sich die Frage »Lohnt sich das?« irgendwie auch auf dieser fachlichen Ebene positiv beantworten. Allerdings glaube ich, dass angemessene fachliche Bemühungen gar nicht erst in Gang kommen oder in ihren Trainingsaspekten an den Bedürfnissen der Menschen vorbeigehen würden, wenn die Frage »Lohnt sich das noch?« nicht prinzipieller vorher auf einer anderen Ebene beantwortet worden wäre. Damit meine ich die Ebene des selbstverständlichen Dazugehörens alter, schwer gestörter Menschen. Erst von dieser Ebene her kann Fachlichkeit angemessen einbezogen werden. Es ist nicht angemessen, wenn im Eigeninteresse sozialer »Unternehmer« auf die Zunahme alter und pflegebedürftiger Menschen mit immer mehr desselben geantwortet wird, nämlich mit immer mehr Heimen. Unter Gesichtspunkten von Wirtschaftlichkeit müssen diese Heime natürlich groß sein. Dass inzwischen auch die Börse Pflegeheime als konjunkturunabhängige Geldanlage entdeckt hat (11) und Heime als »junger Markt mit Wachstumspotenzial« für Immobilienfonds (4) deklariert werden, wird diesen Hang zu einer gemeindefernen, alte Menschen ausgrenzenden Überinstitutionalisierung wohl eher verstärken. So heißt es in einer aktuellen Studie der Deutschen Bank: »Angesichts des starken Nachfrageanstiegs werden sich Pflegeimmobilien in den nächsten Jahren als Immobilienanlage etablieren.« Die Studie prognostiziert: »In den nächsten Jahren wird das Interesse von Investoren zunehmen.«(4)[12] Hier scheint sich was zu lohnen.

12 »›Erst seit kurzer Zeit ist die Tragweite der demographischen Entwicklung in den Köpfen der Immobilienwelt angekommen‹, meint Lutz Michel, Partner beim Deutschen Institut für ServiceImmobilien (DIS). Waren bislang nur wenige, kleinere Fonds auf dem Markt, gebe es inzwischen »eine Hand voll« großer Anbieter von Fonds für Pflegeimmobilien. Einige andere überlegten ebenfalls, in das Geschäft einzusteigen.«...»Für den Betreiber spiele keine Rolle, wer der Investor sei, sagt der Geschäftsführer des Pflegeheimbetreibers SenVital, Helmut Müller. Grundsätzlich gebe es in der Branche schon jetzt ›eine Entwicklung zu mehr Wirtschaftlichkeit‹. Der Markt der Pflegeimmobilien sei im Wachstum begriffen, betont aber auch Müller. SenVital wolle in den kommenden fünf Jahren die Zahl der Pflegebetten auf 2000 verdoppeln. 2004 setzte das Unternehmen mehr als zehn Millionen Euro um.« (4)

6. Zur Verteilung von Ressourcen

Hinsichtlich des Zusammenhangs zwischen Markt und Werten formuliert der Wirtschaftsethiker Friedhelm Hengsbach folgendermaßen: »Der
Markt orientiert sich lediglich an der Kaufkraft. Wenn andere Werte eine
Rolle spielen und wenn die Gesellschaft meint, sie dürfe Menschen nicht
ausschließlich nach der Kaufkraft beurteilen, dann muss sie jenseits von
Angebot und Nachfrage die Marktergebnisse korrigieren oder vorneweg
steuernd die Produktions- und Konsumentenentscheidungen umlenken.«
(13)
    Dieses Zitat weist darauf hin, dass der ethikfreie Markt auf mensch-
lichen Entscheidungen beruht. Ökonomische Ausscheidungskämpfe folgen keinen Naturgesetzen. Die heute immer wieder beschworenen Sach-
zwänge sind von Menschen geschaffene Realitäten. Von Aristoteles bis
zu den Klassikern der modernen politischen Ökonomie ist das Wirt-
schaften gedanklich ganz anders durchdrungen worden als heute und
zwar unter praktisch-ethischen Gesichtspunkten. Die Ökonomie wurde
reflektiert in ihrer Rolle für ein gutes und gerechtes Zusammenleben der
Menschen. Nicht zufällig ist die Mutterdisziplin der Ökonomie die
Moralphilosophie. Insofern war die ethische, normative Orientierung
nicht etwas, was man von außen an die Ökonomie als ihr wesensfremd
herantragen musste, sondern ihr innewohnend. Zum Beispiel war Adam
Smith, einer der Begründer der modernen Wirtschaftswissenschaften, in
erster Linie Moralphilosoph. Seine »liberale Ökonomie« war »politische
Ökonomie in moralphilosophischer Absicht«. (35)

Die Verteilung von Ressourcen hängt von politischen Entscheidungen ab.
Politische Entscheidungen in Demokratien hängen unter anderem auch
von Engagement und Wahlverhalten der Bürger ab. Wir haben also darauf hinzuwirken, dass der demokratische Staat sich hinsichtlich der
sozialen Bereiche, die uns wichtig sind, gegenüber dem Markt durchsetzt.
Mit unterschiedlichen Bündnispartnern muss darauf hingearbeitet werden, dass die staatlichen Organe auch im europäischen Kontext wieder
begreifen, dass sie für einen politischen Ordnungsrahmen verantwortlich
sind, der für die öffentlichen Güter, für den sozialen Ausgleich, für die
Kontrolle des Geldes und die Einhaltung von Wettbewerbsspielregeln zu
sorgen hat. (Siehe 13) Dies ist in Zeiten von GATS,[13] Europäischer
Dienstleistungsrichtlinie und den PR-Kampagnen der neoliberalen Eliten
schwieriger geworden. Ein Hinwirken auf soziale Gerechtigkeit im
Umgang mit Ressourcen wird vermutlich zunehmend auch internationa-

le Strategien, u. a. in Zusammenarbeit mit Nicht-Regierungsorganisationen (zum Beispiel attac) erfordern.

Im Bereich Gesundheit könnte die Politik darauf hinwirken, dass in den Systemen die sprechende, interpretierende Medizin mehr zur Geltung kommt, indem sie entsprechend honoriert wird. Durch Verzicht auf unnötige diagnostische und therapeutische Interventionen wäre sehr viel Geld einzusparen. Von solchen neuen Akzentsetzungen würden alte und chronisch kranke Menschen eindeutig profitieren. Ebenfalls profitieren würden sie im Bereich der Daseinsvor- und Fürsorge, wenn im Bereich der Sozialpolitik kurzfristiges betriebswirtschaftliches Denken ersetzt würde durch volkswirtschaftliches und gesellschaftspolitisches Denken. Dann würden nicht einfach Stellen in bestehenden Versorgungssystemen weggekürzt und dadurch Versorgungslücken sowie neue Arbeitslosigkeit produziert werden. Stattdessen könnte umgesteuert werden im Sinne der Gestaltung von Sozialräumen, könnten Modelle gefördert werden, die auf eine sich ergänzende Mischung von Bürger- und Profiarbeit bauen. Die aus der Wirtschaft übernommene Manie, Hilfen als Produkte zu definieren, sie als Module und Leistungspakete zu berechnen und das Ganze dann in Fantasie tötender Weise zeitaufwendigen Qualitätsmanagements zu unterwerfen, müsste ersetzt werden durch Konzepte, die neben der notwendigen Assistenz und Begleitung auch das Umfeld, die Kontaktstiftung in kleineren überschaubaren Räumen in den Blick nehmen. Zu befürchten ist, dass der »gegenwärtige Kostendruck auf die Sozialsysteme« die Gefahr in sich birgt, »dass gerade die integrativen, auf Teilhabe gerichteten Impulse gestoppt und die institutionalisierte und ausgrenzende Form der Fürsorge zementiert wird«. (34)

Im Allgemeinen muss die Politik durchsetzen – und wir müssen sie dazu bringen –, dass der Markt wieder für die Menschen da ist und nicht der Mensch für den Markt. Und speziell in der Gesundheits- und Sozialpolitik muss sie verhindern, dass Denkmodelle der Marktwirtschaft weiterhin quasi mechanistisch auf die Versorgung von alten, kranken und/oder behinderten Menschen übertragen werden.

13 Das GATS (General Agreement on Trade in Services) ist ein internationales, multilaterales Vertragswerk der Welthandelsorganisation (WTO), das den grenzüberschreitenden Handel mit Dienstleistungen regelt und dessen fortschreitende Liberalisierung zum Ziel hat. (Wikipedia) Zum Regelungsbereich des GATS gehören mehr als 160 Bereiche unter anderem auch Bildung, Kultur sowie medizinische und soziale Dienste. Von Nichtregierungsorganisationen wie attac werden u. a. negative Auswirkungen auf Entwicklungsländer und sozial benachteiligte Gruppen sowie Intransparenz von Verhandlungsprozessen und Geheimhaltungsdiplomatie kritisiert.

Abschließende Bemerkung

Was sich lohnt und was nicht, ist für den Einzelnen eine Frage der persönlichen Lebensphilosophie und für die Gesellschaft eine Frage der jeweiligen gesellschaftlichen Kultur. In einer anderen gesellschaftlichen Kultur als der unseren würde es vielleicht niemandem einfallen, die Frage »Lohnt sich das noch?« in Bezug auf einzelne flackernde Lebenslichter zu stellen. Sehr wohl könnte aber jemand aus dieser anderen Kultur fragen, was tun diese Menschen da eigentlich? Schuften, rackern, machen, rennen, einer immer schneller als der andere. Wofür? Lohnt sich *das*? Sieht es nicht eher aus wie ein »Wettlauf der Besessenen«? (Paul Krugmann).

Auf diese Frage kann man sicher eine humane Antwort finden. Auf die andere Frage nicht. Sie ist in einer humanen Kultur, wie ich hoffentlich zeigen konnte, nicht stellbar. Deshalb ist sie auch nicht beantwortbar. Denn in jeder Antwort würden wir den in ihr liegenden Irrtum über das Wesen menschlicher Beziehungen nachvollziehen.

Fragen und Antworten auf dieser Ebene legen gleicherweise erhebliche Zweifel hinsichtlich Kultur und Humanität der Gesellschaft, in der sie als zulässig gelten, nahe. Ich selbst gehe allerdings davon aus, dass sich auch im Jahr 2007 noch manches lohnt, was sich keineswegs löhnt.

Literatur

1. Amery, C.: Briefe an den Reichtum. München 2005
2. Auf dem Garten, G.: Wie viel »wert« ist ein Mensch? In: Blume, J., Bremer, F., Meier, J. (Hg.): Ökonomie ohne Menschen? Zur Verteidigung der Kultur des Sozialen. Neumünster, Paranus Verlag 1997, S. 117
3. Beyer-Peters, D.: Auf dem Weg in die Pflegekatastrophe – Auswirkungen der Pflegeversicherung auf die Versorgung in Alten- und Pflegeheimen. In: Soziale Psychiatrie Jg. 23, Heft 2 1999, S. 14
4. Brinkhus, J.: Geldanlage – Immobilienfonds entdecken Pflegeheime, 2.11.2005, wwww.stern.de
5. Bundesministerium für Wirtschaft und Arbeit 2005: Vorrang für die Anständigen – Gegen Missbrauch, »Abzocke« und Selbstbedienung im Sozialstaat
6. Butterwegge, Ch.: taz Nr. 7814, 8. 11. 2005
7. Deppe, H.-U.: Die Kostenexplosion im Gesundheitswesen ist eine Erfindung der Politik. In: Frankfurter Rundschau vom 18.6.1996
8. Drieschner, F.: Ende ohne Gnade. In: DIE ZEIT, Nr. 29 vom 8.7.2004
9. Diessenbacher, H.: Sind die Alten noch finanzierbar? In: Frankfurter Allgemeine Zeitung vom 18.8.1989
10. Emmrich, M.: Die Angst, dass der Computer das Todesurteil fällt. In: Frankfurter Rundschau vom 27./28.3.1997

11. Gesundheitsnachrichten: Lukrative Pflege – Immobilien-Fonds mit Pflegeheimen sind im Kommen. November 2005, S. 8

12. Glaeske, G.: Ethik und Ökonomie – Organisationsvorschläge aus Sicht der gesetzlichen Krankenkassen. In: Akademie für Ethik in der Medizin e.V. (Hg.): Patienten oder Kunden, zur Organisation gesundheitlicher Hilfe im Krankenhaus zwischen Ethik und Ökonomie. Göttingen 1998

13. Hengsbach, F.: Menschsein zwischen Markt und Menschenwürde – elementare Herausforderungen und Aufgaben einer menschenfreundlichen Anthropologie in der Krise der modernen Marktgesellschaft. In: Weth, Rudolf (Hg.): Totaler Markt und Menschenwürde. Neukirchen-Vluyn 1996, S. 44

14. Hertzsch, K.-P.: Der behinderte Mensch. In: Deutsche evangelische Gehörlosen Seelsorge, Nr. 20, 1995, S. 3-10

15. Hirsch, R. D.: Alter und Menschenwürde – Gerontopsychiatrie Quo vadis? In: Soziale Psychiatrie, Jg. 23, Heft 2 1999, S. 7

16. Holst, J.: Alter erhöht die Kosten nicht. In: Frankfurter Rundschau vom 29.11.2003

16a.Jerzy Lec, St.: Alle unfrisierten Gedanken. München/Wien, Carl Hanser Verlag 1991, S. 11

17. Jessen, J.: Fegefeuer des Marktes. In: DIE ZEIT vom 12.8.2005

18. Kirchlicher Herausgeberkreis – Jahrbuch Gerechtigkeit: Armes reiches Deutschland, Jahrbuch Gerechtigkeit 1, Frankfurt 2005, S. 209, 213, 207

19. Leidinger, F.: Gemeindepsychiatrie – Kein Platz für alte Menschen? In: Soziale Psychiatrie, Jg. 23, Heft 2 1999, S. 8 f.

20. Leidinger, F.: Vernachlässigung in der Gerontopsychiatrie. In: Sozialpsychiatrische Informationen Heft 2/2005

21. Meissner-Blau, F.: An den Prinzen Pahlevi – Das Kriminalregister einer jungen Dynastie. In: (1), S.103

22. Mayer, V.: Gut beisammen sein – Die verhängnisvolle Verteilung von Verantwortung im Pflegeheim. In: Frankfurter Rundschau vom 12.1.2006

23. Moltmann, J.: Ist der Markt das Maß aller Dinge? In: Weth, R. (Hg.): Totaler Markt und Menschenwürde. Neukirchen-Vluyn 1996, S. 80

24. Neudeck, R.: An Oliver Kahn – Wie ein Millionärsentertainer wirklich wichtig werden könnte. In: (1), S. 176

25. Nowak, K.: Sozialdarwinismus – Euthanasie – Sterbehilfe / Historische Dimensionen eines aktuellen Themas, Unveröffentlichtes Manuskript eines Vortrags in Bethel

26. Perina, U.: Der konstruierte Konflikt. In: Keine Angst vor dem Alter, ZEITpunkte, Nr.1, 1996, S. 54 f.

27. Presse- und Informationsdienst der Bundesregierung: Sozialpolitische Umschau Nr. 153, 1998

28. Roth, E.: Ein Mensch. München, Carl Hanser Verlag 1932, S. 7

29. Rottmann, M.: Das schlechte Gewissen krank zu sein im Zuge der Gesundheitsreform oder: Bin ich 150 Euro Krankengeld am Tag wert? – unveröffentlichtes Manuskript

30. Schibilsky, M. und Bach, U.: (Diakonisches Werk der Evangelischen Kirche von Westfalen, Hg.) Wir wurden nicht gefragt – Ein Lesebuch zu ›Euthanasie‹ und Menschenwürde. Bielefeld 1992

31. Schürch, S.: Rationierung in der Medizin und Sterbehilfe. In: Rechtsphilosophische Hefte Nr. 8, 1998, S. 55-74

32. Sennett, R.: Der flexible Mensch / Die Kultur des neuen Kapitalismus. Berlin 1999, S. 121 f. und 79 f.

33. Storck, G.: Gemeinsam in die Sprachlosigkeit. In: Soziale Psychiatrie, Jg. 23, Heft 2 1999, S. 11 f.
34. Siemen, H.-L.: Vergessene Solidarität?! In: Sozialpsychiatrische Informationen, Heft 4/2005
35. Ulrich, P.: Die Wirtschaft in einer wohlgeordneten Gesellschaft – eine wirtschaftsethische Perspektive. In: Behinderte 05/1997
36. Vierter Bericht zur Lage der älteren Generation in der Bundesrepublik Deutschland: Stellungnahme der Bundesregierung, Stand: April 2002 (www.bmfsfj.de/Kategorien/Publikationen/)
37. Weber, D.: Lichtung im Nebel – Von einem ungewöhnlichen Umgang mit altersverwirrten Menschen. In: Frankfurter Rundschau vom 17.4.1999
38. Wilhelm-Gößling, C.: »Eine deutliche Häufung der Todesfälle ...« – Hochdosierte Neuroleptika in Pflegeheimen. In: Soziale Psychiatrie, Jg. 23, Heft 2 1999, S. 12
39. Zank, W.: Freiheit und Sozialismus. In: Zeit der Ökonomen – eine kritische Bilanz volkswirtschaftlichen Denkens, ZEITpunkte, Nr. 3, 1993, S. 24

Renate Schernus

Tyrannei des Gelingens -
Ermutigung zur glücklichen Unvollkommenheit

ROT BLAU
Rot ist mir zu rot
Blau ist mir zu blau
Die Vollkommenheit an sich
Ist es
Der ich nicht trau
Gerald Zschorsch 1983

Tyrannei des Gelingens? Kann »Gelingen« überhaupt etwas mit Tyrannei zu tun haben? Wenn ja, wer ist der Tyrann – ich selbst, andere, die Gesellschaft? Falls ich mir selbst zum Tyrannen werde, wie komme ich dazu? Bin ich dabei eher Opfer oder eher Täter? Hatte das Streben nach Gelingen durch die Geschichte hindurch schon immer eine Schlagseite zur Tyrannei hin oder verbirgt sich hier ein besonderes Problem unserer Epoche? Für wen ist dieses Thema von Interesse? Für Versager, für – wodurch auch immer – Benachteiligte, für Gewinner, für Menschen in sozialen Berufen, für alle?

Immer, wenn ich versuchte, mich auf eine Antwort in die eine oder andere Richtung festzulegen, gelang mir das nicht. Ständig schien irgendwie auch das Gegenteil zu gelten. Dennoch will ich jetzt versuchen, den aufgeworfenen Fragen Schritt für Schritt, bzw. Abschnitt für Abschnitt nachzugehen, dabei immer auf der Hut, gute Fragen nicht durch vorschnelle Antworten zu verderben.

1. Der Glanz des Gelingens

Das Verb »gelingen« leitet sich von dem althochdeutschen »giligan« oder »lingan« ab und bedeutete ursprünglich »ein Ziel treffen« und zwar mit Wurf, Schuss oder Speer.

Später wurden die Worte »gelingen« und »glücken« parallel gebraucht, wobei nach dem Grimmschen Wörterbuch bei »gelingen« Absicht und eigenes Bestreben im Vordergrund standen und bei »glücken« der Nachdruck mehr auf dem zufälligen, geschenkten Glück lag.

Rund um die Thematik zielgenauer Absichten und Bestrebungen gibt es ein Assoziationsfeld, zu dem eher negativ getönte Begriffe gehören, zum Beispiel: Leistungsdruck, Zeitknappheit, Effizienz, Profit, Ellenbogengesellschaft, Zwangsarbeit, Stress, Karrierestreben usw. Das Wort »gelingen« gehörte bisher für mich nicht dazu. Sind lebenszugewandte Menschen nicht zu Recht verliebt ins Gelingen? Ist das etwa verwerflich? Und sind wir Menschen uns da nicht alle gleich, ob wir nun mit einem Handikap leben müssen oder nicht? Zum Beispiel als es dem kleinen blinden und taubstummen Mädchen Helen Keller mit Hilfe ihrer Lehrerin Miss Sullivan plötzlich gelingt zu verstehen, dass jedes Ding einen Namen hat, war sie von diesem Gelingen vor Glück hingerissen. Sie »flog ... wie eine strahlende Fee« – schrieb Miss Sullivan einer Freundin – »von einem Gegenstand zum anderen und fragte nach seiner Bezeichnung«. (9, S. 108) Helen Keller gelangen im Laufe ihres Lebens erstaunlich viele Einzelleistungen, aber vor allem gelang ihr, jenseits vorgeformter Normen hinsichtlich perfekter Gesundheit, das Leben selbst.

Mit dem Topos des gelingenden Lebens, bekannt aus der griechischen Philosophie als Eudaimonia, ist das gemeint, was wir gewöhnlich als Glück bezeichnen. Ein Thema, das die Menschheit durch alle Epochen hindurch beschäftigt hat. Falls jemand für unsere Gegenwart daran zweifeln sollte, sei ihm empfohlen, in der nächsten Zeit einmal in einem Buchladen an der Ratgebersparte vorbeizuschlendern. Ich tat dies vor kurzem und entdeckte eine überwältigende, literarische Glücks-Verheißungs-Flut. Einige typische Titel habe ich mir notiert, zum Beispiel:
- Die Fortunaformel – Wie Sie die Voraussetzungen für ihr Glück schaffen
- Die Entscheidung liegt bei dir – Wege aus der alltäglichen Unzufriedenheit
- Kompass für die Seele – So bringen Sie Erfolg in Ihr Leben
- Das gute Leben – Der ehrliche Weg zum Glück

• Wenn nicht jetzt, wann dann? – Frauen ab 40, Souverän, sexy, selbstbestimmt usw.
Demnach scheint das Glück ziemlich nachhilfebedürftig – jedenfalls
im Erwachsenenalter.
Anders in der Kindheit. Obgleich ein Kind so vieles noch nicht kann,
scheint über dem Glück der Kindheit ein besonderer Glanz, ein Hauch
von Anstrengungslosigkeit zu liegen. Vielleicht ja deshalb, weil das Kind
keine geplanten Ziele verfolgt, keine Ratgeber studiert, sondern sich –
sind die Umstände günstig – mit Neugier, unermüdlicher Energie und
Rücksichtslosigkeit zu dem entwickelt, das es werden kann und soll.

2. Jeder ist seines Glückes Schmied!?

Damit sind wir schon bei einem entscheidenden Problem gelandet. Der
unmittelbare Glanz von Glück und Gelingen, der über der Kindheit liegt,
verblasst sehr bald. Glücklichsein als Erwachsene/r – geht das überhaupt? Erstens wird uns Rücksichtslosigkeit nicht mehr gestattet. Das
heißt, ich muss meine Impulse, die partiellen und die, die auf ein gelingendes Leben als Ganzes zielen, mit anderen abstimmen, muss sie in eine
Balance bringen.
Zweitens kann ich die Sorge um mich, um mein leibliches und geisti-
ges Wohl nicht anderen überlassen. Ich muss für mich selbst Verantwortung übernehmen. Und drittens muss ich Verantwortung nicht nur für
mich, sondern auch für andere übernehmen, sei es im Rahmen von Familie, Beruf oder Nachbarschaft. Fängt da schon die Tyrannei an? Jedenfalls, einfache Gleichungen von Gelingen und Glück erwarten niemanden
auf seinem Lebensweg. Glück fällt uns nicht einfach so in den Schoß.
Nicht von ungefähr trägt ein philosophischer Ratgeber von 1928 den
deutschen Titel: »Die Pflicht glücklich zu sein«. (1)
Wie schwierig das mit dem Glück und dem Gelingen je nach Perspektive sein kann, will ich an einem Beispiel deutlich machen:
Eigentlich hatte der Mann einen ganz anständigen Beruf. Er war Apotheker. Mit dreißig Jahren kommt er auf die Schnapsidee, diesen gesicherten Beruf aufzugeben. Hat Flausen im Kopf, will Schriftsteller werden. Er hat nicht nur keinen schnellen Erfolg, sondern ungefähr 25 Jahre gar keinen. Ständig wechselt er die Stellen, schlägt sich teilweise nur
mit kleinen Honoraren und mit Hilfe von Freunden durch. Zwei Kinder
sterben bei der Geburt, ein Sohn als junger Mann. Die Frau ist unzufrie-
den und nörgelt ständig an ihm herum. Die Schwiegermutter setzt ihm zu

und schimpft auf die Jammerpartie, die ihre Tochter gemacht hat. Zehn Jahre hält er als Redakteur einer Zeitung durch. Dann wirft er die Arbeit einfach wieder hin mit dem Argument, seine Freiheit sei ihm wichtiger als wirtschaftliche Sicherheit. Seine Frau setzt ihm zu, er müsse jetzt aber wirklich jede zumutbare Arbeit annehmen. Freunde greifen ein und verschaffen ihm eine recht angenehme Beamtenstellung. Das hält er gerade mal drei Monate aus. Dann kündigt er. Grund: zu große Einengung, zu wenig Freiheit. Seine Frau tobt. Schließlich ist ihr erfolgloser Gatte mit kurz vor sechzig nicht mehr der Jüngste und kann sich ihrer Meinung nach nicht mehr viele Kapriolen leisten. Genau weiß ich nicht, was für Worte ihr in der Erregung herausgerutscht sind, aber so etwas wie »dir gelingt auch rein gar nichts« wird es wohl gewesen sein. Eine Anwältin der Tyrannei des Gelingens oder die Perspektive einer Ehefrau, deren berechtigte Bedürfnisse von ihrem Gatten mit Füßen getreten werden?

Bei unserem Unglücksraben handelt es sich nicht etwa um eine eigensinnige, psychisch kranke Person, sondern – leicht verfremdet – um den nicht weniger eigensinnigen Dichter Theodor Fontane. Er hat sich jedenfalls keiner Tyrannei unterworfen, weder der an den gesellschaftlichen Normen orientierten Tyrannei seiner Gattin Emilie noch den gut gemeinten Hilfeplänen seiner Freunde. Er sah das mit dem Gelingen ganz anders als seine Frau und hielt sich für einen glücklichen Menschen.

Einmal schreibt er ihr: »Wenn du dich doch nicht in der Vorstellung verblenden wolltest, dass du eine arme zurückgesetzte Kreuzträgerin wärest.« Und weiter: »Dass du das Glück nach der Zahl der Goldrollen bemessen solltest, für so inferior halte ich dich nicht ... auch Entbehrungen, wenn sie meiner harren sollten, sind mir nicht so schrecklich wie äußere und innere Unfreiheit. Sich angehören ist der einzige begehrenswerte Lebensluxus. Die moderne Menschheit ist so heruntergekommen, dass sie ein Plüschameublement vorzieht.« (9)

An anderer Stelle versucht er der Gelingenstyrannei in Versform beizukommen:

> »Nicht Glückes bar sind deine Lenze,
> du forderst nur des Glücks zu viel;
> Gib deinem Wunsche Maß und Grenze,
> Und dir entgegen kommt das Ziel.

> Das Glück, kein Reiter wird's erjagen,
> Es ist nicht dort, es ist nicht hier;
> Lern überwinden, lern entsagen,
> Und ungeahnt erblüht es dir.« (9)

Das Glück ist Fontane übrigens so ungefähr ab dem sechzigsten Lebensjahr tatsächlich »ungeahnt erblüht«. Seinem Beamtenposten entronnen, beginnt er Romane zu schreiben, was ihm zwar keinen Reichtum, aber Ansehen, den Schillerpreis und die Ehrendoktorwürde einbringt. »Die Kunst der Lebensführung«, sagt er, bestehe darin, »mit so viel Dampf zu fahren, wie gerade da ist«.

Das mit dem Gelingen scheint paradox. Einerseits scheint es so zu sein, dass, wer zu viel von etwas erstrebt – also zum Beispiel Geld, Gesundheit, Einfluss –, leicht zum Sklaven des Erstrebten wird. Andererseits, wenn ich gar nicht nach *etwas* strebe, sondern auf der Suche nach einem gelingenden Leben gleich das Glück schlechthin finden will, wird das mit Sicherheit auch ins Auge gehen, denn gerade Glück lässt sich so direkt eben nicht anpeilen. Es springt »nebenbei« heraus. Aber wie zum Teufel hat es dann dieser Fontane hingekriegt, seine Wünsche so zu zügeln, dass er das, was sich wollen lässt, gewollt hat, und dass ihm das, was sich nicht durch Wollen erreichen lässt, zufiel?

Ich glaube, wenn wir so fragen, schielen wir schon wieder zu sehr auf das Manipulierbare, und übersehen, dass Fontane sozusagen schon vor dem Gelingen ein glückliches Leben geführt hat. Vielleicht kann man – ein wenig überspitzt – sagen, wer nicht vor dem Erfolg glücklich ist, wird es *durch* den Erfolg auch nicht. Wer aus der Pflicht zum Glücklichsein eine Pflicht zum Erfolg macht, findet sich leicht als ein zum Erfolg Verdammter wieder. Fontane hat schlicht das gemacht, was ihm geeignet schien, er selbst zu bleiben. Dazu gehörte für ihn, genügend Muße zum Schreiben zu haben. Das Gelingen, um das es ihm ging, war das des Identischseins mit sich selbst.

Er selber sagt dazu: »Das Glück besteht darin, dass man da steht, wo man seiner Natur nach hingehört, selbst die Tugend- und Moralfrage verblasst daneben.« Und an einer anderen Stelle: »Das Leben hat mich gelehrt, dass alles auf die Menschen ankommt, nicht auf die sogenannten Verhältnisse.« (1a)[1]

---

1 Bei einem barocken Lyriker, Paul Fleming, heißt es, wie mir scheint, ganz im Sinne Fontanes: »Vergnüge dich an dir und acht es für kein Leid, / Hat sich gleich wider dich Glück, Ort und Zeit verschworen. / Was klagt, was lobt man doch? Sein Unglück und sein Glück / Ist ihm ein jeder selbst, schau alle Sachen an. / Dies alles ist in dir, lass deinen eitlen Wahn, / Und eh du fürder gehst, so geh in dich zurücke. / Wer sein selbst Meister ist und sich beherrschen kann, / Dem ist die weite Welt und alles untertan.« (12)

Frei, mit sich selbst identisch, glücklich – gelingendes Leben, jenseits von Tyrannei – das scheint auf den ersten Blick eine wunderbare Zielvorstellung zu sein. Leben wir, so könnte man fragen, heute in einem gesellschaftlichen Klima, das solche Lebensweisheiten fördert? Einerseits scheint mir das durchaus der Fall zu sein. Denn mehr als je zuvor wird doch in der Moderne Unterschiedlichkeit toleriert, wird ein Pluralismus an Welt-, Wert- und Lebensverständnissen zugelassen. Das müsste doch für individuelle Lebensentwürfe besonders chancenreich sein. Eine soziale Ausgrenzung wegen einer Liebesaffäre, wie sie Fontane in »Effi Briest« beschreibt, können wir uns heute kaum mehr vorstellen. Möglicherweise gibt es aber heute andere Zwänge jenseits von moralisch oder religiös einengenden Wertvorstellungen. Es könnte sogar sein, dass paradoxerweise gerade in Fontanes Betonung der Option, dass nur alles auf mich selbst ankommt, der Keim für eine typisch neuzeitliche Gefährdung menschlichen Glücks liegt. Vielleicht hängen zum Beispiel die Zwänge, die gegenwärtig von einem einseitig auf Leistung, Wettbewerb, und Markt ausgerichteten Denken ausgehen oder von utopischen Gesundheits- und Jugendlichkeitsidealen u.a., damit zusammen.

3. Fehlendes Talent zum Glücklichsein?

Obgleich Verse, Maximen und Lebensweisheiten aus den verschiedenen Epochen uns auch heute noch wichtige Impulse geben können und ich bereit bin zuzugeben, dass sie mir persönlich bisweilen geholfen haben, mich zurechtzurücken, bin ich doch überzeugt, dass das, was zu einem gelingenden Leben gehört, darin nicht voll aufgeht, sondern bei weitem vielschichtiger ist. Jeder Mensch, der vor sich selbst ehrlich ist, weiß, dass er als alleiniger Schmied seines Glückes nicht sehr weit kommt, dass auf die beschwingende Fantasie, man habe sein Geschick, seine Stimmungen, seine Tugenden ganz allein in der Hand, sehr schnell Ernüchterung zu folgen pflegt. Wenn alles so einfach wäre, könnte man bei einigen Philosophen Lebensweisheit lernen und diese dann je nach Bedarf und eigener Mentalität entweder freundlich belehrend oder streng appellierend auch an andere weitergeben. Oder man empfiehlt einfach einen der vorhin genannten Ratgeber. Jeder weiß, dass das leider nur in den seltensten Fällen funktioniert. In der Zeitschrift Publik-Forum (14/2005, S. 24) wurde vor kurzem unter der Überschrift »Kein Talent zum Glücklichsein – eine Depressive berichtet« über eine junge Frau geschrieben: »Sie hat zwei Kinder, einen Mann, der sie liebt, und einen Beruf, der ihr gefällt. Trotzdem ist sie unglücklich.« Diese Frau erzählt u. a. Folgendes: »Ich habe oft das Gefühl, mein Leben total verpfuscht zu haben. Irgendwie hatte ich erwartet, glücklicher zu sein. Aber dazu habe ich kein Talent. Mein Stimmungsspegel liegt ständig unter null. Manchmal strengen mich schon die einfachsten Dinge ungeheuer an. Dann schaffe ich es nicht einmal, den Telefonhörer abzunehmen. Oder die Post zu öffnen. Dann sitze ich nur da, grüble oder starre in die Zeitung. Ich habe meistens das Gefühl, dass das, was ich leiste, weniger gut ist als das, was andere können. Sobald ich eine neue Aufgabe anfange, denke ich: Das schaffst du nie. Dadurch wird alles, was ich anpacke zu einem Kampf gegen mich selbst.«

Hier wird tatsächlich so etwas wie eine Tyrannei des Gelingens beschrieben. Vielleicht kann man besser sagen: eine Tyrannei des Leistenmüssens, die ein Gelingen dann eher verhindert, oder eine Tyrannei, die in dem Irrtum liegt, dass Gelingen immer bedeutet, mit Anstrengung verbundene Leistungen zu zeigen.

Kein Talent zum Glücklichsein? Der Titel suggeriert, dass diese Frau sich mit so etwas wie einem angeborenen Schaden herumschlägt, so wie ein anderer mit Kurzsichtigkeit. Ein Opfer ihrer Gene sozusagen. Ihre eigene dynamische Beschreibung des Drucks, den sie sich macht, der negativen Selbstsuggestion, der Blockierung ihrer Energie sowie an anderer Stelle die Beschreibung, dass ihr schließlich eine Therapeutin entscheidend dadurch geholfen habe, dass sie ihr das Gefühl vermittelte, »etwas wert zu sein«, spricht dagegen. Sie beschreibt damit nämlich erstens eine auch vorhandene Täterseite und zweitens die Möglichkeit, unglücklich machende Einstellungen mit Hilfe von außen korrigieren zu können. Als Fazit dessen, was sie aus der Therapie mitnehmen konnte, formuliert sie: »Ich nahm Abschied von dem Gedanken, aus mir könne ein glücklicher Mensch werden, wenn ich mich nur genügend anstrenge.« Ganz in diesem Sinne schrieb mir eine ehemalige Patientin: »Ich habe ziemlich gut gelernt, mir meine Gesundheit dadurch zu erhalten, dass ich meine eigenen Leistungsnormen festsetze und nicht ständig auf andere schiele, mich mit ihnen vergleiche und selbst entwerte, zum Beispiel auch, was Schnelligkeit und Kontinuität betrifft. Aber dafür muss man erst einmal als Mensch, so wie man ist, angenommen sein.« Menschen, denen man begegnet, können helfen, die Blickrichtung zu verändern und Erleben anders zu bewerten als bisher. Es ist viel Wahres an einer alten stoischen Weisheit, die von Marie von Ebner-Eschenbach so formuliert wird: »Nicht was wir erleben, sondern wie wir empfinden, was wir erleben, macht unser Schicksal aus.« (1a)

4. Doch die Verhältnisse – die sind nicht so

Die Verschlungenheit von Opfer- und Täteranteilen in uns Menschen lässt daran zweifeln, dass jeder so ohne Weiteres seines Glückes Schmied sein kann. In der großen Schmiede, die wir das Leben nennen, schwinge nicht nur ich den Hammer. Denn vom ersten bis zum letzten Tag unseres Lebens werden wir nicht nur von unseren Anlagen, sondern immer auch von dem, was uns zustößt oder begegnet, und davon, wer uns begegnet, geformt.

Mit welcher Hypothek oder Bürde wir ins erwachsene Leben treten, haben wir nicht in der Hand. Ob wir Menschen finden, die uns helfen, den Schmiedehammer etwas anders zu führen, als wir es bisher versucht haben, oder uns gar dazu ermutigen, das Leben als etwas ganz anderes aufzufassen, als ein mit steter Kraftanstrengung zu behauendes Werkstück, ist nicht sicher.

Die eben erwähnte depressive Frau hatte mit ihrer Therapeutin offensichtlich dieses Glück. Es gelang ihr, sich von bestimmten Haltungen und Ansichten, die sie sich in früheren Milieus angeeignet und später in einer sie unglücklich machenden Weise generalisiert hatte, allmählich zu lösen. Als Kinder können wir uns ja Prägungen unseres Welt- und Selbstverständnisses kaum entziehen. Dies bedenkend, ist also Fontane zu widersprechen. Es kommt doch nicht alles nur auf den Menschen an, sondern auch auf die Verhältnisse.

Nehmen wir einmal den heute so beliebten Begriff der Verantwortung. Jeder soll für sich selbst verantwortlich sein, selbstbestimmt, autonom leben. Man vergisst nur gerne, dass es Voraussetzungen bedarf, um die Verhältnisse so zu gestalten, dass Verantwortung gelernt und übernommen werden kann. »Zur Verantwortungsfähigkeit gehört ein ganzes Bündel an Fähigkeiten und Fertigkeiten, die vom persönlichen Moralbewusstsein über praktisches Handlungswissen bis zum Umgang mit Unsicherheit reichen. Zu den Voraussetzungen der Verantwortungsübernahme zählen aber auch die Abwesenheit von Zwang, körperliche und geistige Gesundheit, eine materielle Grundversorgung und ein angemessenes Bildungsniveau. Ohne soziokulturelle Voraussetzungen läuft der Ruf nach Verantwortung ins Leere und nimmt paradoxe Züge an.« (5)

Das Paradoxe besteht u. a. darin, dass in der gegenwärtigen Sozialpolitik und in Teilen des gesellschaftlichen Diskurses der Appell an die Verantwortung vornehmlich an diejenigen gerichtet wird, denen die Voraussetzungen, sie zu erlernen und zu verwirklichen, am meisten fehlen, während diejenigen, die buchstäblich im Geld schwimmen, sich einer

Übernahme von Verantwortung, die vergleichbar wäre – vergleichbar in dem Sinne: Jeder nach seinen Möglichkeiten – entziehen.

Natürlich muss es immer auch darum gehen, Menschen zu helfen, die verschütteten Zugänge zu eigenen Fähigkeiten wieder frei zu schaufeln und Entscheidungsspielräume und Möglichkeiten zu eigener Verantwortungsübernahme zu entdecken. Das aber funktioniert eben nicht so, wie die derzeitige Sozialpolitik und wohl auch Teile der Medizin- und Sozialwissenschaften sich das vorstellen, durch Appelle, durch lineare Vorgaben zur Zielerreichung, mit Fordern vor dem Fördern und schließlich durch Ausschluss, der dadurch zu Stande kommt, dass gelingendes Leben einseitig an Leistung und Zahlungsfähigkeit gebunden wird. »Politiker haben (dafür) den Euphemismus der ›stärkeren Eigenverantwortung‹ in Umlauf gebracht. Er wird aber meistens als Lückenbüßer für leere Kassen und Ratlosigkeit verwendet.« So Ulrich Beck. (3)

Viele Menschen finden häufig erst dann zu etwas mehr Glücklichsein, wenn sie sich von zu hohen Anforderungen an sich selbst – auch übrigens, was Intensität und Häufigkeit sozialer Kontakte betrifft – lösen können. Dies gilt in besonderer Weise für Menschen, die unter extremen Stimmungsschwankungen leiden oder die die Veranlagung zu psychotischem Erleben haben. In der Begleitung solcher Menschen habe ich oft beobachten können, dass erst über den Umweg partieller oder auch vollständiger Entlastung Betätigungsfelder gefunden werden konnten, die zu Selbstverständnis und Fähigkeiten viel besser passten.

In starker Spannung dazu wird jedoch Leistungsfähigkeit im Augenblick politisch in einer Weise gehandelt, die ein Nicht-Können als Nicht-Wollen interpretiert und moralisch sanktioniert. Die Freiheit zum ehrgeizlosen, entspannten Dasein scheint keineswegs vorgesehen.

Es muss erlaubt sein zu fragen: Was ist mit den anderen? Was sind sie für den Staat und für die Politik? Werden sie in die Nähe von »Abzockern« und »Parasiten« gerückt? Bezeichnungen, die 2005 sogar aus Regierungskreisen zu hören waren. Fast will sich einem der Begriff »Ballastexistenzen« aufdrängen. Ein Begriff, der aus den Jahren vor 1933 stammt. Für die Gegenwart spitzt Ulrich Beck die Problematik folgendermaßen zu: »Die wahrhaft Benachteiligten werden schlicht nicht mehr gebraucht, sie müssen nicht einmal mehr wie früher ausgebeutet werden.« ... »... die Wirtschaft kann wachsen, ohne dass sich am Schicksal der Armen und Arbeitslosen etwas ändert.« (3)

Ein Manager, der dann als besonders erfolgreich gilt, wenn er die kostengünstigste Bilanz durch besonders rabiates Feuern von Mitarbeitern herstellt, ist ein eindrückliches Beispiel dafür, in welchen Sog Men-

schen geraten können, wenn das Streben nach Erfolg und Gelingen
tyrannisch wird. (Ähnlich Negt in 2)

Es kann kaum ausbleiben, dass in einer Gesellschaft, in der im Übermaß Konsum, Leistung, Fitness und Mobilität betont werden, sich körperlich kranke und sonst wie behinderte Menschen vor allem als Last
und Zumutung empfinden und auch so empfunden werden. Und was
wird geschehen, wenn in dieser Gesellschaft mit solchen normierten Vorstellungen von Gelingen legale Möglichkeiten für schnelle Lösungen am
Anfang und am Ende des Lebens eröffnet werden?[2]

Wenn ich zu Beginn fragte, ob wir nicht heute in einer individuelle
Lebensentwürfe und damit individuelles Glück besonders begünstigen-
den Gesellschaft leben, so ahnen wir hier eine Kehrseite. Für leidvolle,
belastende Lebenssituationen heißt diese Kehrseite: Da bist du eben
selbst schuld.

Nachdem die religiös vermittelten Schuldzuschreibungen von Krankheit als Sünde überwunden schienen, droht über die Schiene der Selbstverantwortung, wenn sie interessengeleitet vereinseitigt wird, eine neue
moralisierende Entwertung.[3]

So neu ist dies nun allerdings auch wieder nicht. In der calvinistisch-
protestantischen Tradition wurde Arbeit entscheidend für Selbstwertgefühl und soziale Anerkennung. Muße und Müßiggang galten »als aller
Laster Anfang«.

---

2 Ein Freund von mir, dessen kleine Tochter an einer progressiven neurologischen
 Erkrankung leidet, reagierte auf die öffentliche Debatte um die Präimplantationsdiagnostik, indem er folgendermaßen an den Bundeskanzler und seine Frau schrieb:
 »Können Sie sich vorstellen, wie dünn die Luft wird – zum Beispiel für die Eltern eines
 schwer behinderten geliebten Kindes in einer Gesellschaft, die darüber nachdenkt, wie
 sie die Geburt behinderter Kinder nachhaltig verhindern kann, wie sie schwer kranke
 Menschen auf legale Weise vor der Zeit töten kann?« »Was wie freie Selbstbestimmung
 aussieht, kann sich umkehren in faktischen Zwang.« So formulierte nachdenklich
 Johannes Rau in seiner Berliner Rede vom 18. Mai 2001.
3 »Dahinter«, so Ulrich Beck, »verbirgt sich eventuell sogar eine neue Herrschaftsstrate-
 gie.« Die Individualisierung verhindert, dass diese Strategie als Instrument von Macht-
 ausübung erkannt wird. Denn »jeder denkt, er schafft es. 4,9 Millionen Arbeitslose – ja,
 aber ich werde nie dazu zählen! Rentenkrise? Ich packe das. ... Menschen ... zermar-
 tern sich mit Selbstschuldzuweisungen ,...« (3)

5. Gegenwind

Vor solch einem einseitigen Arbeitsethos haben sich kluge Leute, sofern sie sich ihr Auskommen wenigstens einigermaßen sichern konnten, schon immer zu schützen gewusst – nicht erst und nicht nur Fontane. Lebensklug waren zum Beispiel die alten Hebräer mit ihrem Sabbatgebot. Wörtlich übersetzt bedeutet das hebräische Wort Sabbat »aufhören«, »unterbrechen«. Hör auf, dich zum Sklaven zu machen. Beim Sabbat geht es um Zeitwohlstand, um Sein, nicht um Haben. Heute scheint Umorientierung in diese Richtung geradezu überlebensnotwendig. Denn die eine Hälfte der Menschen gibt sich der Illusion hin, mit Hilfe von Handy, Mail, Internet eine ungeheure Leistungssteigerung durch Simultanaktivitäten erreichen zu können, und geht in Arbeit unter, während für die andere Hälfte die Arbeit immer mehr ausgeht.[4]

Im Sinne eines gelingenden Lebens wäre es sowohl für die, die zu viel als auch für die, die zu wenig Arbeit haben, notwendig, das eigene Selbstwertgefühl nicht ausschließlich von der Arbeit, vor allem von der Erwerbsarbeit her, bestimmen zu lassen. Es scheint Zeiten gegeben zu haben, in denen das Selbstwertgefühl der Menschen mehr von der Möglichkeit und Fähigkeit zur Muße als von der Selbstverwirklichung über Arbeit abhing. Entsprechend war die Bildung ausgerichtet. Das lateinische Wort »Schola«, von dem sich unser Wort »Schule« ableitet, bedeutet Muße oder Ruhe, im Sinne philosophischer Beschäftigung während der Mußestunden. Schule war also ursprünglich ein Ort der Muße, wo man mit Hilfe der Philosophie nach einem gelingenden Leben trachtete. Bis in den neudeutschen Sprachgebrauch hinein bedeutet das Wort »Arbeit« »Mühsal, Plage, unwürdige Tätigkeit«. In den romanischen Sprachen ist dieser Sinn sogar noch deutlicher. Das französische »Travail« zum Beispiel kommt von dem lateinischen »Tripalium«, einem dreispitzigen Folterinstrument, mit dem Sklaven zur Arbeit angetrieben wurden (nach 2a). Das Schuften war etwas, was die Unterprivilegierten, die Armen tun mussten. Heute steht kein Tyrann hinter uns. Unser Über-Ich in Kooperation mit kulturellen und sozialen Prozessen hat die Funktion des Tripaliums ziemlich perfekt übernommen.

---

4 »Eine amerikanische Studie hat ergeben, dass der Versuch, einen Bericht zu schreiben und zwischendurch immer wieder E-Mails zu beantworten, 50% länger dauert, als beides nacheinander zu erledigen.« (8)

Aber es gibt Gegenwind. Er kommt zum Beispiel aus verschiedenen Forschungsdisziplinen, nicht nur soziologischen, unter anderem auch aus der Hirnforschung. Der Hirnforscher Pöppel macht zum Beispiel darauf aufmerksam, dass jemand, der sich ständig antreibt und auf seiner »inneren Bühne« niemals Ruhe einkehren lässt, kreative Prozesse verhindert. Nach Pöppel ist es wichtig »es in uns denken zu lassen«, damit das Gehirn aus einem Zustand der Ruhe »Probehandlungen« ausführen kann. Pöppel erklärt »Warten« zu einem »Fundamentalprinzip« gelingenden Lebens (8, S. 90/91). Interessanterweise weist er damit auf etwas hin, dass Künstler oder kreative Erfinder schon immer wussten. Der Dichter Musil drückt dies in »Der Mann ohne Eigenschaften« so aus: »... man kann ganz deutlich ein leicht verdutztes Gefühl darüber in sich wahrnehmen, dass sich die Gedanken selbst gemacht haben, statt auf ihren Urheber zu warten.« (7)

Eine weitere Brise Gegenwind kommt von einer jungen Forschungsrichtung, die sich schlicht »Glücksforschung« nennt. Wer's nicht schon vorher wusste, dem wird wissenschaftlich nachgewiesen, dass in den hoch entwickelten Industrienationen zusätzlicher Wohlstand das Wohlbefinden keineswegs steigert und dass »das Streben nach mehr uns die Zeit stiehlt zu genießen, was wir schon haben«. (8)

Überhaupt spielt die Zeit für die ganze Tyrannei, um die es hier geht, eine große Rolle. Es scheint immer mehr Leute zu geben, die mit einem irrsinnigen Tempo bereits zwischen 30 und 40 in ihrer Karriere da angekommen sind, wo sie nie hinwollten. Auch hierzu gibt es viele kluge Arbeiten, die sich mit dem Zeiterleben befassen und meist dringend Verlangsamung empfehlen.[5] Nicht zuletzt stimmt sogar ein Konsumforscher, Gerhard Scherhorn, in den Chor derer ein, die Wohlstand nicht nur materiell definieren wollen, und spricht locker und wie nebenher das aus, was unsere Politiker nicht zu sagen, vielleicht auch nicht zu denken wagen, nämlich, dass, trotz konjunkturell bedingter Schwankungen am Arbeitsmarkt, Erwerbsarbeit für alle unumkehrbar immer mehr zurückgehen wird und gleichzeitig der Bedarf an Zeit für Bürgerarbeit steigen wird. Das wiederum verlange, Arbeit und Einkommen anders zu verteilen und die Nichterwerbs-Tätigen aufzuwerten (8).

---

5 »Das Rationale führt in den meisten Fällen zu Beschleunigung, zu Zeitkontrolle und Zeitverdichtung. Das Phantastische, das Irrationale, das Gefühlvolle, das Soziale hingegen tendiert zu Verzögerungen, zu Abschweifungen, zu Umwegen. Wir brauchen beides: Schnelligkeit und Langsamkeit.« (Geißler, K., in: Walter, R. (Hg.): Lass Dir Zeit. Freiburg 1997)

Nicht Vergessen werden sollten die frechen »bunten Hunde« der Gegenbewegung zum Beispiel Otium, Verein zur Förderung von Muße & Müßiggang e.V. (3a), – Otium ist der lateinische Begriff für Muße. Oder die Initiative der »glücklichen Arbeitslosen« mit ihrer Zeitschrift »Die Müßiggangster« (2a).

Letztere antworten auf den Tatbestand, der in der Analyse des Konsumforschers deutlich wird, mit klassischen paradoxen Interventionen und frechen, gewagten »Reframings«; Reframings, wie sie als therapeutische Methode aus der systemischen Therapie bekannt sind, um einen radikalen Blickwechsel zu ermöglichen.[6]

Tja, wird vielleicht jetzt der eine oder andere sagen, ganz interessant, aber doch ziemlich elitär. Wenn ich einem unglücklichen, arbeitslosen, ehemaligen Maurer gegenübersitze, der mit seiner Arbeit seinen Lebenssinn verloren hat und sich zu Tode langweilt, oder einem anders unglücklichen jungen psychisch kranken Menschen, der sich mit nicht gehandikapten Altersgenossen vergleicht, dann wirken diese Gegenwind-Sachen vielleicht sogar zynisch, jedenfalls nicht hilfreich.

Mit einer gewissen Zwiespältigkeit erwähne ich an dieser Stelle, dass es meiner Beobachtung nach in der Arbeit mit psychisch kranken Menschen fast leichter geworden ist als früher, über die noch offenen Alternativen zu reden, da ein psychisch kranker Mensch jetzt in einem Boot sitzt mit Millionen anderen und die Linie der Ausgrenzung nicht erst bei ihm anfängt. Das macht es einfacher, die vorhin angesprochenen Selbstbeschuldigungen zu entkräften. Allerdings ist es tatsächlich so, dass Akademiker nach Verlust ihrer Erwerbsarbeit besser zurechtkommen als

---

6 So heißt es zum Beispiel auf der entsprechenden Web-Seite: »Da unsere Bewegung erst neu entstanden ist, müssen wir noch ab und zu arbeiten und sind noch ab und zu unglücklich. Doch unser Ziel, das Leben in der glücklichen Arbeitslosigkeit zu verbringen, verfolgen wir mit der gebührenden Langsamkeit und mit ruhigem Fanatismus.« Als eines von fünf Zielen wird genannt: »Die Umrisse einer neuen Lebensphilosophie, die die alte abendländische Moral des Unglücks, bzw. die Ökonomie, vollständig vernichten wird.« (2a)
Außerdem gibt es eine Unmenge an Büchern und Zeitschriftenartikeln rund um das Thema Glückssuche jenseits tyrannischer Klischees. Das geht von der »Enzyklopädie der Faulheit« bis zu Artikeln in ZEIT, Focus, Spiegel, TAZ und anderen mit Titeln wie: »Bitte langweilen« (ZEIT vom 11.5.2000), »Lizenz zum Trödeln« (Focus vom 14.8.2000), »Der Trend zu weniger Tempo« (Spiegel vom 19.3.2001), »Und ewig lockt der Ohrensessel« (TAZ vom 18.4.2001) usw. (nach 3a). Hier haben wir also eine Gegenliteratur zu den anfangs genannten Erfolgsratgebern.

andere Berufsgruppen. Das liegt daran, dass sie bereits parallel zu ihrer Erwerbsarbeit Alternativen erprobt haben, die sie beibehalten oder ausbauen können. Um Entwicklung solcher Alternativen und ihr Erlernen muss es, ob uns das nun passt oder nicht, auf alle Fälle auch gehen. Wer lebensklug ist, fängt damit bereits dann an, wenn er noch in einem Erwerbsarbeitsverhältnis steht. In der Begleitung von behinderten und benachteiligten Menschen brauchen wir hier neue kreative Ideen. Denn, so ist auf der Web-Seite der »glücklichen Arbeitslosen« zu lesen: »Wenn der Arbeitslose unglücklich ist, dann liegt das auch daran, dass der einzige gesellschaftliche Wert, den er kennt, die Arbeit ist, er hat nichts mehr zu tun, er langweilt sich, er hat keine Kontakte mehr, da ja die Arbeit oft auch einzige Kontaktmöglichkeit ist. Das Gleiche gilt übrigens auch für Rentner.« (2a)

Werkstätten, die sozialversicherungspflichtige und geförderte Arbeitsplätze miteinander verbinden, wären für viele Menschen, die ihre Leistungsfähigkeit nur in einem geschützten Rahmen und in einem zeitlich begrenzten Maß entfalten können, die passende Antwort. Vereinzelt gibt es solche Werkstätten, aber in den meisten Regionen bedürfte es erheblicher Anstrengungen, um sie aufzubauen. Daneben scheint es mir ebenfalls geboten, sich Ideen und Anregungen zu öffnen, für ein gelingendes Leben auch jenseits der Erwerbsarbeit. Solche Anregungen, die für jeden, aber besonders für psychisch Kranke, hilfreich sein können, finden sich zum Beispiel in dem 2005 erschienenen kleinen Buch »Tätigsein jenseits der Erwerbsarbeit«(13).

An einem Punkt habe ich es mir bisher natürlich viel zu leicht gemacht. Was ist mit dem Geld? Wovon soll der erwähnte Maurer denn leben und zwar menschenwürdig, mit Möglichkeiten am öffentlichen Leben, an der Kultur teilzunehmen? Wovon soll er eine Familie ernähren und wie soll er seinen Kindern Bildungschancen eröffnen? Seit Pisa wissen wir sehr genau, dass die Bildungschancen in Deutschland überdurchschnittlich stark von der sozialen Ausgangslage abhängen. Deutlich ist also, dass kreative Ideen zum Bürgerengagement, zu dessen ideeller Aufwertung und zum Tätigsein jenseits der Erwerbsarbeit allein nicht tragen. Die materielle Seite der Sache ist zu beachten.

Unbedingt ist also auch auf der sozialpolitischen Ebene Gegenwind zu fördern. Dieser müsste sich meines Erachtens vor allem an dem Leitbild einer gerechten, auf sozialen Ausgleich bedachten Gesellschaft ausrichten. Ein, wie auch immer geartetes und ausgestaltetes, Grundeinkommen, zu dessen Finanzierung alle Einkommen herangezogen werden müssten, wäre wohl ein Schritt in die richtige Richtung und würde auch der dringend gebotenen Umverteilung von oben nach unten dienen.[7] Einer Gesellschaft, der jährlich über 100 Milliarden Euro durch Wirtschaftskriminalität verloren gehen und deren privater Besitz bei einem Wert von ca. 4,1 Billionen liegt, sollte man es nicht durchgehen lassen, alle jene Bürger, die Sozialleistungen in Anspruch nehmen, als potentielle »Florida-Rolfs« zu diskriminieren. Der errechnete so genannte »Sozialmissbrauch«, also der Verlust der durch die häufig beklagte »Mitnahme-Mentalität« zu Stande kommt, ist übrigens, aller »Abzocker- und Parasitenschelte« zum Trotz, mit ca. einer Milliarde Euro im Vergleich zu den genannten Summen verschwindend gering. (4)

Hier haben wir es mit eigentümlich verschobenen Wertmaßstäben zu tun, Wertmaßstäben, die einem Menschenbild Vorschub leisten, bei dem Gelingen mit Reichtum und Karriere, Würde mit Wert verwechselt wird. Dies geschieht natürlich nicht nur in Deutschland, sondern weltweit. Deshalb sei wenigstens kurz auch der internationale Gegenwind erwähnt, zum Beispiel in Form von attac oder der Weltsozialforumsbewegung.[8]

Sehr deutlich werden die verschobenen Maßstäbe in dem sowohl informativen als auch leicht zu lesenden Buch »Briefe an den Reichtum« (2), sozusagen ein Gegenwind-Buch. In halb ernsthafter, halb ironischer Weise schreiben verschiedene Autoren fiktive Briefe an sehr reiche Mitbürger, zum Beispiel an Heinrich von Pierer, Oliver Kahn, Silvio Berlusconi und viele mehr. Oskar Negt stellt dem Siemens-Vorstands-Vorsitzenden Heinrich von Pierer u. a. die schlichte Frage: »Was macht man mit einem Jahreseinkommen von 3,7 Millionen?« (Der Deutsche-Bank-Chef Ackermann nannte auf richterliches Befragen im neu aufgerollten und dann gegen Bußgelder eingestellten Mannesmann-Prozess ein Jahreseinkommen von 20 Millionen Euro.) In diesen Briefen werden Fragen nach den sozialen, biosphärischen und kulturellen Verlusten aufgeworfen, die in den Bilanzen des Reichtums nicht auftauchen. Es wird die soziale Verantwortung der Besitzenden thematisiert und es werden gute

---

7 Dies ist natürlich leichter gesagt als politisch und kulturell umgesetzt. Es scheint mir aber außerordentlich wichtig, sich mit den zahlreichen Modellen, die unter Namen wie bedingungsloses Grundeinkommen, Bürgergeld oder Bürgerversicherung diskutiert werden, auseinanderzusetzen. Dazu siehe auch: www.archiv-grundeinkommen.de

8 Darauf, dass die Entwicklung einer gerechteren Politik nicht mehr nur national zu verwirklichen ist, weist Ulrich Beck hin: »Die Antwort auf Globalisierung besteht in einer besseren internationalen Koordinierung der Politik.« Usw. (3)

Vorschläge unterbreitet, was man Vernünftiges mit dem vielen Geld machen könnte. Hinter all dem die Frage: Ist das, was ihr da treibt, ein gutes ein gelingendes Leben oder vielmehr ein großer Lebensirrtum? Seid ihr nicht letzten Endes zu Sklaven des Reichtums geworden?[9]

Eindrucksvoll beschreibt Hans Olbrich, ein ehemals Reicher und Arbeitssüchtiger, in einem der Briefe, wie er entdeckt hat, dass er paradoxerweise seinen Lebensüberdruss mit einer immer höheren Dosis dessen, was ihn unerfüllt bleiben ließ und überdrüssig machte, zu bekämpfen versuchte – mehr Gala-Abende, mehr aufwendige Reisen, noch schnittigere Autos, noch kostspieligere Klamotten, mehr berufliche Leistung, immer mehr »machen« und »dabei sein wollen«. (Olbrich in 2)

Hier trifft wohl Eugen Roths Diagnose zu:

> »Ein Mensch, den falscher Weise meist
> man lebensüberdrüssig heißt,
> ist, und das macht den Fall erst schwierig,
> in Wahrheit lebensübergierig.
> So dass er jedes Maß vergisst
> und sich an Wünschen überfrisst.« (10)

Und warum diese Übergier, die uns doch nur tyrannisiert und das Leben nicht gelingen lässt, von der sicher nicht nur Millionäre befallen sind, die wohl keinem von uns unbekannt ist? Ich denke, der heimliche Tyrann hinter alledem ist die Angst.

Nicht nur die Benachteiligten oder die – noch – lohnabhängig Beschäftigten haben Angst, zu versagen, zu verlieren, werden in Angst versetzt, sondern die, die an der Angstschraube drehen, sind ebenfalls getrieben von Versagens- und Verlustängsten, ein Teufelskreis.

So wie es aussieht, dürfte es noch etwas dauern, bis die mit Besitz Gesegneten in die Fußstapfen des einsichtigen Hans Olbrich treten und es der Politik gelingt, in das auch international verschlungene Geflecht von Macht, Reichtum und Angst erfolgreich gegensteuernd einzugreifen. Bis dahin tun wir gut daran, wenigstens unsere eigenen Ängste zu erkennen und uns am Gegenwind »mit dem Dampf, der uns gerade zur Verfügung steht«, zu beteiligen.

---

9 Inzwischen streichen zum Beispiel die Manager von Großkonzernen »das 240fache eines Durchschnittsverdieners ein«. (Schumann in 2, S. 54) »Vor 30 Jahren begnügten sich die Bosse noch mit dem 30fachen.« (ebd.)

Literatur

1. Alain (Pseudonym für Chartier E.-A.): Die Pflicht glücklich zu sein. Frankfurt am Main 1982
2. Amery, C. (Hg.): Briefe an den Reichtum. München 2005, S. 71/185 ff.
3. Beck, U.: Was zur Wahl steht. Frankfurt am Main, Suhrkamp Verlag 2005, S. 46
4. Brandhorst, H.: Bisher unveröffentlichte, überarbeitete, erheblich erweiterte und am 1.4.2005 fertiggestellte Fassung des in »Wort und Dienst. Jahrbuch der kirchlichen Hochschule Bethel« (WuD) 27 (2003), S. 337-346 erschienen Aufsatzes: Diakonie als Teilnahme am »Leiden Gottes im weltlichen Leben«
5. Heidbrink, L.: Paradoxien der Verantwortung. In: Frankfurter Rundschau vom 19.7.2005, Nr. 65
6. Müller, A.: Die Reformlüge. München 2004
7. Musil, R.: Der Mann ohne Eigenschaften. Reinbek, Rowohlt Verlag 1988, S. 112
8. Possemeyer, I.: Gesellschaft in Zeitnot – Die Diktatur der Uhr. In: GEO 2005/08, S. 90, 104, 108
9. Reiners, L.: Sorgenfibel oder über die Kunst durch Einsicht und Übung seiner Sorgen Meister zu werden. München 1992, S. 91
10. Roth, E.: Ein Mensch. München, Carl Hanser Verlag 1932, S. 66
11. Schneider, W.: Die Enzyklopädie der Faulheit – Ein Anleitungsbuch. Frankfurt am Main 2003
12. Simon, A. (Hg.): Die schönsten Deutschen Gedichte. München, Verlag Die Bibliothek, o. J.
13. Weber, P. (Hg.): Tätigsein jenseits der Erwerbsarbeit. Bonn, Psychiatrie-Verlag 2005
14. Zschorsch, G.: ROT BAU. In: Klappmesser, Frankfurt am Main 1983

Internetadressen

1a. Aphorismen: http://itb1.biologie.hu-berlin.de/~wiskott/Services/DeutscheAphorismen/
2a. Die glücklichen Arbeitslosen: www.diegluecklichenarbeitslosen.de
3a. Verein Otium: www.otium-ev.de

Renate Schernus

Vom Unterschied zwischen »Etwas« und »Jemandem«

Anmerkung zu Fragestellungen aus dem Bereich der Eugenik

»Aber ich meine, dass es auch aus der Perspektive von kranken und behinderten Menschen wichtig ist, dass menschliches Leben nicht verfügbar ist. Dass der Schutz des menschlichen Lebens an keine Bedingung geknüpft wird, weder an Fähigkeiten noch an die Entwicklungsstufe, ist für uns alle ein Schutz, besonders aber für diejenigen Menschen, die dieses Schutzes aufgrund von Schwächen insbesondere bedürfen.«

Andrea Fischer,
aus: »Der Mensch hat immer die Freiheit,
sich für Selbstbeschränkung zu entscheiden«,
Bundestagsrede vom 31.5.2001

Vorbemerkung

»Für die Würde und das Lebensrecht aller Menschen, auch der Embryonen«, so lautet der Titel einer Resolution, die auf dem Forum Gentechnik des Deutschen Evangelischen Kirchentages in Frankfurt am Main im Juni 2001 verabschiedet wurde. Ich beginne die folgenden Ausführungen mit einem Auszug aus dieser Resolution:

»Die medizinische Forschung soll Krankheiten bekämpfen und den Menschen heilend und lindernd beistehen; aber sie soll nicht auf Kosten menschlichen Lebens gehen. Eltern sollen sich den Wunsch nach Kindern erfüllen dürfen; aber sie sollen nicht die ihren Vorstellungen von einem gesunden Kind nicht entsprechenden selektierend verwerfen.

Daher fordern wir den Deutschen Bundestag und die Bundesregierung auf, das Töten von Embryonen unmöglich zu machen; denn dieses wäre ein Angriff auf die Würde und das Lebensrecht aller Menschen. Aus diesem Grund ist sowohl die Präimplantationsdiagnostik zu untersagen als auch die »verbrauchende« Embryonenforschung, einschließlich des ›verbrauchenden‹ Klonens; denn auf beiden Wegen würden Embryonen getötet.

Stattdessen bitten wir Bundestag und Bundesregierung um Überprüfung früherer Entscheidungen auf diesem Gebiet, weil diese inzwischen aus dem Ruder gelaufen sind und so – als ›schiefe Ebene‹ – zur gegenwärtigen Gefährdung der Würde aller Menschen beigetragen haben. Hier sind zusätzliche Kontrollen zu beschließen.

Damit meinen wir insbesondere die künstliche Befruchtung (IVF) und die Pränataldiagnostik (PND): Durch geeignete Kontrollmechanismen sind beide Methoden wieder so eng an die ärztliche Indikation zu binden, wie Parlamentarier und Fachleute es ursprünglich beabsichtigt hatten, damit ihr Nutzen wieder größer als ihr Schade werden kann.«

In dieser Resolution werden zwei Verknüpfungen hergestellt, die besonderes Interesse verdienen: Die erste Verknüpfung besteht darin, dass in dem Töten von Embryonen ein Angriff auf die Würde und das Lebensrecht *aller* Menschen gesehen wird. Wieso eigentlich? Um mögliche Hintergründe dieser Behauptung aufzuspüren, wird ein erster, eher theoretisch-philosophischer Durchgang versucht.

Die zweite Verknüpfung der Resolution sehe ich in der Formulierung »stattdessen«. Hier wird die Anwendung der aktuellsten, gentechnischen Möglichkeiten mit den Möglichkeiten von Gestern, also der Pränataldiagnostik und der künstlichen Befruchtung, in Zusammenhang gebracht. »Stattdessen«, das heißt: Statt auf das Gaspedal weiteren Fortschritts zu drücken und den Weg für die Anwendung der allerneuesten Methoden wie Präimplantationsdiagnostik (PID)[1] und verbrauchende

---

1 Bei der PID werden Embryonen im 6-10-Zellstadium ein bis zwei Zellen entnommen und vor der Übertragung in den Mutterleib auf genetische Auffälligkeiten getestet. Befürworter dieser Methode wollen Paaren, in deren Familien eine schwere Erbkrankheit vorkommt, den Ausschluss eben dieser Krankheit durch PID ermöglichen. Hierbei dürfte es sich dann nur um relativ wenige Paare handeln.
Denn auf keinen Fall ist die PID geeignet, genetische Gesundheit an sich zu garantieren, lediglich einige wenige monogenetische Krankheiten könnten ausgeschlossen werden. Das sind Krankheiten, die nur durch ein Gen bedingt sind. Wenn man so verhindert, dass Kinder mit bestimmten genetischen Erkrankungen zur Welt kommen, handelt es sich um vorgeburtliche Selektion.

Embryonenforschung ganz schnell frei zu machen, sollte zur Kenntnis genommen werden, dass – um im Bild zu bleiben – die Insassen des beschleunigten Fahrzeugs die Steuerung hinsichtlich der gestrigen Methoden noch nicht, bzw. nicht mehr im Griff haben. Salopp gesagt, wird dazu aufgefordert, erst einmal die aus dem Ruder gelaufene Praxis bei der künstlichen Befruchtung (IVF) und der Pränataldiagnostik (PND) in Ordnung zu bringen, ehe man sich den Luxus erlaubt, über weitere hochbrisante ethische Grenzerweiterungen zu diskutieren. Dies kann als Anstoß für einen zweiten Durchgang dienen. In diesem sollen die konkreten Auswirkungen ethischer Grundsatzentscheidungen am Beispiel der Pränataldiagnostik (PND) deutlicher werden. Auf die künstliche Befruchtung (IVF) wird allerdings nicht näher eingegangen.

1. Würde des Embryos und Würde aller Menschen

Zur ersten Verknüpfung: Was hat der Embryo, insbesondere der 6-8-zellige, der die Forschung besonders interessiert, mit unser aller Würde zu tun? In einigen der folgenden Überlegungen lehne ich mich an den Bielefelder Philosophen Ralf Stöcker an. Was man mit einem Embryo machen darf oder nicht, hängt davon ab, welchen Stellenwert er in unserem Moral- und Rechtssystem einnimmt.

»Ist er einfach ein Mittel zum Zweck, so wie ein Apfel, der einen Verhungernden retten kann, oder ist etwas an ihm, das uns jenseits der Nutzenkalkulation zur Rücksichtnahme zwingt?« (10) Eine Philosophie, die sich auf Kant zurückführen lässt, unterscheidet zwischen Objekten, die einen Preis haben, und solchen, die eine Würde haben. Wenn Dinge nur einen Preis haben, dann komme ich mit Kosten-Nutzen-Berechnungen aus, um ihren Wert zu ermitteln. Wenn etwas jedoch eine Würde hat, so bezeichnet dies einen Wert, der unabhängig von Nützlichkeitserwägungen besteht.

Kant formuliert: »Was einen Preis hat, an dessen Stelle kann auch etwas anderes ... gesetzt werden; was dagegen über allen Preis erhaben ist ... das hat eine Würde.« (6)

Gehen wir also davon aus, dass Embryonen etwas anderes sind als Äpfel oder sonstige Dinge, dann liegt es nahe, zu folgendem Satz zu kommen: »Abzulehnen sind alle Praktiken, die den Embryo als ein beliebig manipulierbares Objekt behandeln.« So die Bischofskonferenz der vereinigten Evangelisch-Lutherischen Kirchen in Deutschland. Einprägsamer noch bringt es der katholische Bischof von Limburg, Franz Kamphaus, auf den Punkt: »... dass der Mensch Mittel zum Zweck wird, das ist unter seiner Würde.«

Der Würdebegriff bezeichnet exakt den Unterschied zwischen »etwas« und »jemandem«. Was ich mit »etwas« machen darf, darf ich mit »jemandem« nicht machen, auch wenn die Zwecke noch so gut sein mögen. Dass es diesen Unterschied gibt, lässt sich naturwissenschaftlich nicht beweisen.

Ein Naturwissenschaftler, der ausschließlich seiner Methodik verpflichtet ist, wird sagen: Ich bin ins Weltall geflogen und habe in die Weite des Alls geblickt und siehe ich habe keinen Gott gesehen. Ich habe Hunderte von Stammzellen unters Elektronenrastermikroskop gelegt und siehe ich habe keine Menschenwürde gefunden. Gesehen habe ich einen Zellhaufen.

Wenn man auf diese Art konsequent weitermacht, kann man jeden Teil eines erwachsenen Menschen unters Mikroskop legen und vergeblich nach seiner Würde suchen. Man wird nur einen sehr viel größeren Zellhaufen finden.

Und es ist ja nicht so, dass nur am Anfang des Lebens wegen des viel berufenen therapeutischen Imperativs überlegt wird, ob man menschliches Leben in gewissen Stadien als Zellhaufen angemessen definiert hat und entsprechend verzwecken darf. Ähnliche Denkfiguren finden wir auch für das Ende des Lebens.

Für verbindliche Vorbehalte hinsichtlich instrumentellen Handelns gibt es in dieser Art zu denken keinen Raum und keinen Grund.

Wenn auf Fragen im Blick darauf, was Menschen tun dürfen oder nicht tun dürfen, mit bestimmten absoluten Vorbehalten also zum Beispiel der Unantastbarkeit der Würde des Menschen geantwortet wird, so kommen solche Antworten meines Erachtens ohne einen Rückgriff auf Metaphysik – sei sie nun philosophisch oder religiös begründet – nicht aus. Das machen sich viele Zeitgenossen, die sich als völlig säkular begreifen, nicht klar, wenn sie dennoch weiterhin, rein intuitiv, mit der Menschenwürde argumentieren.

Bestimmte Philosophen sind hier konsequenter. Es gibt bekanntlich eine recht starke Strömung innerhalb der Moralphilosophie, die die Voraussetzung, dass Menschen Würde zukommt, nicht teilen. Einige analytische Philosophen, aber vor allem zeitgenössische konsequentialistische und utilitaristische Ethiker meinen, dass es sich hierbei um nebulöse, metaphysische Reste handele, die einer Ethik, die mit vernünftigen, logischen Argumenten arbeite, nicht gut anstünden. Solche Ethiker gehen davon aus, dass man auf Grund spezieller Eigenschaften von Menschen abwägen soll und kann, ob die Summe der Vor- oder Nachteile größer oder kleiner ist, wenn man sie tötet oder leben lässt. Dies würde dann für Embryonen gelten, aber folgerichtig auch für andere Menschengruppen, die bestimmten Kriterien nicht genügen. Meist sind es Reflexionsfähigkeit und Selbstbewusstsein, die bei diesen Abwägungen die größte Rolle spielen. Vor einiger Zeit ging im Zusammenhang der Kriterienbestimmung für die Zuerkennung von Menschenwürde ein anderes Schlagwort durch die Presse: die Selbstachtung. Der damalige Kulturminister Nida-Rümelin äußerte sich dahingehend, dass Achtung der Menschenwürde nur dort angebracht sei, wo die Voraussetzungen erfüllt seien, dass ein menschliches Wesen entwürdigt werden, ihm seine Selbstachtung genommen werden könne. Die Selbstachtung eines menschlichen Embryos lasse sich nicht beschädigen, da sie bei ihm nicht vorhanden sei. Auch mit dieser Denkfigur könnte ganz nebenbei einem erschreckend großen Kreis von Menschen die Menschenwürde abgesprochen werden: einjährigen Kindern, schwer geistig behinderten Menschen, Menschen in ver-rückten Zuständen, ja sogar schlafenden Menschen.

Die alles entscheidende Frage ist meines Erachtens, ob es allein unser Menschsein ist, dem jenseits aller möglichen Abwägungen eine grundsätzliche Unantastbarkeit zukommt – und das meinen wir wohl mit dem Begriff Würde – oder ob solche Unantastbarkeit von Eigenschaften abhängig gemacht wird.

Wir merken, dass bei all diesen Überlegungen entweder eine Ethik herauskommt, die bestimmte menschliche Daseinsformen an den Rändern per Definition ausgrenzt, indem sie zum Beispiel mit dem Begriff der Person operiert, oder eine Ethik des möglichst weiten Einschließens. Bisher galt als Konsens, dass es gerade der Schutz der Schwachen ist, der eine menschenwürdige Gesellschaft besonders auszeichnet.

Eine Ethik, der es nicht um die so verstandene Menschenwürde, sondern nur um den von bestimmten Eigenschaften abhängigen Wert der Person geht, dürfte kein moralisches Problem damit haben, frühe Embryonen zu töten.

Allerdings besteht, wie schon erwähnt, die Gefahr, dass an den Kriterien für diesen Personenwert auch noch viele andere scheitern werden: alte, kranke, ver-rückte, komatöse, behinderte Menschen.

Wenn man über Menschenwürde im Blick auf die ganze Lebensspanne des Menschen nachdenkt, scheint es mir auch sinnvoll, sich zu vergegenwärtigen, dass Menschsein von Anfang an mit »In-Beziehung-sein« verbunden ist. Begreift man den Menschen so, wird man schwerlich sagen können, bis zu einem bestimmten Zeitpunkt ist er ein Objekt, das man instrumentalisieren kann, und dann gibt es einen Einschnitt von so großer Tragweite, dass wir ihn von da an als ein Beziehungswesen begreifen. Vielmehr verläuft die Entwicklung des Menschen vom frühesten Anfang an kontinuierlich.

Allen anderen Versuchen, den Beginn des Menschseins zu bestimmen, haftet etwas recht Willkürliches an. Im Mutterleib und als Säuglinge, aber auch später, sind wir grundsätzlich auf die, sozusagen als Vorschuss gegebene Anerkennung unserer Menschenwürde angewiesen, damit unsere unsichtbaren, latenten personalen Qualitäten eine Chance bekommen zu gedeihen. Man muss uns immer schon damit entgegenkommen. Daraus folgt: Den Schutz der Menschenwürde erst dann zu gewähren, wenn ein Kind Selbstbewusstsein, Selbstachtung oder andere schöne personale Eigenschaften erlangt hat, widerspricht dem Wesen des Menschseins. Und es widerspricht ihm ebenfalls, Menschenwürde zu entziehen, wenn Selbstbewusstsein und andere Eigenschaften alters- oder krankheitsbedingt verloren gehen.

Und immer wieder kommt man an denselben Punkt. Macht man Abstufungen der Schutzwürdigkeit an der An- oder Abwesenheit von Eigenschaften, zum Beispiel von Bewusstsein, fest, stellt man damit auch die Schutzwürdigkeit von Menschen zur Disposition, die sich im Koma befinden oder in sonstigen Zuständen von Bewusstlosigkeit oder gravierenden Bewusstseinsveränderungen. Die Postulierung einer bedingten Menschenwürde hat immer einen einschneidenden Verlust von Schutz zur Folge. Die Bemerkung »ein bisschen Menschenwürde gibt es nicht« trifft das Problem. (Klaus Dörner)

Ich habe die Hoffnung, dass wir uns der Einsicht öffnen können, dass das, was auf den ersten Blick wie eine Einschränkung menschlicher Möglichkeiten aussehen mag, bisweilen mehr Möglichkeiten für freie Entfaltung menschlichen Lebens entstehen lassen kann als ein ungebremster Zugriff auf den Menschen. Ein Zugriff, der zum Beispiel dadurch legitimiert wird, dass man Menschsein in frühen Stadien kurzerhand als »nichts als Materie« definiert. Je mehr wir uns für das Unbestimmbare des Beziehungswesens Mensch offenhalten, desto weniger werden wir ihn in zu kurz greifende Modelle zwängen können. Der instrumentelle Handlungseifer wird dadurch möglicherweise gebremst, der Verstehenshorizont für komplexe Zusammenhänge aber erweitert.

2. Pränataldiagnostik auf schiefer Ebene

Nun zu der zweiten Verknüpfung. Sie wird in der anfangs zitierten Resolution sozusagen andersherum angelegt, als man es in der letzten Zeit häufig von Befürwortern der Präimplantationsdiagnostik (PID) und der Forschung an embryonalen Stammzellen hören konnte.

Diese ziehen – was nahe liegt – den Hinweis auf die Praxis der pränatalen Diagnostik und die hohe Zahl von Abtreibungen in ihrem Gefolge als moralische Rechtfertigung heran. Warum sollte man mit einem »Zellhaufen« nicht tun dürfen, was man nach unseren Gesetzen straffrei mit Embryonen in einem späteren Stadium tut. Das wirkt zunächst überzeugend. Aber wer die hohe Zahl von Abtreibungen in Folge der Pränataldiagnostik (PND) höchst problematisch findet, ist ja nicht in der Pflicht, einer weiteren, höchst problematischen Türöffnung das Wort zu reden.

Außerdem wird übersehen, dass ein Schwangerschaftskonflikt, bei dem es um einen Kompromiss zwischen dem Selbstbestimmungsrecht der Frau und dem Lebensrecht des Embryos geht, eine grundsätzlich andere Struktur hat als der vor jedem Konflikt geplante Zugriff auf werdendes Leben. Ersterer kann nicht mit der Selektion von Embryonen oder ihrer Nutzung durch Dritte außerhalb der Einheit von Mutter und Kind gleichgesetzt werden.

Einige Befürworter der Präimplantationsdiagnostik (PID) meinen, man sollte sie zwar nicht generell, aber für eng definierte Einzelfälle zulassen. Im Prinzip habe ich Verständnis für diese Position. Bei ihr wird gefragt, ob man nicht trotz prinzipieller Anerkennung der Würde des Embryos in bestimmten existentiellen Grenzsituationen – durchaus auch aus moralischen Erwägungen heraus – offen für Ausnahmen sein sollte, etwa bei eindeutigen schwersten Erbkrankheiten.

Nun ist es aber so, dass man gerade an den Folgeproblemen der Pränataldiagnostik (PND) ablesen kann, dass sich eine solche Eingrenzung nicht hat verwirklichen lassen. Ursprünglich sollte auch die Pränataldiagnostik nur solchen Personen zur Verfügung stehen, bei denen die begründete Annahme bestand, dass sie erblich in gravierender Weise vorbelastet sind.

In Deutschland hat sich jedoch die pränatale Diagnostik inzwischen zu einem nahezu flächendeckenden Screening entwickelt. Immer mehr jüngere Frauen gehen zum Gentest. Die Zahl der Fruchtwasseruntersuchungen (Amniozentesen) hat von 1982 auf 1997 von 15 883 auf 68 267 zugenommen, sich also vervierfacht.

Außerdem werden immer neue Tests, die ungefährlich sind (triple Test, fetal-data-base-screening) und bei denen aus Blutwerten der Mutter und Angaben wie dem Alter rein statistische Risiken errechnet werden, in Anspruch genommen. Durch die Ergebnisse solcher statistischen Wahrscheinlichkeitsberechnungen werden viele Frauen derart verunsichert, dass sie später doch noch die Fruchtwasseruntersuchung (Amniozentese) machen. Es entsteht so etwas wie ein Zwang zum getesteten Kind.

Einerseits ist durch diese Tests eine jedes vernünftige Maß übersteigende Angst vor möglichen Behinderungen erst erzeugt worden, andererseits wird dadurch eine falsche Sicherheit vorgegaukelt, da mehr als 90% möglicher Behinderungen aus anderen als genetischen Ursachen entstehen. Dass das Abort-Risiko einer Amniozentese häufig höher ist als die Wahrscheinlichkeit, ein behindertes Kind zu bekommen, wird nicht selten verschwiegen.

Inzwischen werden bei uns 60-70% aller Schwangerschaften als Risikoschwangerschaften bezeichnet. Damit erreicht Deutschland im internationalen Vergleich den höchsten Wert.

In einer länderübergreifenden Studie über mehrere Jahre hinweg wird belegt, dass im Durchschnitt 92% aller Kinder mit Trisomie 21 abgetrieben werden.

Pränataldiagnostik ist inzwischen eine Wachstumsindustrie. In Deutschland werden damit pro Jahr ca. 20 Millionen Euro umgesetzt. (3) Hinter dieser Wachstumsindustrie stehen ganz andere Interessen als die des Wohls von Mutter und Kind.

All dies verstößt eindeutig gegen den Sinn der seit 1995 in Deutschland bestehenden gesetzlichen Regelung, bei der, durch den Wegfall der embryopathischen Indikation gerade die Diskriminierung behinderter Menschen vermieden werden sollte.

Wie kann mit den neuen diagnostischen Möglichkeiten umgegangen werden? In der Frauenklinik der von Bodelschwinghschen Anstalten Bethel zum Beispiel wird zwar Pränataldiagnostik durchgeführt, aber bisher hat man sich dafür entschieden, Frauen, die diese in Anspruch nehmen, von vorneherein darüber zu informieren, dass ein Abbruch nur bei zwei schweren Notlagen durchgeführt wird und zwar erstens bei medizinischer Indikation im Sinne von Gefahr für das Leben der Mutter, und zweitens dann, wenn das Kind von schwersten, zum Tode führenden Behinderungen betroffen ist und die Mutter sich außerstande sieht, ein solchermaßen todgeweihtes Kind auszutragen. Ganz besonderer Wert wird auf die Beratung schwangerer Frauen bzw. Eltern, die ein möglicherweise behindertes Kind erwarten, gelegt. Diese Beratung ist in den letzten Jahren sorgfältig ausgebaut worden.

An dieser Lösung wird deutlich, dass eine kirchliche Institution sich nicht unbedingt dem Mainstream, das heißt in diesem Zusammenhang den kaum problematisierten Automatismen im Bereich pränataler Diagnostik beugen muss.

Gute Vorschläge, wie der aus dem Ruder gelaufenen Praxis entgegengesteuert werden könnte, sind zum Beispiel folgende:

Eine ganz andere Art von Aufklärung der Frauen sollte Standard werden, mit ausführlicher Beratung, mit viel Zeit zum Nachdenken, mit einem größeren Eigengewicht sozialer und psychologischer Aspekte gegenüber den medizinisch-technischen. Dass eine sorgfältige Beratung sich auf die Entscheidungen der Eltern auswirkt, wird eindrucksvoll durch die Erfahrungen des New-England-Medical-Center belegt, einer unabhängigen Stiftung in Boston. »Viermal mehr Eltern als im internationalen Durchschnitt entschlossen sich, eine ›Risiko-Schwangerschaft‹ durchzutragen.« (5)

Die Richtlinien der Schwangerenvorsorge müssten geändert werden und eine Schwellenerhöhung für selektive Diagnosen könnte dadurch erreicht werden, dass man spezielle Zentren einrichtet, an die niedergelassene Ärzte verweisen müssten, so dass sie selbst von der Maßnahme nicht profitieren.

Ferner müssten Eltern behinderter Kinder finanziell und personell gezielt so unterstützt werden, dass sie nicht auf Berufstätigkeit und andere Lebenspläne verzichten müssten. Kinder mit Behinderungen müssten zusammen mit nicht behinderten Kindern so gefördert werden, dass sie ihre Möglichkeiten voll entfalten können. Solche und ähnliche Maßnahmen könnten mit darauf hinwirken, dass eine Frau ihre Schwangerschaft in der Gewissheit erleben und genießen kann, dass sich ihre Umwelt mit ihr über ihr Kind freut, wie immer es zur Welt kommt. (In Anlehnung an 11) Von dieser gesellschaftlichen Utopie sind wir noch weit entfernt.

Die Soziologin Elisabeth Beck-Gernsheim macht darauf aufmerksam, dass, an den Maßstäben der Marktgesellschaft gemessen, Kinderhaben an sich schon eine Behinderung darstellt. Sie formuliert: »Wie unsere Arbeits- und Lebenswelt aussieht, sind Frauen schon mit einem gesunden Kind behindert genug.« (1)

3. Soziale Risiken

Die strukturellen Risiken, um die es hier geht, und von denen vor allem Frauen betroffen sind, sind soziale Risiken und keine biologischen.

Genau das lassen namhafte gentechnologische Spitzenforscher völlig unberücksichtigt, wenn sie munter gesellschaftliche Leitbilder von lohnenden und nicht lohnenden menschlichen Daseinsformen aus ihrer rein biologischen Sicht zu etablieren suchen. So spricht zum Beispiel der Medizinnobelpreisträgers Joshua Lederberg ganz selbstverständlich davon, dass die Wissenschaft mittels Gentechnologie »höherwertige« Menschen »lieber direkt kopieren« sollte als all die Risiken einer normalen Fortpflanzung einzugehen. »Lassen wir die sexuelle Fortpflanzung für experimentelle Zwecke ... Wenn ein geeigneter Menschen-Typus identifiziert worden ist, sollte man dafür sorgen, dass er erhalten bleibt, indem er geklont wird.« (Zitiert nach: 8)

Und James Watson, der erste Direktor des Human Genom Projektes, appelliert folgendermaßen an den Anstand: »Denn der genetische Würfel wird auch weiterhin allzu vielen Individuen und ihren Familien, die diese Verdammnis nicht verdienen, ein grausames Schicksal bescheren. Der Anstand gebietet es, dass irgendjemand sie aus dieser genetischen Hölle rettet. Wenn wir nicht Gott spielen, wer dann?« (Zitiert nach: 7)

Vielen behinderten Menschen macht solches Gottspielen Angst. In dem Gedicht einer behinderten Künstlerin der Gegenwart wird dies eindrucksvoll zum Ausdruck gebracht:

Im Fernsehen wieder
Diskussionen
ob ich es wert wäre zu leben
Eugenik
vorgeburtliche Diagnostik
Euthanasie
und ich denke mir
mit 15 Jahren wäre ich
gestorben ohne den medizinischen Fortschritt
vor 60 Jahren wäre ich
vergast aufgrund des ideologischen Fort-Schritts
in ein paar Jahren würde ich
wegen beidem nicht geboren werden
wie soll ich leben
mit dieser Vergangenheit in Zukunft (9)

Von Frauen wird immer wieder berichtet, dass sie von Ärzten vollkommen verständnislos, ja sogar abwertend behandelt werden, wenn sie sich der pränatalen Diagnostik zu entziehen wünschen, weil sie ihr Kind, so wie es ist, annehmen möchten. Wird eine solche Haltung im Zeitalter der Machbarkeit und technischen Ermöglichung von fast allem demnächst als unzulässiger »Geburtenfatalismus« (Sloterdijk) diskriminiert werden?

Wir leben in einer Gesellschaft, in der in gerichtlichen Urteilen Ärzte bereits zur Zahlung von Schadensersatzansprüchen verurteilt worden sind, wenn ein Kind geboren wurde, auf dessen mögliche Behinderung die Eltern nicht deutlich genug hingewiesen worden waren. Aber kann denn ein behindertes Kind als Schadensfall angesehen und rechtlich so behandelt werden? Offensichtlich ja und nicht nur das. Dem Arzt ist es sogar haftungsrechtlich vorgeschrieben, bei seiner Beratung das Leben mit einer Behinderung so furchterregend wie möglich zu schildern. Er müsse, so ein rechtskräftiges Urteil des Oberlandesgerichts Düsseldorf von 1989, den Eltern »unmissverständlich klarmachen«, dass die Geburt eines behinderten Kindes »erfahrungsgemäß zu unerträglichen und furchtbaren Belastungen führt.« (4)

Von Menschen, die sich in ihrem Leben mit Psychosen herumschlagen mussten, und mehr noch von ihren Angehörigen, wird immer mal wieder gefragt, ob es wohl irgendwann gelingen könnte, ein Schizophrenie-Gen oder ein Depressions-Gen zu finden. Gleichviel, ob hinter solchen Fragen mehr Furcht oder mehr Hoffnung steckt, die Antwort muss lauten »nein«, denn bei dem, was unter den Namen Schizophrenie oder Depression erlebt, erlitten und beschrieben wird, handelt es sich nicht um etwas, dass durch *ein* Gen bestimmt ist, sondern allenfalls um eine Disposition, die sowohl im *Ob* als auch im *Wie* ihres Auftretens von unglaublich vielen Faktoren abhängt, sowohl biologisch konstitutionellen als auch biografischen, umweltbedingten und kulturellen.

Im Zusammenhang mit gentechnischem Forschungseifer bei psychischen Erkrankungen ist immer auf die Gefahr der Überschätzung und Verabsolutierung verschiedener Einzelergebnisse zu achten, die ein menschlich angemessenes Gesamtverständnis dessen, was wir psychische Erkrankung nennen, dann wieder eher erschweren könnten.

In diese Richtung zielt auch eine Stellungnahme des Bundesverbandes psychiatrieerfahrener Menschen, die keineswegs aus einer »genetischen Hölle gerettet« werden wollen: »Wir wissen, dass Forschung am Menschen Grundlage des medizinischen ›Fortschritts‹ ist, verwahren uns aber dagegen, dass der Mensch zum Objekt degradiert wird. ... Wir fordern die Achtung unserer Persönlichkeitsstruktur in ihrer Einzigartigkeit und das Recht, so zu sein, wie wir sind. Die Debatte darüber, ob behinderte Menschen lieber gar nicht geboren werden sollen, ist eine Beleidigung für Menschen unserer Art. Wir wünschen uns ein buntes selbstverständliches Miteinander aller Menschen.« (2)

Tatsache ist, dass in den Forschungsbereich psychiatrischer Genetik sehr viel Geld fließt[2]. Selbst wenn einige Forschungsanliegen unverfänglicher sind als die mit PND und PID in Zusammenhang stehenden, können einen durchaus Zweifel überkommen, ob es sich hier um eine richtige Prioritätensetzung handelt. Vor einiger Zeit war im Spiegel ein erschütternder Bericht von dem Arzt Michael de Ridder zu lesen. Dieser kommt als Internist und Rettungsmediziner in seinem Arbeitsalltag mit unglaublich vielen elenden und unversorgten Menschen in Berührung. De Ridder schließt seinen Bericht etwa mit den Worten, dass ihn Zorn ergreife auf eine Politik, die Pflicht und Kür nicht mehr zu trennen vermöge und den Sirenengesängen der kommenden Biomedizin mehr Aufmerksamkeit schenke als den aktuellen dringenden medizinischen Behandlungs- und Versorgungsnotwendigkeiten. Der Behauptung, dass hinter all dem biomedizinischen und gen-diagnostischen Forschungseifer nur der Wille zum Heilen und Helfen steht, könnte mit weniger Misstrauen begegnet werden, wenn es im Bereich der »Pflicht«, nämlich der basalen Behandlung und Versorgung schwer behinderter, chronisch kranker und alter Menschen besser stünde.

Literatur

1. Beck-Gernsheim, E.: Die soziale Konstruktion des Risikos. In: Biopolitik – die Positionen. Frankfurt am Main 2001, S. 14
2. BPE: Rundbrief Bundesverband Psychiatrie-Erfahrener, Nr. 3 / Oktober 2001
3. Bundesfamilienministerium: »Die Woche« vom 1.6.2001, nach einer Expertise für das Bundesfamilienministerium
4. Degener, Th.: Gegen den Zugriff der Bioethik auf das Leben. In: Aneignung und Enteignung. Düsseldorf 2000, S. 7
5. Kamphaus, F.: »Von Gottes Kindern – Gedanken zu Gentechnik und pränataler Diagnostik«. In: FAZ vom 18.8.2001
6. Kant, I.: Grundlegung zur Metaphysik der Sitten 2, AA, S. 434
7. Kay, L. E.: Ein Gedicht, keine Gebrauchsanweisung. In: FR vom 24.11.2000
8. Lassek, R.: Traumfabrik Dollywood. In: zeitzeichen 9/2001
9. Muster, T.: Internet unter www. behinderte. de/kunst/tanulyr1.htm
10. Stöcker, Ralf: Die Würde des Embryos. Vortrag in Bamberg 13.6.2001
11. Wegener, H.: Frauenbeauftragte der evangelischen Kirche und Mitarbeiterin des Netzwerkes gegen Selektion durch Pränataldiagnostik

2 Meines Wissens 15 Millionen von den insgesamt über 175 Mill. Euro, die das zuständige Bundesministerium für das nationale Genomforschungsnetz bereitgestellt hat.

Teil III
Soziale Kultur statt Marktkonformität –
Not macht erfinderisch,
aber nicht alles mit

Fritz Bremer

Wiederkehr der Machtfrage?

Fragmentarische Gedanken zur Ökonomisierung des Sozialen und zur schleichenden Herstellung des Ausnahmezustandes

I

»Mit dem Verlust von Fähigkeiten zur Steuerung der Wirtschaft regrediert die postmoderne Demokratie zum Sozialstaat, unter dem Druck schwindender Steuern und leerer Kassen vom Sozialstaat zum Rechtsstaat und unter dem Druck wachsender sozialer Spannungen, Kriminalität und Gewaltbereitschaft wird es Übergangstendenzen geben zum Staat als bloßem Gewaltmonopol. Eine solche Regression des politischen Systems verlangt und verursacht den korrespondierenden Bewusstseinswandel, das Niederringen und Ausmerzen eines auf Fürsorge ausgerichteten Verständnisses des Sozialen.«

Peter Ungut 2004, S. 31f.

»Und dies ist es, was wir von Nürnberg[1] lernen könnten, dass wir künftig den Herausforderungen der Fürsorge in der Medizin und in der Ausbildung von heilberuflich Tätigen nicht ausweichen. Denn ohne das Engagement eines sich sorgenden Bewusstseins werden alle Patientenrechte und alle professionellen Regeln und Kodizes dieser Welt nur wenig bewirken können.«

Warren Th. Reich 2005, S. 6

---

1 Gemeint sind die Nürnberger Ärzteprozesse.

Spätestens seit Mitte der 90er Jahre mehren sich die Zeichen: die zunehmende Dominanz der »Plastikwörter« des Qualitätsmanagements, die massive Durchsetzung des »Kunden«-begriffs, der implizit eine Veränderung des Menschenbildes transportiert, der klammheimlich Bürgerrechte eines hilfesuchenden Menschen vergessen macht, die Dominanz des betriebswirtschaftlichen Denkens im Verhältnis zwischen »Leistungsträgern« und »Leistungserbringern«, ein Klima der Überforderung, Erschöpfung, Ratlosigkeit in den Einrichtungen, in der Arbeit, die zunehmende Angst vor Unterfinanzierung der Arbeit bzw. vor Arbeitsplatzverlust. Betroffene – erkrankte und behinderte Menschen und ihre Angehörigen – beschreiben sehr deutlich, und immer häufiger, ihre Existenzangst.

Neue Gesetze (»Gesundheitsreformgesetz«, Hartz IV, SGB II und SGB XII) und deren Umsetzung schaffen beängstigende Tatsachen. Viele der aktuellen Veränderungen führen zu neuen Formen der Ausgrenzung und Vernachlässigung.

Wenn mitmenschliche Fürsorge in der Ökonomisierung des Sozialen untergeht, dann geraten psychisch erkrankte Menschen, geistig, körperlich, mehrfach behinderte Menschen, förderungs- und pflegebedürftige Menschen in Gefahr.

Teil unserer Verantwortung in der sozialen Arbeit und der Arbeit im Gesundheitswesen ist es, uns laut hörbar zu Wort zu melden, wenn wir Anzeichen dieser Gefahr spüren, hören, sehen, erfahren.

Um diese Verantwortung wahrzunehmen, müssen wir versuchen, zu verstehen, was überhaupt geschieht. Dabei kann ein Blick auf die Umfeldbedingungen und in die Geschichte helfen. Beim Blick auf das ökonomische Umfeld ergeben sich für mich Eindrücke, die ich bildhaft beschreiben möchte:
Womöglich ist der shareholder value-Kapitalismus die eigentliche Schattenwirtschaft, der Schatten einer auf Menschen bezogenen Ökonomie. Casino-artige Gewinnerhöhung, wie von Geisterhand, Luftgeschäfte, Hirngespinste. Hier herrschen Illusionen. Und beherrschen die wirkliche Menschenwelt der Mehrheit in der Weise, dass der real existierende alltägliche Mensch mit seiner Fähigkeit zur Arbeit, zur Liebe, zur Stärke, zur Schwäche, zum Wachstum und zur Gebrechlichkeit in Not gerät, in zunehmende Not.

Diejenigen, die behaupten, mit beiden Beinen auf dem Boden der Tatsachen zu stehen, die uns in der sozialen Arbeit Idealismus und Realitätsverlust vorwerfen, sind sie Illusionisten, deren »Lebensqualität« im Zweifels- oder Ernstfall existenziell von Pflege und sozialer Arbeit abhängen kann?

Sollten wir nicht sehr viel selbstbewusster unsere Kenntnis der alltäglichen menschlichen Realitäten öffentlich zur Geltung bringen.

Eindrücke, denen ich mich nicht entziehen kann:

Unter dem Diktat der illusionistischen Schattenwirtschaft des durchgeknallten Kapitalismus geht die Verbindung zum Leben und zur vielgestaltigen Wertschöpfung des real existierenden arbeitenden ... Menschen verloren. Das »Ökonomische« wird zum Feind des Menschen, des »Sozialen«, der »Kultur des Sozialen«, die nur dann sozial und mitmenschlich bleiben können, wenn sie geschützt werden vor der tendenziellen Gewalt des gewinnorientierten Zugriffes. Seit Jahren verschafft das »Ökonomische« sich Zugriff – durch die »Implementierung« effizienzorientierten Qualitätsmanagements und aufwendiger Dokumentationspflichten, durch die gesetzgeberisch forcierte Herstellung einer scheinbaren Marktsituation im Gesundheitswesen und in der sozialen Arbeit u.a.m. (siehe dazu: Speck 1999) Vor unseren Augen geschieht die Ökonomisierung des Sozialen. Wir haben teil daran. Wir sind gezwungen, mitzuwirken (tatsächlich?). Die Ökonomisierung des Sozialen bewirkt einen Prozess, der den Anschein erweckt, das Soziale, die Sozialgesetzgebung, die »Kultur des Sozialen« könne angesichts der Forderungen der Ökonomie keinen Bestand haben. In diesem Prozess verliert der hilfebedürftige Mensch den Schutz dieser Kultur und steht da – im Extremfall reduziert auf das »nackte Leben« (siehe die Verwendung des Begriffs bei: Agamben 2002).

Ich versuche eine geraffte Zusammenfassung:

Das Soziale ging hervor (in der zweiten Hälfte des 19. Jahrhunderts) aus der Spaltung von »Leben« und »Arbeit«, die produziert wurde im Zuge der Industrialisierung der Produktion – vorangetrieben durch neue Technik unter den Bedingungen des Marktes, der kapitalistischen Ökonomie. Das Soziale, die Sozialgesetzgebung ... ist ein Produkt der Entfaltung des Kapitalismus. Es ist aber nicht der Widerpart der kapitalistischen Ökonomie. Es ist eine von dieser Ökonomie selbst geschmierte Maschine zur Verdrängung der Machtfrage, die sich schon damals offen stellte: Technik und Ökonomie gegen das »nackte Leben«. Zum einen der Kampf gegen die Organisationen der Arbeiter, die Sozialistengesetze, die den Widerspruch nicht bändigen konnten. Zum anderen die beginnende Sozialgesetzgebung als Angebot und Appell an den Einzelnen.

Denn noch wurden Menschen als Arbeitskräfte gebraucht, noch musste deren soziale Reproduktion gewährleistet sein. Noch war die Produktion einer Verdrängung in der Form des Sozialen von Interesse.

Die zweimalige Radikalisierung der Machtfrage, bzw. der sozialen Frage war weit mehr als Entsolidarisierung. In der Zeit des 1. Weltkrieges verhungerten in deutschen Anstalten 70.000 geistig und körperlich behinderte und psychisch erkrankte Menschen (siehe dazu: Faulstich 1998). Man entzog ihnen die Nahrung, reduzierte sie auf das »nackte Leben« bis zum Tode.

Von 1933 bis 1945 wurde für psychisch erkrankte, für geistig- und mehrfach behinderte, für lernbehinderte Menschen, für Menschen, die als »asozial« galten u.v.a. systematisch der »Ausnahmezustand« (siehe dazu: Agamben 2002 und 2004) hergestellt: Zwangssterilisation, Euthanasiemorde, Tötungsanstalten ... brutal geplant, grausig vollstreckt. Erschreckend viele Ärzte, Pfleger, Schwestern wurden zu Tätern. Nicht wenige von ihnen waren davon überzeugt, das Richtige oder gar Gutes zu tun. Die Radikalisierung im NS-Staat war der geplante Versuch der »Endlösung der Sozialen Frage« (siehe dazu: Dörner 2002).

Nach 1949 – getragen vom wirtschaftlichen Aufschwung, zurückgreifend auf traditionelle Vorstellungen und Praktiken von Fürsorge, Verwahrung, »totaler Institution« wurde die »Kultur des Sozialen« restauriert, um dann in der Folge von 1968, eingebettet in eine vielgestaltige Emanzipationsbewegung, aufzublühen.

Mit dem kritischen Blick der »Achtundsechziger« in die grausige Vorgeschichte entwickelte sich der Sinn für die Würde behinderter Menschen. Mit der »Eingliederungshilfe« im BSHG beginnt die praktische Arbeit für die Teilhabe behinderter Menschen, psychisch erkrankter Menschen ... am gesellschaftlichen Leben. Das Soziale wird für einige Zeit zum bestimmenden Element der Kultur.

Und heute? Global agierendes Kapital. Nationalen Volkswirtschaften werden Steuermittel entzogen. Konsum- und Medienwelt dringen in alle Lebensbereiche. Die Entwicklung immer neuer technischer Prothesen macht immer mehr menschliche Arbeit überflüssig. Der Prozess beschleunigte sich rasant durch die Entwicklung der PC-Technik.

Einfache menschliche Tätigkeit wird entwertet, versinkt, wird »Drecksarbeit« oder verliert soziale, alltägliche Relevanz, wird Kunsthandwerk. Die PC-gestützte Maschinenwelt, die Prothesenwelt beherrscht den real existierenden Menschen, der den Wunsch hat nach sinnvoller Tätigkeit, nach Einkommen und Auskommen, nach einem gelungenen Tag. Die »Ökonomie«, die die Wertschöpfung durch Maschinenarbeit forciert, und die shareholder value-Mentalität kümmern sich nicht mehr um diese Belange des Einzelnen, um unsere Belange. Das »Soziale« liegt nicht mehr wirklich/wirksam im Interesse des »Ökonomischen« (siehe dazu: Ungut 2004).

Wenn diese Annahme stimmt, dann ist auch die Wiederkehr der verdrängten Machtfrage zwischen »Kapital« und »Arbeit«, zwischen »Ökonomie« und »nacktem Leben« zu erwarten.

Dabei geschieht etwas seltsam Paradoxes. Freuds These über die Verdrängung, bzw. die untergründige Wirkung des Verdrängten lassen uns den Vorgang vielleicht besser verstehen: »Gerade dasjenige, was zum Mittel der Verdrängung gewählt worden ist, wird der Träger des Wiederkehrenden; in und hinter dem Verdrängenden macht sich endlich siegreich das Verdrängte geltend.« (Freud 1973, S. 114). Verdrängt wurde die Machtfrage zwischen »Ökonomie« und »nacktem Leben«. Das »Soziale«, die Entwicklung der »Kultur des Sozialen« wirkte – vorübergehend – als das Verdrängende. Die Wiederkehr des Verdrängten erscheint nun erneut in der Form des Verdrängenden – in der Form des »Sozialen«, heute in der Form der »Ökonomisierung des Sozialen«. Noch einmal anders ausgedrückt: Das Ergebnis des Widerspruchs zwischen Kapital und Arbeit – die Entwicklung des Sozialen, wird machtvoll konfrontiert mit der Ursache des Widerspruchs – der Entwicklung der kapitalistischen Ökonomie.

Der Widerspruch spitzt sich rasant zu, die Machtfrage wird Tag für Tag deutlicher – mit jeder Börsenmeldung, mit jedem »Reformschritt«, mit jedem »Jobgipfel«, mit jeder nachgeschobenen Forderung der Arbeitgeberverbände, mit jeder neuen Ankündigung von Massenentlassungen (siehe dazu: Hengsbach 2004 und Müller 2004). Das Kapital hat sich vom Nationalstaat und von volkswirtschaftlichem Denken emanzipiert. Es meint eine teure Verdrängungsmaschine nicht mehr zu brauchen. Und die Gestaltungsmöglichkeiten des Staates, die »Maschine zu schmieren«, werden durch das ständige Wegbrechen der Mittel aus Wertschöpfung durch Arbeit, bzw. durch die Verflüchtigung der global agierenden großen Steuerzahler immer schwächer.

Frühere Formen der Radikalisierung der Machtfrage, bzw. des Widerspruchs sind heute obsolet. Das »Soziale« wird von innen – durch die Ökonomisierung der »Kultur des Sozialen« selbst – zerstört. Es löst sich auf in einem Erosionsprozess, der unter dem Etikett »Reform« von einer von neoliberaler Ideologie öffentlich gehetzten Politik vorangetrieben wird. Die begleitende Mediendebatte hat in den vergangenen Jahren seltsame Formen angenommen. Teile der Tagespresse fordern heute verschärfte »Einschnitte ins soziale Netz«, um sie am folgenden Tag anzuprangern. In fast jeder Polit-Talk-Runde wird in ideologisch verstellender Sprache mit der Forderung nach weiteren Reformen die schrittweise Reduzierung des Menschen auf das »nackte Leben« gepredigt, ohne dass irgendjemand es offen ausspricht. Es wird gesagt und zugleich verschwiegen. Das führt zum Beispiel dazu, dass bei Straßenbefragungen selbst betroffene Menschen weitere Reformen, weitere »Einschnitte«, den Abbau von »Lohnnebenkosten« u.a.m. fordern. Es bedarf keiner »Sozialistengesetze«, keiner Lager mehr. Menschen (wir) sind im Zuge der Verwandlung der Politik in »Biopolitik« (Agamben 2002) in der Lage, ihre eigene Reduktion argumentativ zu begründen und die selbst gewählten Politiker Reduktion umsetzen zu lassen.

Das menschliche Bedürfnis nach Arbeit, nach Sinn, nach Zugehörigkeit, Verbundenheit, nach »sozialer Kultur« ist den global agierenden Kapitalakteuren fremd. Dieses Fremde wird neuerdings an Ort und Stelle kolonialisiert. Die Entscheidungen der Vorstände, die Forderungen der Aktionärsversammlungen führen zur Kolonialisation der nationalen, gesellschaftlichen, kulturellen Räume, zum Eindringen der Kapitalinteressen in alle Lebensbereiche, zur Kolonialisation der hiesigen Bevölkerung.

Politik wird machtlos. Der Souverän, das Volk unterminiert. Die Grundlagen des alltäglichen menschlichen Lebens, des Zusammenlebens in Frage gestellt.

Mag sein, dass ich den ein oder anderen gedanklichen Bogen zu sehr gespannt habe. Mag sein, dass ich mich in einigen Gedankengängen verirrt habe, bzw. noch im Dunkeln tappe. Mir ist daran gelegen, zum weiteren und genaueren Verständnis unserer gegenwärtigen Situation in der »Sozialen Arbeit« anzuregen. Da ist eine Nachdenklichkeit notwendig, die vielleicht zunächst abgehoben erscheint, vielleicht aber hilfreich in den Alltag zurückkommt. Nachdem ich Jürgen Habermas im Mai 2004 die »Soltauer Impulse – zu Sozialpolitik und Ethik am Beispiel psychiatrischer Arbeitsfelder« geschickt hatte, schrieb er sehr knapp und nachdenklich u.a. den Satz: »Die Professionen, die in der Lebenswelt am tiefsten verwurzelt sind, sind den ökonomischen Zwängen am hilflosesten ausgesetzt.«

Das ist ein Ausgangspunkt für die Nachdenklichkeit, die ich für notwendig halte.

Warum ist das Nachdenken und die Diskussion so schwierig – wie zum Beispiel die Debatte um die »Soltauer Impulse« zeigt?

Es lässt sich nicht in kurzer Zeit verstehen, was ca. 50 Jahre für undenkbar gehalten wurde. Wir können die Veränderungen nur mühsam erkennen, weil wir in unserer Arbeit als Teil der »Kultur des Sozialen« auch Teil der Verdrängung waren.

Was geschieht vor unseren Augen? »Reform« bedeutet heute Modernisierung, bzw. Radikalisierung von Ausgrenzung mit der Tendenz zur Vernachlässigung.

II

Im Folgenden nenne ich einige sich abzeichnende Strategien, die ich mit Beispielen belegen will.

1.

»Grundrechtsansprüche werden in marktförmige Tauschverhältnisse überführt, indem die Benachteiligten zu Partnern des Sozialstaats hochstilisiert werden, die miteinander Vereinbarungen auf gleicher Augenhöhe treffen. Mit dieser Individualisierung und Privatisierung gesellschaftlicher Risiken ist eine weitere Polarisierung der Gesellschaft verbunden.« Hengsbach 2004, S. 17

Deutlich hörbares Beispiel für dieses Vorgehen ist die Durchsetzung des Kundenbegriffs bei Leistungsträgern wie der »Agentur für Arbeit«, ArGe, Sozialamt u.a.m.. Die Rechte eines Kunden in einem marktförmigen Verhältnis sind aber etwas anderes als die sozialen Rechte eines hilfebedürftigen Bürgers. Der Bürger, der Hilfe sucht und Rechte hat, ist schwerer abzuweisen, als der Kunde, dem ein bestimmtes Dienstleistungsprodukt nicht angeboten werden kann. Das ist die Strategie der Umdeutung und Neudefinition, die begriffliche Vorbereitung auf konkrete Ausgrenzung.

2.

Im Zuge der Umsetzung von SGB II, Hartz IV und SGB XII wird die sozialrechtliche Position bestimmter Personengruppen insbesondere am Kriterium »erwerbsfähig« neu definiert und Zugänge zu Hilfeformen werden eröffnet oder verwehrt – mit vielfältigen Wirkungen. Für viele ehemalige Sozialhilfe- und Arbeitslosenhilfeempfänger zieht Ratzel Bilanz:

2.1.

»Selbst ich als Alleinstehender habe eine Bedarfsgemeinschafts-Nummer. Das heißt, wir werden entindividualiert. Eine Frau aus unserer Gruppe, deren Partner 50 Euro zu viel verdient, hat keinerlei eigene Ansprüche mehr. Nicht per Verfassung, sondern durch die realen Folgen von Gesetzen, Anordnungen und Ausführungsvorschriften werden grundlegende Bürgerrechte deaktiviert. So ist mit Hartz IV eine neue Klasse entstanden: einkommensarm, entindividualisiert und arbeitspflichtig.« (Ratzel, organisiert mit anderen eine Erwerbslosenselbsthilfegruppe, in: Freitag, 3. Juni 2005)

»Siegfried Boß, Richter am Bundesverfassungsgericht, beurteilt das neue Arbeitslosengeld II als grundgesetzwidrig, weil es Sozialstaatsprinzip und Menschenwürde verletze.« (Ungut 2004)

2.2.

Insbesondere für Menschen mit Behinderung und psychisch erkrankte Menschen gilt:
»Wer nicht in absehbarer Zeit (ca. sechs Monate) täglich mindestens drei Stunden auf dem allgemeinen Arbeitsmarkt arbeiten kann, dem droht die Abschiebung in Rente, Sozialhilfe oder Grundsicherung.« (Schwendy 2005)

2.3.

Dabei ist eine Gruppe wiederum besonders schwer betroffen.
Karl Hermann Haack (Beauftragter der Bundesregierung für die Belange behinderter Menschen) schreibt am 22. Februar 2005 an Frank J. Weise (Bundesagentur für Arbeit), bei ihm verstärke sich der Eindruck, »dass die Ausgrenzung der behinderten Menschen, die nicht in die Sozialversicherung eingezahlt haben, aus dem Arbeitsleben immer weiter voranschreite. ... Als ›Betreuungskunden‹ werden behinderte Menschen

offenbar nicht mehr aus Überzeugung in die Sinnhaftigkeit einer Förderung, sondern nur noch aufgrund einer dem Anschein nach eher
gezwungen als bereitwillig übernommenen Erfüllung eines sozialpolitischen Auftrags gefördert. Wirtschaftlichkeit und Sparsamkeit – durchaus
nicht unwichtig – gehen immer spürbarer zu Lasten von Bedarfsgerech-
tigkeit und Teilhabechancen behinderter Menschen.

In Papieren der Bundesagentur für Arbeit kursieren derzeit offenbar
Aussagen, dass behinderte Menschen ›zu denjenigen Betreuungskunden
gehören, bei denen keine Wirkung durch zeit- und kostenintensive Hilfen zu erwarten ist‹. Weiteres Zitat: ›Entsprechend ist es nicht sinnvoll,
für diese Kunden integrationsfördernde Schritte im Rahmen von Ermes-
sensleistungen zu unternehmen. Vielmehr muss für eine weitere Unterstützung ein sozialpolitischer Auftrag konkretisiert werden.‹«

Wer als betroffener Mensch in die von Haack, bzw. von der »Agentur«
selbst vorgezeichnete Situation geraten ist, wird es schwer haben, den
Weg ins Arbeitsleben, bzw. zu Leistungen nach dem SGB II überhaupt
wieder zu finden.

So wird per Umsetzung der neuen Gesetze deklassiert, sortiert, ausgegrenzt.

3.
Wie geht es den betroffenen Menschen finanziell? Zwei Strategien sind
erkennbar.

3.1.
Finanzielle Lasten werden erhöht, zum Beispiel in der Form von »Praxisgebühr« und erhöhten Zuzahlungen für Medikamente. Dazu heißt es
am 9.3.2005 in »Sozialpsychiatrie in Hamburg – Eine Erklärung und
Forderungen an die Politik«:
»Auch die seit 1.1.2004 eingeführte Praxis- und Rezeptgebühren sind
für viele Psychosekranke kontraproduktiv. Sie bewirken, dass ein Teil der
psychisch Kranken die erforderliche ärztliche Hilfe nicht mehr in
Anspruch nimmt: Entweder aus Geldmangel oder infolge von Überforderung durch den bürokratischen Aufwand.«

So wird der Zugang zu Hilfen erschwert oder gar verhindert und indirekt
wird Ausgrenzung und Vernachlässigung bewirkt.

3.2.

Eine andere Strategie, die Absenkung von Freilassungsgrenzen, zum Beispiel im Zuge der Umsetzung des §82 im SGB XII. Betroffen sind u.a. Menschen mit einer psychischen Erkrankung, die in einem besonderen Beschäftigungsprojekt, einem Zweckbetrieb u.a.m. arbeiten und betreut werden. Ihnen sollen nur noch 30% des Zuverdienstes bleiben.

Gundula Kayser, aktiv im »Verein Psychiatrie-Erfahrener« in Bielefeld, schreibt: »Diese Tatsache schafft Perspektivlosigkeit und demütigt auch viele psychiatrieerfahrene Menschen, die keinerlei ökonomische Anerkennung ihrer Arbeitsleistungen mehr erfahren. Obwohl die Arbeit für sie eine wichtige Chance zur Reintegration in soziale Bezüge und Hilfe zur Strukturierung des Alltags darstellen kann, werden sie durch die Abgabe von 70-85% des selbst erwirtschafteten Einkommens dermaßen demotiviert, dass, wie sich in der Praxis zeigt, einzelne Beschäftigte z.B. in sogenannten Dazuverdienstarbeitsfirmen für psychisch beeinträchtigte Menschen bereits auf dem Weg in die nächste Krise sind. Viele andere erwägen, ihre häufig ohnehin nur geringst entlohnten Arbeitsplätze zu verlassen.« (Kayser 2005)

Sabine Wendt befasst sich mit den Einkommen von Menschen mit Behinderung in »Werkstätten«. Ihre nach Wohn- und Betreuungssituationen differenzierten Berechnungsbeispiele ergeben insgesamt eine Verschlechterung, Kürzungen der freigelassenen Einkommensbeträge (siehe Wendt 2005).

Diese Strategie führt zu Ausgrenzung durch Demotivation und zu Ausgrenzung durch Schwächung der Möglichkeit zur Teilhabe am gesellschaftlichen und kulturellen Leben.

4.

Ausgrenzung u.a. mit der Folge der Vernachlässigung geschieht auch durch systematischen Rechtsbruch:

»Systematische und rechtswidrige Verweigerung von Sozialleistungen werfen Rechtsexperten des Deutschen Caritasverbandes und der Diakonie Sozialämtern in einer Erklärung vor. Der Verband wolle zu den Erkenntnissen von 39 Justiziaren bei Caritas und Diakonie nicht länger schweigen. Unter Bezug auf amtliche Verwaltungsanweisungen erheben die Justiziare den Vorwurf, dass Hilfempfänger von Sozialämtern häufig zu ›bevorzugten Opfern dezidierter oder auch nur indiskret formulierter Sparabsichten‹ gemacht würden. Die Begründungen für abgelehnte Hilfeleistungen seien ›manchmal geradezu menschenverachtend und alarmierend‹. Die Betroffenen gerieten dadurch in akute Notlagen und könnten sich selten wehren, weil ihnen Mut und Ausdauer fehlten. Der soziale Rechtsstaat werde schwer beschädigt, wenn Behörden ohne rechtliche Folgen den Bruch von Gesetzen betreiben dürfen, kritisieren die Justiziare. Wird die Gewährung gesetzlich verbriefter Sozialleistungen auf diejenigen reduziert, die über die Intelligenz, Energie, Ressourcen und Risikofreude verfügen, diese gerichtlich durchzusetzen, so sind sie faktisch abgeschafft. Das ist ein Durchbruch auf dem Weg zur solidaritätsfreien Marktgesellschaft.« (Ungut 2004, S. 23)

In diesem Zusammenhang sei auf die Broschüre »Wider die Verkürzung sozialer Menschenrechte« vom »Komitee für Grundrechte und Demokratie«, Köln, verwiesen.

5.

Die formalen Voraussetzungen für die Zugänge zu bestimmten Hilfen werden auf der Ebene von Ausführungsbestimmungen und Verträgen für einzelne Gruppen von hilfsbedürftigen Menschen so verändert, dass das Ergebnis Ausgrenzung und Vernachlässigung ist. So werden zurzeit die sogenannten »Ersatzkriterien« für psychisch erkrankte Menschen als Zugangsvoraussetzung zu den berufsbegleitenden beratenden Fachdiensten in Frage gestellt. Folgende Formulierung illustriert den Ernst der Lage: »Die berufsbegleitende Betreuung psychisch erkrankter Menschen ohne Schwerbehindertenausweis muss sichergestellt werden! Wenn die übergangsweise noch geduldete Finanzierung durch das Integrationsamt wegbricht, müssen andere Rehabilitationsträger gefunden werden.« (Ernst-Basten 2005)

6.

Eine weitere Form der Ausgrenzung, die unter anderem zu Vernachlässigung führt, ist es, »Leistungserbringern« wie zum Beispiel Ärzten oder Einrichtungen der Eingliederungshilfe usw. die Arbeit massiv zu erschweren. Dazu noch einmal die »Hamburger Erklärung«:
»Bettenabbau im stationären Bereich bei gleichzeitiger Verkürzung der Verweildauer bewirken, dass zunehmend schwerkranke Menschen mit erhöhtem Therapiebedarf ambulant behandelt werden müssen. Gleichzeitig wird seitens der Krankenkassen massiver Druck auf die Nervenärzte ausgeübt, um im ambulanten Bereich Einsparungen zu realisieren zu Lasten der Versorgungsqualität. Einem Nervenarzt stehen für die Ver-

sorgung eines schwer psychisch kranken Menschen knapp 55 Euro pro Quartal zur Verfügung. Wird mehr verschrieben, dann wird dies dem Arzt vom Honorar abgezogen. Dies führt dazu, dass neuere und oft besser verträgliche Medikamente nicht mehr verschrieben werden. Hier führt ein kurzfristig gedachtes ›Einsparen‹ langfristig zu höheren Behandlungskosten durch krankheitsbedingte Ausfälle und Wiederaufnahme im Krankenhaus.« (Sozialpsychiatrie in Hamburg 2005)

Auf die an Schärfe und Detailversessenheit zunehmenden formalen und finanziellen Erschwernisse für die Einrichtungen, die auf der Grundlage der »Eingliederungshilfe« arbeiten, kann ich hier nur summarisch hinweisen. Für geistig und mehrfach behinderte Menschen, für Menschen mit Suchterkrankungen, für psychisch erkrankte Menschen u.a. ist das Ergebnis häufig eine Verhinderung oder Verzögerung des Beginns der Hilfen, eine hohe Belastung der Mitarbeiter durch formale Anforderungen, beginnender Abbau von Personal, Abbau von Standards.

Akut gefährdet sind in verschiedenen Bundesländern – zum Beispiel in Hessen, Hamburg, Schleswig-Holstein – die Kontaktstellen/Begegnungsstätten. Die Zuwendungen in den Landeshaushalten werden in Frage gestellt oder gekürzt oder gestrichen. Diese Einrichtungen sind in vielen Regionen ein wesentlicher Bestandteil der gemeindenahen Versorgung geworden. Wir müssen uns mit Nachdruck für diese Arbeit einsetzen.

7.

Weitere Strategien wären zu beschreiben, eine will ich nicht vergessen: Vernachlässigungs-Probedebatten. Die Hilfen für – oder gar das Lebensrecht von besonderen – Gruppen von hilfebedürftigen Menschen werden schlaglichtartig in Frage gestellt. So zum Beispiel im April 2005. In den Nachrichten war zu hören und in Zeitungen zu lesen, dass der »Bundesausschuss der Ärzte und der Krankenkassen« die Übernahme der Kosten in Höhe von 400,- Euro monatlich für die künstliche Ernährung eines schwerstbehinderten Mädchens in Zweifel zog. Die Mutter erklärte öffentlich, die Streichung dieser 400,- Euro wäre das Todesurteil für ihre Tochter. Die blanke Angst war ihr ins Gesicht geschrieben. Es folgt eine kurze öffentliche Debatte im Bereich der »Notizen am Rande«, einige Tage später die Mitteilung der Gesundheitsministerin, die Übernahme der Kosten für künstliche Ernährung in solchen Situationen sei nicht in Frage gestellt. Aus Sicht des Bundesausschusses ist die Frage grundsätzlich weiter offen. Aber: Das Thema wurde schon mal öffentlich diskutiert, diskutierbar gemacht. Und – hängen bleibt u.a.: »Was? So teuer ist das?«

Das für undenkbar Gehaltene, das so schnell Realität werden kann. Die Reduzierung des Einzelnen auf das »nackte Leben«, die schleichende Herstellung von Ausnahmezuständen.

Mit einer Schlussfolgerung spanne ich den Bogen zum Anfang des Textes. Ende des 19. Jahrhunderts bis weit in das 20. Jahrhundert hinein war die vorherrschende Form der Fürsorge und Ausgrenzung die Anstalt, die »totale Institution«, die Ausgrenzung durch Einschließung. In der Phase der Radikalisierung von Ausgrenzung wurde die »Anstalt« zur »Tötungsanstalt«.

In den vergangenen dreißig Jahren war ein wesentliches Ziel der Reform der psychiatrischen Versorgung, der Behindertenhilfe und anderer Bereiche der Sozialen Arbeit, wegzukommen von der Dominanz der »totalen Institution«, wegzukommen vom Vorrang der Kontrolle, stattdessen die Emanzipation hilfebedürftiger Menschen zu stärken, vor allem durch die Entwicklung ambulanter Behandlungs- und Hilfeangebote.
    Die zuvor dargestellten neuen Strategien der Ausgrenzung machen u.a. eines deutlich: Die Radikalisierung der Ausgrenzung kann auch umschlagen in eine radikalisierte Form des »Ambulanten«, in eine Form der Ausgrenzung durch Ausschließung, Ausgrenzung durch Verwehrung des Zugangs zu Hilfen – mit der Tendenz der Vernachlässigung von und Gleichgültigkeit gegenüber dem hilfesuchenden Menschen.

Hier erscheint in meiner Vorstellung eine Figur, eine Daseinsform, deren Name irre klingt: der »ambulante Insasse«. Der Mensch, der ohne ausreichende Hilfe, ohne ausreichenden Lebensunterhalt, ohne Teilhabe- und Handlungsmöglichkeiten, behindert, beeinträchtigt, hilfebedürftig sein Leben fristet – in Freiheit und doch ausgesperrt von Lebenswelten, zu denen er keinen Zugang mehr hat. Der Verwandte dieses Menschen ist der Strafgefangene zu Hause mit der elektronischen Fessel.

III

Ich füge hinzu – mich graust es bei dieser Vorstellung. Sie hat sich einge-
stellt, hat sich ergeben. Eigentlich möchte ich sie wieder loswerden. Deshalb stelle ich trotz allem die Frage: Was können wir tun? Welche Handlungsräume können wir erhalten oder neu entdecken?

Umsetzung von Reformen heißt auch: Immer häufiger werden Menschen in der sozialen Arbeit krank. Die Widersprüche spitzen sich zu. So
auch der Verteilungskampf. Die Machtfrage ist virulent. Es wird immer
schwerer, täglich das »Richtige im Falschen« tun zu wollen, das »Soziale« im »Ökonomischen« zu wahren, das »Soziale« im »Ökonomischen«
durchzuhalten. Denn die »Ökonomisierung« sagt jetzt immer unum-
wundener: »Ihr tut das Falsche im Richtigen. Und das stört.«

Was also tun? Ich möchte abschließend einige Vorschläge machen:

An erster Stelle: Wir müssen uns gegenseitig unterstützen bei der Arbeit
daran, die gegenwärtige Entwicklung besser, genauer zu verstehen.
Wir können uns gegenseitig helfen, mit dem Druck in der Arbeit
umzugehen. Uns nicht rettungslos verausgaben. Ruhepausen finden
im Austausch mit anderen. Aussprechen, was wir wahrnehmen. Die
Wahrnehmungen im Gespräch gegenseitig ernst nehmen. Auf diese
Weise auch miteinander den Sinn für die Bedeutung unserer Arbeit
nicht verlieren.

Diese Art der gegenseitigen Hilfe ist eine wichtige Voraussetzung dafür,
dass wir uns auch gegenseitig davor schützen, auf diffizile, schleichende, unbemerkte Weise vernachlässigend und gefährdend tätige Helfer,
Vernachlässigungstäter zu werden.

Wir können sinnvolle, hilfreiche neue Bündnisse schließen: Kollegialeinrichtungen untereinander, um destruktive Konkurrenz zu vermeiden,
um stattdessen besser voneinander zu lernen. Auch Bündnisse zwischen den Einrichtungsträgern, den Organisationen der Betroffenen
und der Angehörigen können helfen, gemeinsame Forderungen zu ver-
treten.

MitarbeiterInnen, Vereine, Einrichtungen sollten sich jetzt auch politisch
organisieren, um Erfahrungen über die Regionen hinaus auszutau-

schen. Diskussionen zu bündeln, zu bereichern, Strategien zu entwickeln, Forderungen öffentlich hörbar zu machen.

Wir sollten unsere Kontakte zu PolitikerInnen in Bund, Land und Kommune offensiver und neu gestalten, sehr viel nachdrücklicher und unverstellter die Bedeutung der sozialen Arbeit für Bestand und Entwicklung einer mitmenschlichen Kultur benennen, die Bedeutung für das Gemeinwesen, für sozialen Frieden, auch die volkswirtschaftliche Bedeutung nicht vergessen.

Wir müssen Mitwirkung, Selbsthilfe und Interessenvertretung der betroffenen Menschen fördern und stärken, damit auch die »Schwächsten« und ihre Angehörigen nicht lautlos an den Rand gedrängt werden können. Dabei gilt es u.a., »Eigenverantwortung« zu fördern, ohne Vernachlässigung den Weg zu bereiten.

In Zeiten knapper/verknappter Mittel führt der Versuch, durch Reglementierung, Formalisierung, Kontrolle zu sparen, lediglich zur Erhöhung der Kosten für unproduktive Arbeit. Darauf müssen wir sehr viel nachdrücklicher hinweisen und zugleich kreative Handlungsräume statt Reglementierung fordern. Wir brauchen Ideen und Räume, um kreativen Umgang mit knappen Mitteln zu entwickeln.

Wir können unser ökonomisches Handeln in der Arbeit stärken, Strategien planen und erproben, um insbesondere in »Beschäftigungsprojekten«, »Werkstätten«, Integrationsbetrieben ... Geld zu verdienen, das helfen kann, die Finanzierbarkeit der Betreuungsarbeit zu erhalten.

Wir müssen für hilfebedürftige Bürger, die mit unverständlichen, falschen, ablehnenden ... Rechtsbescheiden zu tun haben, denen ihr Recht streitig gemacht wird, Rechtsberatung und Rechtsbeistand anbieten, organisieren. Netzwerke schaffen, in denen Beratung und Hilfe schnell möglich sind.

Auch in Zeiten knapper Mittel dürfen wir nicht aufhören, auf weitgehend alleingelassene Gruppen hilfebedürftiger Menschen aufmerksam zu machen (zum Beispiel Kinder psychisch erkrankter Eltern, obdachlose psychisch erkrankte Menschen, Menschen, die geistig behindert sind und zusätzlich psychisch erkranken; Menschen, die im Gefängnis psychisch erkranken ...). Und wir müssen uns bemühen, praktikable Wege der Hilfeleistung aufzuzeigen.

Wir können die Gemeinwohl- und Gemeinwesenorientierung (vgl. Memorandum, 5. 1. 2005) unserer Arbeit selber noch besser erkennen, sie stärken und weiterentwickeln. Unsere Arbeit nimmt der Gemeinde, der Stadt, dem Kreis ... nicht zu viel weg. Sie gibt vieles, das zum einen den Reichtum der regionalen Kultur des Sozialen ausmacht und zum anderen liefert sie einen Beitrag zur regionalen Ökonomie.

Diese Vorschläge sind sicher kein Programm für eine weitere Phase von Reformarbeit. Vor dem Begriff Reform möchte ich mich zurzeit eher hüten. Mir scheint, es geht darum, nicht unvorbereitet zu sein angesichts der neuen Strategien der Ausgrenzung, angesichts der Gefährdung hilfebedürftiger Menschen durch Vernachlässigung.

Ein wesentlicher Aspekt von Fürsorge ist, sich mit dem anderen verbunden fühlen zu können und im Handeln verbindlich zu sein.

Das Gegenstück dazu ist unsere Fähigkeit, uns unverbunden zu fühlen, uns vom anderen abzuwenden und unverbindlich zu bleiben.
Wenn wir das »Niederringen ... eines auf Fürsorge ausgerichteten Verständnisses des Sozialen« (Ungut 2004) nicht zulassen wollen, wenn wir von »Nürnberg« weiter lernen und den »Herausforderungen der Fürsorge ... nicht ausweichen« wollen (Reich 2005), dann haben wir die wunderbare Möglichkeit, die Kraftquelle der Verbundenheit und die Fähigkeit zur Verbindlichkeit zu bewahren und zu entwickeln.

Literatur

Giorgio Agamben: Ausnahmezustand. Frankfurt am Main 2004

Giorgio Agamben: Homo sacer – die souveräne Macht und das nackte Leben. Frankfurt am Main 2002

Bundesarbeitsgemeinschaft der Freien Wohlfahrtspflege e.V.: Memorandum Zivilgesellschaftlicher Mehrwert gemeinwohlorientierter sozialer Dienste, 5.1.2005

Klaus Dörner: Tödliches Mitleid – Zur sozialen Frage der Unerträglichkeit des Lebens. Neumünster, Paranus Verlag 2002

Günter Ernst-Basten: Nicht jammern, sondern voneinander lernen. In: Psychosoziale Umschau 2/2005

Heinz Faulstich: Hungersterben in der Psychiatrie 1914 – 1949. Freiburg/Br. 1998

Sigmund Freud: Der Wahn und die Träume in W. Jensens »Gradiva« Frankfurt am Main 1973

Friedhelm Hengsbach: Das Reformspektakel – Warum der menschliche Faktor mehr Respekt verdient. Freiburg/Br., Herder Verlag 2004

Gundula Kayser: Ausschluss aus der Normalgesellschaft. In: Psychosoziale Umschau 2/2005

Komitee für Grundrechte und Demokratie: Wider die Verkürzung sozialer Menschenrechte. Köln 2005

Albrecht Müller: Die Reformlüge – 40 Denkfehler, Mythen und Legenden, mit denen Politik und Wirtschaft Deutschland ruinieren. München 2004

Arnd Schwendy: Soziale Eiszeit statt Frühlingserwachen? In: Psychosoziale Umschau 2/2005

Sozialpsychiatrie in Hamburg – Eine Erklärung und Forderungen an die Politik. Hamburg, März 2005

Otto Speck: Die Ökonomisierung sozialer Qualität – Die Qualitätsdiskussion in Behindertenhilfe und Sozialer Arbeit. München 1999

Ratzel, Grottian, Schmachtenberg: Ein Land, zwei Welten (Interview mit Hans Thie). In: Freitag vom 3.6.2005

Warren Th. Reich: Verrat an der Fürsorge: Nürnberg und die Ursprünge der heutigen medizinischen Ethik. In: Sozialpsychiatrische Informationen 2/2005

Peter Ungut: Die Agonie des Sozialen. In: Kursbuch 157, 2004

Sabine Wendt: Was bleibt Werkstattbeschäftigten vom Einkommen nach Inkrafttreten des SGB XII?, www.lebenshilfe.de, Nov. 2004

Renate Schernus

Reformkonzepte im Sog veränderter Kontexte – Suche nach neuer Balance

»Es ist schwer erkennbar,
wer freiwillig mit dem Strom schwimmt.«
Stanislaw Jerzy Lec

Vorbemerkung

Der Untertitel dieses Beitrags soll signalisieren, dass ich versuchen werde, mich an schwierige Zusammenhänge heranzutasten. Hierbei stehe ich unter dem Eindruck, dass der Sozial- und Gesundheitssektor insgesamt aus der Balance geraten und eine neue noch nicht gefunden ist. Unter anderem ist bisher noch in der Schwebe, wie zukünftig das Verhältnis von Selbstverantwortung und sozialstaatlich verankerter Fürsorge ausbalanciert wird, und es scheint mir auch noch in der Schwebe, welchen Stellenwert ethische Überlegungen gegenüber ökonomischen haben werden. Solche Schwebezustände nennt man bisweilen Krise. Die Krise könne, so wird Max Frisch bisweilen zitiert, »ein ungemein produktiver Zustand sein, wenn man ihr den Beigeschmack der Katastrophe nimmt«. Vielleicht.

Neue Zweideutigkeiten

Wer im Bereich der Psychiatrie seine inhaltliche Ausrichtung als sozial-psychiatrisch oder gemeindepsychiatrisch versteht, wähnte sich noch bis vor wenigen Jahren auf dem geraden Weg reformorientierter, ethisch fundierter Arbeit; einem Weg, auf dem die »guten Ideen«, die im Zuge der Reformbemühungen der 80er Jahre entstanden waren, Schritt für Schritt verwirklicht werden sollten. Können wir uns da noch so sicher sein? Dass durch veränderte sozialpolitische Kontexte möglicherweise neue, auch ethisch relevante Zweideutigkeiten entstanden sind, möchte ich beispielhaft an einigen wichtigen Konzepten verdeutlichen.

Zum Beispiel Verbund

Hinter dem Konzept des Gemeindepsychiatrischen Verbundes (GPV) stand die Hoffnung, dass durch die verbesserte Kooperation von Trägern untereinander erstens verhindert werden kann, dass sich bestimmte Träger der Verantwortung für besonders schwer kranke und gestörte Personen ganz entziehen, etwa mit den Argumenten »sie passen nicht in unser Konzept« oder »sie sprengen unser Budget«, und dass zweitens der vielfältige Hilfebedarf des genannten Personenkreises in abgestimmter Weise durch mehrere Träger sinnvoller erbracht werden kann. Drittens bestand die realistische Vorstellung, dass dies nicht nur dem guten Willen einiger kooperationswilliger Träger überlassen werden sollte, sondern dass verbindliche Verantwortlichkeiten und verbindliche Kooperationsstrukturen festgelegt werden müssten.

An dieser Stelle will ich zunächst die positiven Erwartungen, die mit der Verbundsidee verknüpft waren, aus eigenen Arbeitszusammenhängen schildern, um dann schließlich in den nachfolgenden Abschnitten auf einige Paradoxien hinzuweisen, die in den 80er und 90er Jahren so noch nicht sichtbar waren.

1999 – während eines Psychiatrieseminars im Bielefelder Rathaus – sagte ich, als damalige Sprecherin des gerade neu gegründeten Gemeindepsychiatrischen Verbundes (GPV) Folgendes: Meines Erachtens müsse die Kommune wegen ihrer sozialpolitischen Steuerungsfunktion besonders daran interessiert sein, dass zuerst und vorrangig diejenigen Personen versorgt werden, denen es, schlicht gesagt, am schlechtesten ginge, und die gleichzeitig aber am schwierigsten zu versorgen seien, weil bei ihnen so vieles zu berücksichtigen und häufig mit verschiedenen Diensten abzustimmen sei. Neudeutsch spricht man ja in diesem Zusammenhang von den zu erbringenden Komplexleistungen. In Bielefeld bestand bereits vor der Gründung des GPV eine recht gute Kultur der Zusammenarbeit.[1] Es gab Runde Tische und Gremien zu den verschiedensten Themen, beispielsweise zur Arbeit, zu Aufnahmen und Verlegungen, Sektorkonferenzen als Ausschüsse der Psychosozialen Arbeitsgemeinschaft (PSAG), einen Psychiatriebeirat, regelmäßige Kooperationsgespräche zwischen Psychiatrieerfahrenen, Angehörigen und Professionellen, Psychoseseminare, trägerübergreifende Fallgespräche etc. Das Festschreiben der Statuten des GPV und das Ausknobeln derselben hätte bei einer solchen Lage durchaus auch als unnötige Formalisierung, als sozialtechnokratisches Vorgehen verstanden werden können, vielleicht sogar als machtpolitische Intervention des größten der beteiligten Träger. Der Soziologe Luhmann warnte davor, »mit Hilfe moralischer und rechtlicher Kategorien in die Selbstorganisation der gesellschaftlichen Teilsysteme einzugreifen. Das Risiko der Steuerung erschien ihm ungleich höher als die Gefahren, die mit der eigensinnigen Ordnungsbildung von sozialen Systemen einhergehen.« (14)

Tatsächlich gab es ausgeprägte Befürchtungen in diese Richtung, vor allem bei den kleineren Trägern, die um ihre spezielle »Kultur«, bzw. um ihre »eigensinnige Ordnungsbildung« fürchteten und um die in solchen Ordnungsbildungen bewahrten Atmosphären. Ich selbst hatte damals den Eindruck, dass der steuernde Eingriff sich nicht übersteuernd auf Ebenen beziehen werde, die er stören könnte, etwa auf die Mikroprozesse der fachlichen Arbeit im Einzelnen. (Ob das heute noch so zu bewerten wäre, bleibe dahingestellt.)

Es gab vor allem zwei Gründe, weshalb ich mich damals entschied, mich hinter den Versuch einer verbindlichen Festschreibung der Verbundidee zu stellen und dafür zu werben.

Erstens war es die Zeit, in der auch in Bielefeld die Kliniken damit begannen, psychisch kranke Menschen immer schneller zu entlassen, und die psychiatrischen Heime damit, sich selbst so weit wie möglich überflüssig zu machen. Es schien mir gerade in Bezug auf den Personenkreis, der auf teils dauerhafte, jedenfalls verlässliche Unterstützung angewiesenen Menschen sicherer, über den Verbund so etwas wie ambulante Pflichtversorgung zu organisieren.

---

1 Nicht zuletzt dank des gemeindepsychiatrischen Engagements von Dr. Niels Pörksen.

Zweitens – und das war für mich damals das Vorrangige – hoffte ich, dass die politisch gewollte, verschärft zu erwartende Konkurrenz unter den bestehenden Diensten und noch zu erwartenden Billiganbietern durch den Verbund besser gezähmt sowie fachlich und versorgungspolitisch kontrolliert werden könnte. In diesem Sinn schloss ich damals meine kleine Rede bei der erwähnten Veranstaltung im Bielefelder Rathaus mit folgendem – bereits damals wohl naiven, aus heutiger Sicht unrealistischen – Anspruch an die Kommune:

»Die Träger des Gemeindepsychiatrischen Verbundes, die, auf der Linie der Verlautbarungen des Psychiatriebeirates und in Abstimmung mit diesem, den Gemeindepsychiatrischen Verbund gegründet haben, hoffen nunmehr auf ebenfalls verbindliche politische Unterstützung. Bei der Politik – so sollte man jedenfalls meinen – liegt die Gestaltungskompetenz. Die Politik muss auch gegenüber der Verwaltung deutlich machen, was unter Qualität in der ambulant komplementären Arbeit verstanden werden soll. Sie könnte diesbezüglich auf Kriterien und Standards bestehen. Neben der Fachlichkeit auch auf solche Kriterien, die sich auf ambulante Pflichtversorgung und Vernetzung beziehen. Solche Kriterien und Standards liegen in dem Vertragstext des GPV vor. Es wäre sinnvoll, Träger, die – wie man heute sagt – neu auf den Markt drängen, vor der Mittelvergabe auf diese Kriterien und Standards hin zu überprüfen und sie daran zu binden. Dies gehört meines Erachtens zur sozialpolitischen Gestaltung und könnte vielleicht rein markt- und wettbewerbsorientierte Entwicklungen verhindern. Allerdings müssen solche Verbindlichkeiten politisch gewollt sein. Hier ist zu hoffen, dass das Leitbild der Stadt als Kommune, das heißt als Gemeinde, nicht allmählich und schleichend von dem Leitbild der Stadt als Konzern verdrängt wird. Von Gemeindepsychiatrie kann man ganz gut sprechen, von Konzernspsychiatrie jedoch eher schlechter.«

So weit 1999 – kurz nachdem der GPV aus der Taufe gehoben war, erhielt ich von übergeordneten Controlling-Instanzen, der diakonischen Einrichtung, in der ich arbeitete, den Auftrag, für den ambulanten Betreuungsdienst einen »Geschäftsfeldsteckbrief« zu erstellen, also für den Teil des damals unter meiner Leitung stehenden Fachbereichs Psychiatrie, den wir gerade unter Versorgungsgesichtspunkten in den GPV eingebunden hatten, wobei dies nur unter Zügelung des eigenmotivierten betriebswirtschaftlichen Interesses aller Beteiligten möglich war. In diesem Geschäftsfeldsteckbrief sollte u. a. Folgendes genau beschrieben und mit Zahlen belegt werden: Marktattraktivität, Wettbewerbs- und Marktstruktur allgemein, Markttrends, Risiken, eigene wettbewerbsrelevante

Stärken, eigene wettbewerbsrelevante Verbesserungspotenziale, Markt-zutrittsbarrieren usw. Ich hielt das damals für die Erfindung eines über-eifrigen Controllers und schickte das Papier mit der Bemerkung zurück, wir hätten gerade mit aktiver Unterstützung des Vorstands den GPV gegründet, der nur funktionieren könne, wenn Kooperation Vorrang vor Konkurrenz hätte.

Zum Beispiel Steuerung

Es brauchte dann noch einige Zeit, bis ich endgültig begriff, dass die Bereiche Gesundheit und Soziales, politisch gewollt, ganz anderen Steu-erungsprinzipien als denen, die uns bei der Gründung des GPV vor-schwebten, unterworfen werden sollten, nämlich ganz eindeutig markt- und betriebswirtschaftlichen Steuerungsprinzipien, wie sie in dem soge-nannten Geschäftsfeldsteckbrief so unverblümt offen gelegt worden waren. 2004 las ich dann unter der Überschrift »Diakonie wohin?«, ver-fasst von dem Stellvertretenden Geschäftsführer einer großen diakoni-schen Einrichtung, die von ihm in keiner Hinsicht problematisierte Fest-stellung, dass die Aufgabe dieser diakonischen Einrichtung darin beste-he, »betriebliche Funktionen, Prozesse und Strukturen jeweils so zu gestalten und zu steuern, dass die angestrebte Marktposition im Wettbe-werb erreicht wird«. (10) Weitgehend konform zu neoliberalen Grund-sätzen scheint sich auch der sogenannte Brüsseler Kreis, dem »neun deut-sche Sozialunternehmen«, d.h. vor allem katholische und evangelische Behinderteneinrichtungen, angehören, zu positionieren. Sehr forsch heißt es in einem Grundsatzpapier: »Wachsende Kundensouveränität führt in einem transparenter werdenden Markt zu steigender Qualität.« Und mit Blick auf die Umsetzung der geplanten, höchst umstrittenen EU-Dienst-leistungsrichtlinie, in deren Rahmen eine Verschärfung des Wettbewerb-sprinzips auch für die Bereiche der Daseinsvorsorge angestrebt worden war, heißt es: »So kann es nicht darum gehen, die Sozialwirtschaft in Europa vor dem Wettbewerb um den Kunden zu schützen und sie aus dem Regelungskreis einer Dienstleistungsrichtlinie herauszunehmen.«(4)

Ich kann derzeit nicht recht erkennen, wie die ursprünglich mit dem GPV verbundene Erwartung einer versorgungsorientierten Steuerung sich mit der Marktsteuerung über Wettbewerb und Konkurrenz verein-baren lässt. Müssen nicht zwangsläufig Einrichtungen und Dienste, die zu wirtschaftlich konkurrierenden Anbietern werden sollen, das Interes-se an gegenseitiger Ergänzung in Verbünden verlieren? Nach den augenblicklich vorherrschenden Wirtschaftsmodellen handelt es sich bei der Verbundsidee um so etwas wie einen »marktverzerrenden Eingriff«.

Damit bin ich über das Thema Verbund ganz unmittelbar bei dem Thema Steuerung gelandet. Wenn ich richtig sehe, war der GPV seinerzeit von der Expertenkommission als eine Art schützende Gegensteuerung gedacht gegen exkludierende gesellschaftliche Mechanismen, die in jeder Gesellschaft vorhanden sind. Wenn seine Organisationsprinzipien in den Sog der Marktsteuerung durch Wettbewerb und Konkurrenz geraten, könnte er leicht zum bloß technokratischen Ordnungsprinzip im Dienst ökonomischer Interessen verkommen. Darauf ist zumindest sorgfältig zu achten.

Solche Gefährdungen zu erkennen, muss nicht heißen, sich vollständig lähmen zu lassen; sie aber gerade bei den Überlegungen zum Verbund nicht zu thematisieren, scheint mir blauäugig.

Zum Beispiel Kommune als Partner

Wichtigste Partner von, wie auch immer gestrickten, Verbünden sind die Kommunen (je nach Region auch die überörtlichen Kostenträger). Unter den gegenwärtigen Bedingungen haben diese es außerordentlich schwer, dafür zu sorgen, dass die Sicherstellung notwendiger sozialer Dienste »barrierefrei«, und das heißt unter anderem ohne übertriebene bürokratische Hürden und unabhängig von der Kaufkraft der Klienten, gewährleistet wird. Die Kommunen sind finanziell zumeist ausgeblutet und gehalten, Wirtschaftlichkeit anzustreben sowie die gesetzlich vorgegebene Markt- und Konkurrenzförderung zu beachten. Gleichzeitig sind sie aber auch gesetzlich verpflichtet, die Sachzieldominanz, wie sie in §17 SGB I niedergelegt ist, im Auge zu behalten. Wörtlich lautet der §17 SGB I: »Die Leistungsträger sind verpflichtet darauf hinzuwirken, dass
– jeder Berechtigte die ihm zustehenden Sozialleistungen in zeitgemäßer Weise *umfassend* und *zügig* erhält
– die zur Ausführung von Sozialleistungen erforderlichen sozialen Dienste und Einrichtungen *rechtzeitig* und *ausreichend* zur Verfügung stehen
– der Zugang zu den Sozialleistungen möglichst *einfach* gestaltet wird, insbesondere durch Verwendung *allgemein verständlicher* Antragsvordrucke.«

Um dieser Vorgabe zu entsprechen, kommen die Kommunen trotz aller

Probleme nicht umhin, den ernsthaften Versuch zu wagen, in Zusammenarbeit mit den Leistungserbringern ihre politischen Prioritäten so zu setzen, dass eine örtliche Gesamtplanung und Gesamtkoordination unter (zumindest) Zügelung von Marktelementen dabei herauskommt. Dabei müssten die vorhandenen Strukturen und Kulturen berücksichtigt werden und die fachlich angemessene Mischung unterschiedlicher Dienste unter Berücksichtigung der Vorgabe »ambulant vor stationär« weiter entwickelt werden. Damit das gelingt, müssten sich die Leistungserbringer der asketischen Übung unterziehen, nicht ausschließlich betriebswirtschaftlich zu denken.

Zum Beispiel Bürgergesellschaft

Dabei scheint es mir hilfreich, dort, wo es um die zu kurze finanzielle Decke geht, auch wirklich über Geld zu reden und nicht etwa Kürzungen als »Katalysator für die Bürgergesellschaft« und für Eigenverantwortung anzupreisen. Ich halte es nicht für legitim, den staatlichen Sozialabbau mit den Stichworten der Eigenverantwortung und der bürgerschaftlichen Solidarität zu rechtfertigen. (11)

Was das bürgerschaftliche Engagement betrifft, ist nicht zu übersehen, dass sich bereits 22 Millionen Bürgerinnen und Bürger in Deutschland diesbezüglich engagieren. Das heißt, jeder dritte Deutsche über 14 Jahre ist bereits aktiv für das Gemeinwohl tätig. (5) Die Enquetekommission »Zukunft des bürgerschaftlichen Engagements« beschreibt Letzteres als »lebende Seite des Sozialstaats«. Die Kommission formuliert weiterhin: »Gemeint ist (...) eine gleichberechtigte Wechselwirkung zwischen einem ermöglichenden Staat auf der einen Seite und einer schon immer aktive Verantwortung übernehmenden Bürgerschaft andererseits. Durch die enge, gleichberechtigte Zusammenarbeit von Staat und Gesellschaft werden beide Seiten in ihrem Handeln nicht behindert, sondern vielmehr ausdrücklich gestärkt und gestützt.« (Zit. nach 22)

Das heißt, beschädige ich den Sozialstaat, so beschädige ich auch die Bürgergesellschaft. Dass das Ehrenamt in sehr vielen Fällen auf die Unterstützung durch und die Vernetzung mit hauptamtlichen Mitarbeitern angewiesen ist, darauf wird zum Beispiel auch in dem Reader »Öffentliche Armut im Wohlstand« (13) aufmerksam gemacht. So sei zum Beispiel der Einsatz ehrenamtlicher Mitarbeiterinnen und Mitarbeiter in der Schuldnerberatung nur möglich, wenn auch entsprechende hauptamtliche Kräfte zur Verfügung stünden.

Dass die bisherigen Institutionen und übrigens auch die Fachausbildungen dieses Ergänzungsverhältnis nicht in den Blick gerückt, zu wenig gepflegt, oft sogar erschwert und abgewertet haben, ist ein dringend zu korrigierender Fehler. Mit Erschrecken habe ich in Fachgremien zum Beispiel erlebt, mit welcher pseudofachlichen Hochnäsigkeit etablierte Dienste auf die psychiatrische Familienpflege, die ja gerade von diesem Mischungsverhältnis zwischen professionellem und Laienengagement lebt, reagierten. Wenn Institutionen damit fortfahren, ihre angebliche Fachlichkeit nicht menschlich, verständlich und alltagsnah, sondern in Unmengen schwer lesbarer Texte zum Ausdruck zu bringen, ist übrigens auch dies eine Barriere für bürgerschaftliches Engagement. Von Mitgliedern des Bielefelder Vereins Psychiatrie-Erfahrener höre ich, dass es von der Einladung, an Gremien teilzunehmen, bis zur wirklichen Einbeziehung noch ein weiter Weg ist. So viel zum Verhältnis von Sozialsaat und Bürgergesellschaft.

Zum Beispiel Qualitätssicherung

Noch einmal zurück zu der Gefährdung guter Ideen im Rahmen eines marktideologischen Kontextes, die ich versucht habe, an der Idee des Gemeindepsychiatrischen Verbundes zu verdeutlichen. Solche Gefährdung ist meines Erachtens für alles, was wir uns an sozialpsychiatrisch Gutem, Notwendigem und Sinnvollem ausdenken können, zu beachten, vom Hilfeplan bis zum persönlichen Budget. So lange Vermarktlichung im Sozial- und Gesundheitswesen den Kontext bildet, ist jeder Text gefährdet, nach der falschen Melodie gesungen zu werden. Das gilt insbesondere auch für das hohe Lied der Qualitätssicherung.

Wenn soziale Arbeit als Warenaustausch zwischen Dienstleister und Kunden begriffen wird, kann ich dafür allerlei Messinstrumente entwickeln in dem Bestreben, diesen Vorgang transparent zu machen. Die Dienstleistung ist der Wert, die finanzielle Honorierung ist der Gegenwert. Die so umdefinierte soziale Qualität kann ich einigermaßen messtechnischen Zugriffen unterziehen. Das Problem liegt dabei nicht nur in der Missachtung der Erfahrung, dass »die Dynamik ganzheitlicher und dialogischer Beziehungen ein tendenzielles Transparenzdefizit aufweist« (Wilken, zit. nach 6), sondern auch darin, dass, je mehr die Marktideologie einsickert, sich die Qualität von Beziehungs- und Kommunikationsprozessen ändert, zu dem wird, als was die Messinstrumente sie ausgeben. Dass Mitarbeiter sich gegen solches Eindringen von Instrumenten, über denen »der Schatten eines industriellen Qualitätsverständnisses« (15) liegt, wehren, werten manche als bloße »Selbstmystifikation« (23) und als Ausdruck der Angst, sich in die Karten schauen zu lassen. Natürlich gibt es das auch. Ich selber halte das zum Ausdruck gebrachte Unbehagen im Großen und Ganzen für eine gesunde Ideologieresistenz. Denn es könnte ja sein, dass gerade erfahrene Mitarbeiterinnen und Mitarbeiter intuitiv erfassen, dass Qualität, je nachdem in welchem Bedeutungsrahmen dieser Begriff auftaucht, etwas ganz Unterschiedliches bedeutet. In einem eher ökonomisch dominierten Bedeutungszusammenhang liegt der Schwerpunkt des Interesses bei Preisvergleich und Wettbewerb. So etwa, wenn im Brockhaus definiert wird: »Für den Markterfolg ist die relative Qualität entscheidend, d.h. die Qualität im Vergleich zu Konkurrenten.« In einem anderen, dem beruflichen Alltagshandeln näheren Bedeutungszusammenhang stehen jedoch Umgang, Beziehung und Begegnung im Vordergrund.

Dem erstgenannten Bedeutungszusammenhang ist zuzuordnen, was Habermas als »den Typus des zweckrationalen, strategischen und instrumentellen Handelns« beschreibt. »Instrumentelles Handeln richtet sich nach technischen Regeln, die auf empirischem Wissen beruhen.« In dem anderen Bedeutungsfeld geht es um interaktives, kommunikatives Handeln. Dieses zielt, nach der kategorialen Unterscheidung von Habermas, auf Verständigung. »Kommunikatives Handeln wird nach anderen Regeln organisiert: es ist in erster Linie verständigungsorientiert.« (Zit. nach 12) Letzteres verändert sich unter einem messenden, an Standards interessierten Zugriff leicht in etwas anderes. Hingegen gibt es Dinge, die sich im Rahmen einer eher ökonomisch zu definierenden Art von Qualität recht unproblematisch managen, messen und dokumentieren lassen. Pflegetage, belegte Plätze, Parkplätze, Gebäude, Zimmer, die Anzahl von Waschbecken und Toiletten, vorhandene Vollkraftstellen usw. kann ich durchaus zählen und in mein »Outcome« einbeziehen.

Die augenblickliche Entwicklung scheint mir bestimmt durch eine Tendenz, in der vornehmlich die Aspekte psychiatrischer Arbeit in den Blick geraten, die sich als messbar und quantifizierbar erweisen. Das Messbare und Quantifizierbare wird so gleichsam mit Qualität identifiziert. (12). Logischerweise werden bei diesen Voraussetzungen auch therapeutische Methoden bevorzugt, deren Ergebnisse besser quantifizierbar, dokumentierbar und effizienzbasierter erscheinen. (25) Vielleicht sollten wir uns hinsichtlich des Begriffs der Qualität in den nächsten Jahren eine gewisse Diät auferlegen und es abwechslungsweise mal wieder mit dem viel weiteren Begriff »Kultur« versuchen, denn was in der Arbeit mit und in der Sorge für benachteiligte Menschen geschieht, betrifft immer auch unser aller geistige Kultur in den Gemeinden, in denen wir – selbst ja nur mehr oder minder gesund und psychisch stabil – gemeinsam mit psychisch kranken oder sonst wie behinderten Bürgerinnen und Bürgern leben. Aus einer Sammlung von Aufsätzen Carlo Schmids mit dem Titel »Politik muss menschlich sein« stammt folgendes Zitat: »Erfüllt lebendige und Leben heckende Kultur auch immer gesellschaftliche Zwecke, so ist sie doch gleichzeitig immer auch Widerstand gegen die Verzweckung des Lebens.« (24) In dem Bedeutungsumfeld des Begriffs Kultur lässt sich so etwas wie »Widerstand« und »Eigensinn« unterbringen, in dem Bedeutungszusammenhang von Qualitätsmanagement ist dies eher schlecht vorstellbar.

Stigmatsierungen, Idealisierungen und andere -isierungen

Betont man heute das Andere des kommunikativen Handelns gegenüber dem mehr instrumentellen Handeln, gerät man leicht in die Gefahr, das Stigma des »Gutmenschen« auf sich zu ziehen, meist vorgebracht mit der Siegermiene des gut sortierten Vernunftmenschen. Michael Eink formulierte in einem ähnlichen Zusammenhang einmal witzig, er werde bei Erwähnung ethischer Aspekte von Personen aus dem Leitungsmanagement häufig mit säuerlichen Blicken gestraft, »als sei ich ein Wachturmverkäufer der Zeugen Jehova«. (9)

Dabei wäre es wichtig, es nicht bei gegenseitigen Stigmatisierungen zu belassen. Denn was möglicherweise hinter der vorschnellen Abwertung steht, könnte die durchaus ernst zu nehmende Witterung einer realen Gefahr sein, nämlich der Gefahr der Idealisierung von Kommunikation und Begegnung, die ihrerseits aus der Balance einer angemessenen realistischen Beschreibung beruflichen Handelns in den Bereichen Soziales und Gesundheit geraten kann. Erkennbar daran, dass sie Wesentliches ausblendet, zum Beispiel die fundamentale Abhängigkeit des Menschen von seiner Leiblichkeit, von Zahnschmerzen, Hautausschlag und Fußpilz, von seinen Verwandten, Nachbarn und fehlenden Freunden, vom Geld in seinem Portemonnaie, von nahe gelegenen Einkaufsmöglichkeiten, von der Fähigkeit, Ikea-Regale aufzubauen. Bei alledem sollte auch nicht vergessen werden, dass unsere Klienten bisweilen sehr schwierige Beziehungsstile praktizieren, die für die Beziehungsbereitschaft der MitarbeiterInnen erhebliche Belastungserprobungen darstellen.

Ideale reiben sich an der Wirklichkeit und halten die notwendig entstehenden Spannungen aus. Idealisierungen tünchen die Wirklichkeit und überdehnen ihren Anspruch ihr gegenüber. Überhaupt sollten wir die Endung -isierung im Blick behalten. Man hängt sie oft dann an ein Wort, wenn man ausdrücken will, dass sich eine an sich neutrale oder sogar sehr wichtige und gute Angelegenheit dadurch in etwas Negatives verwandelt, dass ihr Geltungsanspruch unstatthaft überdehnt wird. So etwa, wenn wir von Ökonomisierung, Bürokratisierung, Sexualisierung oder Medizinisierung sprechen. Ökonomie, Bürokratie, Sex und Medizin sind ja an sich etwas durchaus Positives.

Zurück zu den Idealisierungen. Sie werden auch daran erkennbar, dass die Sprache, und das, was sie beschwören will, monoton wird. Begegnung, Beziehung, Betroffenheit. Besonders, wenn's zu feierlich daherkommt, kann man's nicht mehr hören. Zudem wissen wir auch aus der Geschichte, dass Idealisierungen keineswegs vor Verbrechen schützen, auch die schönsten und wohlklingendsten nicht. Letzteres wird dann allerdings auch für die modernen Stilbildungen zu gelten haben, die den zweckrationalen, strategischen Handlungsmodellen näher stehen und die bisher kaum als Idealisierungen identifiziert werden. Das Ideal des eigenverantwortlichen, sich und seine Krankheit selbst managenden, sein Budget effizient verwaltenden Patienten-Kunden zum Beispiel. Oder das Ideal der zielorientierten, passgenauen, personenzentrierten Leistungserbringung nach erfolgreicher Hilfeplan-Implementierung. Auch hier kann Sprache und das, was sie transportieren will, leicht der verräterischen Monotonie von Idealisierungen erliegen.

Kontrolle muss sein

Weil ich mich bemühe der Gefahr von Idealisierungen zu entgehen, halte ich übrigens Mitarbeiterinnen und Mitarbeiter, die sich der sozialen Arbeit widmen, keineswegs für reine Engel, die das Recht hätten, sich jeglicher Kontrolle zu entziehen. Als hochwirksame, alltagsnahe Kontrollmöglichkeit hat sich in den letzten Jahren vielerorts der regelmäßige, strukturell verankerte Austausch mit den Psychiatrieerfahrenen und den Angehörigen, sowie ihren Verbänden bewährt. Darüber hinaus kennt die soziale Arbeit von jeher eine ganze Palette prozessorientierter Kontrollmöglichkeiten, die der Komplexität personennaher Arbeit angemessen gerecht werden. Um diese im Sinne von echter Qualitätssicherung wirksam werden zu lassen, sind Leitungen gefragt.

Darauf macht zum Beispiel auch der Wirtschaftswissenschaftler Friedhelm Hengsbach aufmerksam. »Selbst der Wertschöpfungsanteil des Leiters bzw. der Leiterin einer Einrichtung oder eines Projekts ist weniger an den quasi industriellen Rationalisierungs- und Rationierungserfolgen zu messen, sondern vielmehr daran, ob sie die Mitarbeiter(innen) motivieren und integrieren, ob sie diese vor einem Zeitdruck schützen, der jede kreative Fantasie erstickt, und ob sie ihnen Zeiten der Reflexion, Evaluation und Supervision freihalten.« (15)

In unserer zur Gläubigkeit an ökonomische Mythen verführten Gesellschaft betreffen Forderungen nach schärferen Kontrollen nicht nur die Mitarbeiter sozialer Dienste, sondern auch die Sozialleistungsempfänger. Ihnen wird, insbesondere im Zusammenhang mit den Kostensteigerungen bei den Hartz IV-Gesetzen, erheblicher Leistungsmissbrauch vorgeworfen, obgleich es dafür keine objektivierbaren Hinweise gibt.[2] In der medial hochgeputschten Debatte um den sogenannten Sozialmissbrauch wird suggeriert, dass man die Ebbe in den Staatskassen durch schärfere Kontrollen des sogenannten kleinen Mannes in der sozialen Hängematte in den Griff bekommen könnte. Dies, obgleich man weiß oder wissen könnte, dass durch den steuerlich geförderten Reichtum verbunden mit Steuerflucht und Steuerhinterziehung zigfach höhere staatliche Einnahmeverluste verursacht werden. Laut einer Untersuchung der Caritas Deutschland betrug das Verhältnis von Sozialmissbrauch zu Steuerhinterziehung im Jahr 2001 etwa 1:530. Der Missbrauch macht damit nur ca. 0,05 % des deutschen Staatsetats aus, während der Anteil der Steuerhinterziehung rechnerisch etwa 26 % beträgt. (www.owlgegensozialabbau.de) Wie Kontrollen durchgeführt werden, und auf wen sie sich vorrangig beziehen, ist höchst abhängig von vorherrschenden Interessen und Ideologien.

---

2 »Nur 1,3 Prozent aller Hartz-IV-Empfänger beziehen unberechtigt ›Stütze‹. Zu diesem Ergebnis kommen die Diakonischen Werke in Baden und Württemberg in einer Auswertung von Daten der Bundesagentur für Arbeit. Damit sei die Vermutung des früheren Bundeswirtschaftsministers Wolfgang Clement (SPD) widerlegt, dass rund 20 Prozent der Arbeitslosengeld-Bezieher nicht anspruchsberechtigt seien, heißt es in einer Pressemitteilung der Diakonie.«(idea – 30. Juni 2006 – www.idea.de)
Meldungen aus jüngerer Zeit besagen ferner, dass es durch Einführung des Arbeitslosengeld II keine Erhöhung des Missbrauchs sozialer Leistungen gibt. (www.owlgegensozialabbau.de)

Soziale Gerechtigkeit?

Was die zentralen Begriffe der Marktsteuerung »Wettbewerb und Konkurrenz« betrifft, so wird gegenwärtig immer deutlicher, dass der Kontext dieser ganzen Dynamik natürlich über den Nationalstaat hinausgeht. Damit wären wir bei Europa und der Globalisierung gelandet. Bisweilen kann man den Eindruck gewinnen, dass der Begriff »Globalisierung« für einen unabwendbaren, quasi naturhaften Prozess steht. Für den einfachen westlichen Bürger suggeriert er gleichsam den absoluten Sachzwang, vor dem er sich hinsichtlich seiner überkommenen Vorstellungen von Gerechtigkeit, Barmherzigkeit und Fürsorge eingeschüchtert wegduckt. Für die Jongleure auf den globalen Märkten läutet er »die Verfassung der Freiheit« ein – ihrer Freiheit und der des Marktes. Das wiederum bringt andere dazu zu vermuten, dass Globalisierung lediglich »der verschleiernde Begriff für ein immer totalitärer werdendes imperiales System der Kapitalakkumulation um jeden Preis« ist. (7)

Nach Ulrich Beck muss es darum gehen, die Globalisierung zu humanisieren. Dazu sei der erste Schritt, sie zu verstehen. Sie zu verstehen, ist die Voraussetzung dafür, um wenigstens auf europäischer Ebene in mühsamen Schritten so etwas wie eine einigermaßen abgestimmte Sozial-, Steuer-, und Arbeitsmarktpolitik mit entsprechenden Mindeststandards zur Verhinderung des bereits grassierenden internationalen Sozialdumpings hinzubekommen. Ein langer Weg. Wie weit eine humane, soziale Politik sich hierbei gegen die Lobby der neoliberalen Global Player, ihre Vordenker und medialen Nachbeter wird durchsetzen können, bleibe dahingestellt.

»Die Verfassung der Freiheit« lautet eines der Hauptwerke des neoliberalen Vordenkers Friedrich August von Hayek, in dem ausgeführt wird, dass »eine Spannung zwischen Armen und Reichen der Motor des Fortschritts ist und eine Spaltung der Gesellschaft daher nicht nur wünschenswert, sondern notwendig ist, um den Fortschritt zu fördern«. (von Hayek 1991, zit. nach 20) Das heißt: »Je größer das Maß an Ungleichheit ist, umso mehr Produktivkräfte werden in einer Gesellschaft geweckt – so die These von F. A von Hayek. Und umgekehrt: Je geringer das Maß an sozialer Ungleichheit ist, umso unproduktiver ist eine Gesellschaft.« (20) Erst auf diesem Hintergrund wird verständlich, dass es keineswegs der Logik entbehrt, Sozialabbau als »Reform« zu bezeichnen.[3]

Diese Zusammenhänge werden gewöhnlich nicht deutlich, wenn über Markt, Konkurrenz, Aufschwung und dergleichen geredet wird, aber die derzeitig verloren gegangene Balance kann durchaus in diesem Spannungsfeld zwischen gewollter Exklusion und sozialstaatlich abgesicherter Inklusion gesehen werden.[4]

In Deutschland kommen wir her von einer Ethik, die das Recht auf Teilhabe am Leben in der Gesellschaft als Ziel sozialer Arbeit ansieht. Auf dieser Grundlage beruhte das BSHG und nicht zuletzt die sozialpsychiatrischen Reformen. Es ging um eine möglichst breite Integration und Inklusion gesellschaftlicher Randgruppen. Nicht zuletzt beruhen darauf auch der Soziale Frieden und das Funktionieren der Demokratie.

Offensichtlich nehmen einige neoliberale Marktideologen Exklusion im großen Maßstab nicht nur als unvermeidlichen Nebeneffekt in Kauf, sondern streben sie sogar zur Belebung der Wirtschaftsdynamik an. Die weniger Ausgebufften scheinen noch selbst daran zu glauben, dass das Enger-Schnallen des Gürtels, wo er ohnehin schon ziemlich eng ist, als vorübergehende bittere Medizin bis zum Anspringen der rettenden Marktmechanismen zu erdulden ist.

Im Sozialwort der Kirchen von 1997 waren Sätze zu finden, die sich wie ein ethisches Bollwerk gegen bloßes Marktdenken und die damit verbundenen, unvermeidlichen Exklusionstendenzen anhörten. (19) Ich zitiere: »die biblische Option für die Armen (zielt) darauf, Ausgrenzungen zu überwinden und alle am gesellschaftlichen Leben zu beteiligen. Sie hält an, die Perspektive der Menschen einzunehmen, die im Schatten des Wohlstands leben und weder sich selbst als gesellschaftliche Gruppe bemerkbar machen können noch eine Lobby haben. Sie lenkt den Blick auf die Empfindungen der Menschen, auf Kränkungen und Demütigungen von Benachteiligten, auf das Unzumutbare, das Menschenunwürdige, auf strukturelle Ungerechtigkeit. Sie verpflichtet die Wohlhabenden zum Teilen und zu wirkungsvollen Allianzen der Solidarität.« (17) Dann sehr politisch und konkret: »Aus sozialethischer Sicht gibt es auch solidarische Pflichten von Vermögenden und die Sozialpflichtigkeit des

---

3 Bei der Suche nach Reformvorschlägen, die diesen Namen eher verdienen, wäre meines Erachtens auch das Memorandum zum 3. Sektor (Non-Profit-Sektor) von Wolfgang Belitz, Jürgen Klute und Hans-Udo Schneider mit einzubeziehen... www.juergenklute.de, Herne 2004

4 »Die 200 reichsten Menschen der Welt haben ein Gesamtvermögen von 1 Billionen US$, genauso viel wie die ärmsten 47% der Weltbevölkerung, die mit unter 2 US$ pro Tag auskommen müssen.« Und für Deutschland gilt: »Exponentielles Wachstum der Vermögen (10% haben fast 50% der Geldvermögen) bei steter Zunahme der Verschuldung privater Haushalte.« (7)

Eigentums. ... Werden die Vermögen nicht in angemessener Weise zur Finanzierung gesamtstaatlicher Aufgaben herangezogen, wird die Sozialpflichtigkeit in einer wichtigen Beziehung eingeschränkt oder gar aufgehoben.« (17) Das erste Zitat findet sich wörtlich wieder in der 2006 erschienenen Denkschrift des Rates der EKD zur Armut in Deutschland, die den Titel trägt »Gerechte Teilhabe«. Unter anderem wird in dieser neuen Denkschrift klargestellt, dass es aus Sicht der Evangelischen Kirche Aufgabe des Staates bleibt, Armut zu bekämpfen und Rahmenbedingungen zu schaffen, die die materielle und soziokulturelle Teilhabe aller Menschen ermöglichen. Die Steuerungsfunktion des Staates wird ausdrücklich betont: »Es bleibt vor allem die Aufgabe des Staates, in dieser Richtung tätig zu werden und Fehlentwicklungen möglichst zu verhindern sowie entstandene Fehlentwicklungen zu korrigieren.« (18)

Leider ist ungeachtet solcher wichtigen Stellungnahmen kirchlicher Leitungsgremien zunehmend mehr zu beobachten, dass namhafte Vertreter der Einrichtungen von Diakonie und Caritas hinsichtlich der Aufgaben des Sozialstaates keineswegs mehr mit einer Stimme sprechen. Irritiert las ich August 2005 in der Mitarbeiterzeitschrift der v. Bodelschwinghschen Anstalten Bethel, der größten europäischen Behinderteneinrichtung, einen Bericht über einen Vortrag von Professor Johannes Degen, Leiter der evangelischen Stiftung Hephata in Mönchengladbach und Mitglied des erwähnten Brüsseler Kreises. Er wird folgendermaßen zitiert: »Der Wohlfahrtstaat ist ein gutes System, aber ein Auslaufmodell.« ... »Die Diakonie muss sich als Unternehmen begreifen.« ... »Das Ziel sei der freie und mündige Mensch, der seine soziale Versorgung selbst in die Hand nehme. Erst dann könnten christliche Werte, wie Barmherzigkeit und Brüderlichkeit, gelebt werden.« ... »Individuelles Fehlverhalten (dürfe) nicht mehr kollektiv ausgeglichen werden. Selbstverschuldetes Leid solle auch selbst getragen werden.« Und schließlich: »Der Staat ist da weiter als die Kirche.« (8) Dazu gab es von den Betheler Leitungsebenen kaum Widerspruch. Immerhin distanzierte sich der Vorstandsvorsitzende der v. B. A. Bethel, Friedrich Schophaus, in einer Bethel-internen Ansprache (Adventskonferenz) am 28.11.2005 eindeutig von den Positionen Degens. Marktkritisch merkt er an: »Es wird unter der Hand ein antihumanes Menschenbild zur Grundhaltung des gesellschaftlichen Verkehrs erhoben: der soziale Ausschluss wird zum Regelfall, der Erfolg am Markt entscheidet letztlich über Sein und Nichtsein.« Was die Kritik am Sozialstaat betrifft, zitiert er Pierre Bourdieu: »Wer sich zum Neoliberalismus bekennt, sollte zunächst mit dem Hubschrauber über den Ghettos der Ausgeschlossenen in den Metropolen Nord-

und Südamerikas abgesetzt werden.« Bourdieu ist sich sicher: »Spätestens nach einer Woche käme er oder sie als Sozialstaatskonvertit zurück.«

Wo – wenn auch nicht der ganze Staat, so doch – zumindest einige nicht unwichtige Staatsmänner sind, zeigt sich an den Versuchen soziale Gerechtigkeit neu zu definieren. Dazu folgendes Zitat:
»Soziale Gerechtigkeit muss künftig heißen, eine Politik für jene zu machen, die etwas für die Zukunft unseres Landes tun: die lernen und sich qualifizieren, die arbeiten, die Kinder bekommen und erziehen, die etwas unternehmen und Arbeitsplätze schaffen, kurzum, die Leistung für sich und unsere Gesellschaft erbringen. Um die – und nur um sie – muss sich Politik kümmern.« (26)
Nun, es ist zu hoffen, dass damit die neue Balance zwischen Ethik und Politik, zwischen Eigenverantwortung und Sozialstaat noch nicht endgültig umrissen ist, auch wenn in solcher Redeweise von einer Kultur der Kompromissbildung zwischen unterschiedlichen Prinzipien wie zum Beispiel Leistung und soziale Verantwortung nichts mehr zu spüren ist. Sie scheint mir für einen bestimmten Denkstil zu stehen, den wir zunehmend mehr sowohl in der Politik als auch – vielleicht nicht ganz so offen – in der sozialen Arbeit finden.

Was tun? Vielleicht geht es darum, die Pflicht zum rechtzeitigen und öffentlichkeitswirksamen Widerstand neu zu entdecken; Widerstand gegen die Gefahr einer die Gesellschaft zerstörenden Be- und Entwertung des Menschen nach den Maßstäben ökonomischen Nutzens. Positiv steht hinter diesem Widerstand ein anderes Verständnis vom Menschen, ein Verständnis, das dazu führt, von sozialen Rechten auszugehen, denn erst von daher können Begriffe wie »Aktivierung« oder »Befähigung« ihren pädagogisierenden und die Probleme individualisierenden Beigeschmack verlieren. Eine solche Haltung würde nicht zuletzt auch den Mitarbeiterinnen und Mitarbeitern kirchlicher Einrichtungen gut anstehen. (2, 19)
Die vielen außerparlamentarischen Initiativen von Attac und den Sozialforen, über die Hessische Sozialcharta, die Soltauer Impulse[5], den Arbeitskreis Kritische Sozialarbeit bis hin zu der großen von »Aktion Mensch« angestoßenen Initiative »In was für einer Gesellschaft wollen wir leben?«[6] machen diesbezüglich Hoffnung, zumal sie sich meiner

5 http://soltauer-impulse.culturebase.org oder www.psychiatrie.de/DGSP/Soltauer Initiative
6 www.die Gesellschafter.de

Wahrnehmung nach zunehmend vernetzen. Es wäre übrigens originell,
wenn es diesen Initiativen gelänge, sich mit solchen wirtschaftlich erfah-
renen Unternehmern zu verbunden, die gegen den mainstream nach dem
Grundsatz handeln »Eigentum verpflichtet«, die sich inzwischen sogar
gegenüber dem Staat für höhere Steuern auf Vermögen und Eigentum
aussprechen, wie zum Beispiel der Hamburger Reeder Peter Krämer. (3)
Vielleicht gehört all dies zu den Möglichkeiten, der Krise den Beigeschmack der Katastrophe zu nehmen und sie zu einem produktiven
Zustand werden zu lassen.

Literatur

1. Beck, U.: Was zur Wahl steht. Frankfurt/Main 2005
2. Brandhorst, H.: Geld und Geist. Anmerkungen zum schwierigen Spagat der Diakonie
   zwischen Ökonomie und Spiritualität. Unveröffentlichtes Manuskript 2005
3. Breiholz, J.:»Alle Menschen werden Brüder«, Interview mit dem Reeder Peter Krämer.
   In: Frankfurter Rundschau, Magazin vom 4.2.2006
4. Brüsseler Kreis: Mission-Statement (Europa Fassung) – Wir verlangen weniger, damit
   wir mehr erreichen, 21.7.2005, www.bruesseler-kreis.de
5. Bürsch, M.: Pro Bürgergesellschaft. In: Die große Entsolidarisierung, Kursbuch, 2004,
   Heft 157, S. 136 f.
6. Dederich, M.: Zur Ökonomisierung sozialer Qualität. In: Sozialpsychiatrische
   Informationen, 2005, Heft 4
7. Duchrow, U., Bianci, R., Krüger, R., Petracca, V.: Solidarisch Mensch werden –
   Psychische und soziale Destruktion im Neoliberalismus – Wege zu ihrer Überwindung.
   Hamburg 2006, S. 16, 24, 25
8. Burg, R.: Wider den »ökonomischen Röhrenblick«, Zitate von Degen, J.. In: Der Ring,
   Zeitschrift der v. Bodelschwinghschen Anstalten Bethel, August 2005
9. Eink, M.: Der Wandel psychiatrischer Gewalt in der »personenzentrierten Psychiatrie«,
   Unveröffentlichter Vortrag, 27.10.2004 Bonn
10. Gebhardt, K.: Das Gesundheitswesen in der Kostenfalle, Zusammenfassung des
    Forums zur Gesundheitspolitik vom 27.3.2004 in Bad Laaspe. In: Akzente, Iserlohn
    2004, S. 63
11. Gern, W., Hanesch, W., Koch, K.: Haushaltkonsolidierung und Bedeutung sozialer
    Dienste. In: Hanesch, W. u.a. (Hg): Öffentliche Armut im Wohlstand – Soziale Dienste
    unter Sparzwang. Hamburg 2004 , S. 7 f.
12. Gröning, K.: Pflege in Zeiten der Fortschritts- und Konsumphilosophie –
    Qualitätssicherung in der stationären Altenpflege. In: Mabuse, 1997, Heft 108, S. 29
13. Hanesch, W., Koch, K., Segbers, F. (Hg.):): Öffentliche Armut im Wohlstand – soziale
    Dienste unter Sparzwang. Hamburg 2004, S. 14
14. Heidbrink, L.: Paradoxien der Verantwortung. In: Frankfurter Rundschau vom
    19.2.2005

15. Hengsbach, F.: Wertschöpfung sozialer Arbeit ohne den Schatten einer Industriepräferenz. In: Hanesch, W. u.a. (Hg): Öffentliche Armut im Wohlstand – Soziale Dienste unter Sparzwang. Hamburg 2004 , S.131 f / 138
16. Jerzy Lec, St.: Neue unfrisierte Gedanken. München 1980, S. 12
17. Kirchenamt der EKD / Sekretariat der Deutschen Bischofskonferenz (Hg.): Sozialwort der Kirchen – Für eine Zukunft in Solidarität und Gerechtigkeit. In: Reihe »Gemeinsame Texte«, Text 9, Hannover / Bonn 1997, S. 44, 87
18. Kirchenamt der EKD (Hg.): Gerechte Teilhabe – Befähigung zu Eigenverantwortung und Solidarität – eine Denkschrift des Rates der EKD zur Armut in Deutschland. Gütersloh 2006, S. 51
19. Klute, J.: Zum Verhältnis von Kirche und Linksbündnis. PDF-Datei. www.juergenklute.de / Publikationen / Graue Literatur, Herne 2005
20. Klute, J.: Neoliberalismus – eine Ideologie der Ungleichheit. In: Klute, J., Schneider, H.-U. (Hg.): Auf dem Weg der Gerechtigkeit ist Leben, Sozialethische Anmerkungen (Skizzen) zur Sozialen Gerechtigkeit heute, Festschrift für Wolfgang Belitz zum 65. Geburtstag. Münster 2005, S. 8, 131
21. Müller, A.; Die Reformlüge. München 2004
22. Pöld, S.: Auf dem Weg vom Sozialstaat zur Bürgergesellschaft – stimmt die Richtung auch für Menschen mit Behinderung? Unveröffentlichter Vortrag, 13.9.2005 Bielefeld
23. Reumschüssel-Wienert, C.: Eine Chance vertan? Kritik der Soltauer Impulse – eine Polemik. In: Soziale Psychiatrie 2005, Heft 1
24. Schmid, C.: Politik muss menschlich sein. In: Menschen 1980, S.21
25. Seidel, R.: Die Psychiatrie in ihrer gesellschaftlichen Verantwortung. In: Vieten, B., Güntert, B. (Hg.): Qualitätsmanagement im psychiatrischen Arbeitsalltag – vom Unterschied zwischen Etikett und Inhalt. Regensburg 2002, S. 130
26. Steinbrück, P.: Etwas mehr Dynamik, bitte. In: Die ZEIT, 2003, Nr. 47

Fritz Bremer

Gemeinwesenarbeit und Gemein-
wohlorientierung
statt Ausgrenzung und Vernachlässigung

I. Reformen als Erweiterung von Menschenrechten

Der Reformimpuls – um 1975 – ging weniger von einer Fachdiskussion als vielmehr von einer sozialpolitisch kritischen Betrachtung der Lebenslage/Ausgrenzung behinderter Menschen aus. Die politische Debatte, die gesellschaftliche Atmosphäre, in der es diesen Aufbruch und den Beginn einer Reform der psychiatrischen Versorgung gab, war geprägt von kritischer Auseinandersetzung mit dem Grauen der NS-Psychiatrie, von dem Wunsch nach mehr Aufklärung und mehr Emanzipation. Das Eintreten für die Menschenrechte von behinderten und psychisch erkrankten Menschen stand auf unserer historischen Tagesordnung. Von den Medien wurde diese Entwicklung mit viel Sympathie unterstützt. Ernst Klee veröffentlichte seine Bücher bei »Fischer«-Taschenbuch. Berichte über die Situation in den Psychiatrischen Anstalten erschienen zum Beispiel in der »Zeit« schon mal auf der ersten Seite. Anfang der 60er war das BSHG verabschiedet worden und beschrieb Hilfen für körperlich, geistig, psychisch behinderte oder von Behinderung bedrohte Menschen als ein soziales Recht aller Bürgerinnen und Bürger. »Teilhabe am Leben in der Gesellschaft« – als Rechtsanspruch für Menschen mit Behinderungen, 15 Jahre nach 1945. Wahrhaft – ein emanzipatorischer Fortschritt. Ein Aufbruch – allerdings auch getragen von einer relativ stabilen Volkswirtschaft, auskömmlichen Steuer- und Sozialversicherungseinnahmen und einer immer noch hohen Beschäftigungsquote.

II. »Reformen« als Beschneidung von Menschenrechten

In welcher Situation sind wir heute?

Eine lang anhaltende strukturelle ökonomische Krise führt zur Verknappung der finanziellen Mittel der »öffentlichen Hand«, u.a. der Sozialhilfeetats. Verschiedene Faktoren – u.a. die Massenarbeitslosigkeit – führen zur finanziellen Krise der Sozialversicherungskassen, auch der Krankenkassen. Politik und Staat haben scheinbar immer geringere nationale Entscheidungs- und Handlungsspielräume. Die neoliberal dominierte öffentliche Begleitdebatte erweckt nachhaltig den Eindruck, dass »Einschnitte ins soziale Netz« den »Standort Deutschland« stärken müssen. Es wird propagiert, dass ein zu großzügiger Sozialstaat, der zu Bequemlichkeit und Missbrauch verführt, an der Misere schuld sei. So wird ein Klima geschürt, das die Bereitschaft unterstützt, die Vernachlässigung hilfebedürftiger Menschen zuzulassen, dies nahezu als pädagogisch erforderlichen Akt erscheinen lässt. Diese Debatte entwickelt eine Sogwirkung, verändert Haltungen. (Vergleiche die Äußerungen von Peer Steinbrück auf Seite 145 dieses Buches.)

Der Hinweis auf zunehmenden Hilfebedarf, auf die nach wie vor notwendige Fürsorge für schwer chronisch psychisch erkrankte Menschen, für schwer mehrfach behinderte Menschen wird – das ist unser Eindruck aus vielen Gesprächen der letzten Jahre – nicht mehr wirklich ernst genommen, nicht mehr als maßgeblich für gesellschaftliche und volkswirtschaftliche Entwicklungen gewürdigt. Sozial- und Gesundheitspolitik werden inzwischen viel zu sehr betriebswirtschaftlicher Denkweise ausgesetzt.

Auf der anderen Seite stehen folgende Tatsachen, kürzlich zu lesen in der Psychiatrischen Praxis 33/2006: »Der Anteil psychischer Erkrankungen an allen Erkrankungen belief sich im Jahre 1990, bezogen auf die hierdurch ausgelöste und in Lebensjahren berechnete Arbeitsunfähigkeit, auf 11% und wird voraussichtlich im Jahre 2020 auf 15% ansteigen. Panik- und Zwangsstörungen, depressive Störungen, Alkohol- und Drogenabhängigkeit, bipolare affektive Störungen sowie die Schizophrenie zählen zu den 20 häufigsten Ursachen für die gesundheitlichen Behinderungen aller 15 bis 44 Jahre alten Menschen. Der Suizid ist in Europa 1998 die zweithäufigste Todesursache der 15- bis 34-Jährigen gewesen. Zudem gibt es Indizien dafür, dass trotz der umfassenden Verbesserung der psychiatrischen Infrastruktur in den letzten 20 Jahren die Mortalität und Morbidität sowie die Obdachlosigkeit von Menschen, die an einer Schizophrenie erkrankt sind, deutlich zugenommen haben. Weiterhin nimmt die Zahl der Unterbringungen seelisch Kranker in den Kliniken für forensische Psychiatrie deutlich zu. Darüber hinaus stellen die mit der Immigration verbundenen seelischen Folgeerscheinungen gänzlich neue Anforderungen an das psychiatrische Versorgungssystem.«

Im Oktober 2005 legte die Kommission der EU das »Grünbuch – Die psychische Gesundheit der Bevölkerung verbessern – Entwicklung einer Strategie für die Förderung der psychischen Gesundheit in der EU« vor. Zur Analyse der aktuellen Situation gehört die Aussage, dass 2004/2005, im Verlauf von zwölf Monaten, der geschätzte Anteil der 18- bis 65-jährigen Menschen, die in der EU an psychischen Störungen leiden, 27,4% (83 Millionen Menschen) beträgt. Für »starke Depressionen« ist ein Anteil von 6,1% ausgewiesen. Depressive Erkrankungen, Sucht- und Angsterkrankungen nehmen in den EU-Ländern besonders auffällig zu. Das »Grünbuch« kommt zu ersten Schlussfolgerungen:
Psychische Erkrankungen und ihre Zunahme stellen die Länder der EU schon jetzt vor große Probleme. Die Auseinandersetzung damit, die Suche nach Lösungen ist u.a. von allergrößter gesellschaftlicher und ökonomischer Bedeutung.
Gefordert werden: wirksame Suizidprävention, Aufklärung der Bevölkerung über psychische Erkrankungen, »Deinstitutionalisierung der psychiatrischen Versorgung und eine entsprechende Betreuung in der Primärvorsorge, in Gemeinschaftszentren und in Allgemeinkrankenhäusern – angepasst an die Erfordernisse der Patienten und der Angehörigen.« (Grünbuch, S. 12)
Gefordert werden Anstrengungen für die Förderung der sozialen Integration und für den Schutz der Rechte psychisch kranker und geistig behinderter Menschen.
Die »EU-Grünbuchautoren« plädieren für die Intensivierung der Forschung zu psychischer Gesundheit und betonen die Bedeutung der 2004 von der WHO formulierten Risiko- und Schutzfaktoren für psychische Gesundheit.

Die Art der Auseinandersetzung, mit der wir aktuell rund um »Hilfeplanung«, »Steuerung«, »Verknappung der Mittel«, »Kommunalisierung« glauben, es bewenden lassen zu können, ist weit entfernt davon, die ökonomischen, gesellschaftlichen, menschlichen Tatsachen und die o.g. Anregungen aufzugreifen und zu begreifen. Ich möchte zwei denkbare Gründe für diese Haltung nennen:

1. Wir haben uns eine versorgungstechnokratische Sprache angeeignet, angewöhnt, die sehr auf sich selbst bezogen ist. Unsere Denk- und Sprechweise ist nicht gut verbunden mit den öffentlichen Diskussionen über Sozial- und Kulturstaat, mit sozialwissenschaftlichen Diskussionen rund um die »flüchtige Moderne« (Baumann) und den »flexiblen Menschen« (Sennett), mit psychotherapeutischen, neurophysiologischen u.a. Entwicklungen bzw. neuen Erkenntnissen. Wir müssen lesen, studieren, diskutieren, um die ökonomische, politische, gesellschaftliche Lage, in der wir uns befinden, wieder besser zu verstehen.

2. Auch mit der alltäglichen Lebenswelt, zum Beispiel psychisch erkrankter hilfebedürftiger Menschen, ist die versorgungstechnokratische Fachsprache nicht verbunden. Es muss nachdenklich bis misstrauisch machen, wenn eine Fachsprache, in der es um Versorgung hilfebedürftiger psychisch erkrankter und behinderter Menschen geht, in der Weise technokratisch wird, dass sie sich vom alltäglichen Erleben der betroffenen Menschen, von ihrer Freude, ihrer Not, ganz ausdrücklichgar nicht mehr berühren lässt.

Was in der Folge bei den im System handelnden Personen geschieht, ist kein Spiel. Die Selbstbezogenheit des Denkens, Sprechens und Handelns im Hilfesystem und die systematische Distanzierung von der realen Lebenswelt der hilfebedürftigen Menschen sind sowohl Voraussetzung und zugleich wieder Folge einer erschreckenden Entwicklung: Es gibt neue Formen der Ausgrenzung, die teils parallel, teils ersatzweise zu den altbekannten Formen laufen. (Siehe dazu ausführlicher den Beitrag »Wiederkehr der Machtfrage?« in diesem Buch ab S. 113) Die modernisierte Ausgrenzung setzt nicht vorrangig darauf, Menschen einzuschließen in Institutionen. Vielmehr werden per Gesetz und Umsetzung Strategien entwickelt, hilfebedürftigen Menschen den Weg zu Hilfen zu erschweren oder sie von der Hilfe auszuschließen. Es gibt inzwischen leider schon sehr rabiate Beispiele für diese Haltung – bis hin zu systematischem Rechtsbruch im Bereich der Sozialhilfe, wie ihn 38 Justiziare kirchlicher Einrichtungen 2004 öffentlich gemacht haben.

Wir tragen alle Verantwortung dafür, dass solche Entwicklungen, die weitere Zuspitzung solcher Entwicklungen verhindert werden.

Die Befragung der betroffenen Menschen ist hier maßgeblich. Wir hören nicht ausreichend und genau genug auf die Experten aus eigener Erfahrung, darauf, welche Hilfen sie in ihrem Alltag tatsächlich und vor allem gebrauchen.

Wir schauen nicht ausreichend und genau genug in die gesellschaftliche, kulturelle, wissenschaftliche Diskussion. Wir befinden uns in einem Umbruch der Hilfesysteme, den wir nicht ausreichend verstehen, und folgen zugleich irreführenden Rezepten.

III. Analyse der derzeitigen gesellschaftspolitischen Dynamik

Welche gesellschaftspolitische Dynamik steht hinter solchen Fehlentwicklungen?

Ich meine, sie lässt sich erstens beschreiben als ein sich selbst gefährdender oder gar zerstörender Veränderungsprozess.

Der Prozess – ich vermeide bewusst den Begriff »Reform« – , in dem wir uns heute befinden, ist gekennzeichnet von folgenden Merkmalen:
- Immer mehr neue Gesetze in immer kürzerer Frist. Die Neuerungen werden in einem Zeitrhythmus eingeführt, der eine Fehleranfälligkeit garantiert. Dafür gibt es inzwischen den Euphemismus »lernende Gesetzgebung«.
- Nicht ausreichend aufeinander abgestimmte Gesetze (zum Beispiel problematische Schnittstellen zwischen SGB II und XII oder auch zwischen Gesundheits- und Sozialreformgesetzen)
- Die Initiierung von Parallelprozessen: zum Beispiel Hilfeplanverfahren, plus persönliches Budget, plus Regionalisierung, plus Verwaltungsreform. So können teure Parallelstrukturen entstehen, die zugleich zu einer Überforderung aller Beteiligten führen.
- Öffnung der Bereiche Gesundheit und Soziales für Privatisierung und Markt bei gleichzeitiger Zunahme von Regulierung, Steuerung, Kontrolle, Dokumentationspflichten für alle, ohne dass hierfür Refinanzierung geleistet wird, mit der zwangsläufigen Wirkung, dass beim »Kunden« im angeblichen Marktgeschehen weniger Leistung ankommt.
- Ökonomisierung der Sozialen Arbeit bzw. Marktsteuerung statt Solidarsteuerung – unter Verkennung und Missachtung des Wesens dieser Tätigkeit: nämlich angemessene Fürsorge, Begleitung, Unterstützung, Therapie ... für hilfebedürftige Menschen mit sozialen Rechten.

So entstehen auf vielen Ebenen paradoxe Situationen. In dem Artikel »Wie die unaufhörlichen Versuche politischer Reformen sich immer wieder selbst entkräften" (in: »Freitag« vom 3. März 2006) beschreibt Wieland Elfferding Abläufe mit solchen Merkmalen als sich selbst zerstörende Prozesse. Mir scheint, allenthalben ist spürbar, dass wir – Mitspieler in verschiedenen Rollen – uns in einer atemlosen, erschöpfenden, auch leer laufenden Dynamik befinden. Und spürbar wird auch, dass konstruktive, mitmenschliche Möglichkeiten, »soziales Kapital« (R. Putnam), wie solidarisches Verhalten, Vertrauen, Kooperation, Mitgefühl, authentische Beziehung, immer mehr in Frage gestellt, ja aufgezehrt werden.

Einfach gesprochen: Die Dinge laufen schief. Wir machen in unseren verschiedenen Rollen mit und lassen Kritikfähigkeit vermissen. Wir passen uns an und funktionieren. Wir haben den Kopf nicht frei für neue Ideen. Wir hängen sprachlich fest in einer versorgungstechnokratischen bzw. von den oben beschriebenen Paradoxien blockierten Terminologie und Denkweise. Und wir reagieren überwiegend hilflos, wenn wir von Menschen hören, dass sie Ausgrenzung und Vernachlässigung erleiden.

Zweitens steckt hinter alledem meines Erachtens ein Vorgehen nach dem Prinzip »mehr desselben«, bekanntlich die beste Methode auf dem Weg zum Unglücklichsein.

Es begann so:

In Folge der BSHG-Novellierung der 90er Jahre erlebten wir ca. ab 1996 in Folge des §93 im Bereich der Eingliederungshilfe eine beachtliche Flut von Fortbildungen, Beratungen, Verhandlungen, Schriftsätzen mit dem Ziel der Formulierung von Leistungs-, Vergütungs-, Qualitätsprüfungsvereinbarungen. Die Hoffnung war, eine logische Systematik, eine rationale Durchdringung des Hilfesystems, eine rationale Steuerung und Überprüfbarkeit zu schaffen. Nach meinem Eindruck ahnten, dachten viele Beteiligte von Anfang an: Die Lebenswirklichkeit von betroffenen Menschen, die Erkrankungsschicksale, der Hilfebedarf, der Betreuungsalltag sind anders, sind nicht deckungsgleich mit den Formulierungen der Vereinbarungen zu machen. Und überall dort, wo gewissenhafte und fachlich gute Betreuungsarbeit geleistet wurde, gab es Formen von Hilfeplanung, gab es das Bemühen um individuell angemessene Hilfen.

Aber – wir machten weiter. Es ging in weiteren Diskussionen darum, nun die verschiedenen »Einrichtungstypen« zu verzahnen mit der Definition von »Gruppen gleichen Hilfebedarfs«. Weiter ging die Diskussion um die Beschreibung von »Teilleistungsaspekten«, möglichst mit Preisen versehen, für »passgenaue individuelle Hilfen«.

Immer weiter: Rationalisierung, Steuerung, Kontrolle. Am einmal eingeschlagenen Weg wurde festgehalten, obwohl die Lösung der Probleme nicht in Sicht geriet. Die Fragen: Was geht auf diesem Weg verloren? Welche anderen Lösungen könnte es geben? Welche Ressourcen werden übersehen? wurden kaum noch gestellt. Die Entwicklung schritt fort: Bis hin zu »spitzabgerechneten Einzelfallhilfen« – »mehr desselben«.

Einen Lösungsweg verabsolutieren, den Mangel an Erfolg beantworten mit noch mehr Anstrengung in dieselbe Richtung: Ein solches Verhalten beschreibt der Psychotherapeut Paul Watzlawick als ein zielgenaues Mittel in seiner »Anleitung zum Unglücklichsein«– in unserem Fall »Unglücklichsein« für alle Beteiligten.

Diese systematische Irreführung hat seit ca. 1996 viel Zeit, Arbeitskraft, Kreativität, Energie und auch Geld gekostet. Hat jemand mal den Versuch gemacht, zu ermitteln, wie viel Geld aus den Krankenkassen, der Pflegekasse, der Eingliederungshilfe ... in diesen zehn Jahren über die Einrichtungsträger auf die Konten von Hard- und Softwareunternehmen für PC-Systeme, Service und Beratung geflossen ist – für Dokumentationssysteme, für Qualitätssicherung, für Hilfeplanung und Steuerung? Wie viele eigentlich ganz fachfremde Qualitätsabzocker verdienen gut am Aufbau von Zertifizierungskulissen?

Und haben wir wirklich in diesem Prozess Hilfen planbarer, steuerbarer oder gar besser gemacht und Kosten gesenkt? Mein Eindruck ist das jedenfalls nicht. Vielmehr hat diese Entwicklung zu einem sehr beengten, nicht vollständigen Blick auf die Situation geführt. Und – es gibt neue Formen von Ausgrenzung betroffener Menschen, Formen der Erschwerung des Zugangs zu Hilfen.

IV. Trotz allem: Bewährtes verteidigen, Neues entwickeln

Wie könnten wir gegensteuern? Um zu Ideen für neue Wege der Ausgestaltung und zur Weiterentwicklung von Hilfeformen zu kommen, gilt es, die betroffenen Menschen zu hören, auch anzuhören in Gremien, sich ihnen zu stellen, einzuladen zu Expertenrunden für Experten aus eigener Erfahrung. Es gilt Forschung zur Lebenslage der Betroffenen und ihrer Familien zu forcieren. Wir brauchen nach 30 Jahren gemeindenaher psychiatrischer Versorgungsentwicklung neue Einblicke in die Lebensrealität gemeindenah versorgter psychisch erkrankter Menschen. Stimmen unsere Annahmen noch? Entsprechen die Leitbegriffe der sozialpsychiatrischen Arbeit noch der Realität der betroffenen Menschen? Wie leben psychisch erkrankte Menschen heute unter den Bedingungen der

Gesundheitsreform (2004, zum Beispiel Praxisgebühr, erhöhte Zuzahlungsbeträge), unter Hartz IV-Bedingungen und nochmals verschärften Hartz IV-Bedingungen? Wie wirkt sich die Gleichzeitigkeit von Krankenkassendruck auf die Behandlungsdauer in der Klinik und Hilfeplanverfahren auf dem Weg zur Eingliederungshilfe aus? Gehen hilfebedürftige Menschen auf dem Weg zum Hilfesystem verloren? Wie erreichen wir die zunehmende Zahl der obdachlosen psychisch erkrankten Menschen? Wie kann die Arbeit über Einrichtungsgrenzen hinaus in die Gemeinde, in das Gemeinwesen hinein weiterentwickelt werden? Wie können professionelle Hilfen und Bürgerhilfe lernen, sich zu ergänzen?

Bei alledem dürfen wir uns nicht verwirren lassen durch paradoxe Aufforderungen und das zerstörende Rezept »mehr desselben« und auch nicht durch vorrangig an Kostengesichtspunkten orientierten, aber meist unter ideologischer Tarnung auftretenden Infragestellungen von bewährten Angeboten (zum Beispiel solchen, die im Zuge der Psychiatriereform entstanden sind). Und selbstverständlich müssen wir solche Angebote mit Fantasie und Kreativität weiterentwickeln, an veränderte Bedürfnisse anpassen.

Dabei geht es zum Beispiel um betreute Wohngruppen, die sich bewährt haben als überschaubarer Schutzraum und zugleich soziales Lernfeld für schwer chronisch psychisch erkrankte Menschen. Weiterzuentwickeln wären sie auch für junge Erwachsene mit vielfältigen »modernen« Störungsbildern (Drogen, Essstörungen, Sozialisations- und Kommunikationsstörungen aller Art). Erfahrungen aus verschiedenen Regionen lehren, dass für diese – häufig vor dem PC »kommunikativ verwahrloste« Generation – eine intensive aufsuchende und zeitaufwendige Beziehungsarbeit notwendig ist und dass das »Soziale Lernfeld« Wohngruppen für sie sehr geeignet ist. Gemeinschaft zu gewährleisten wirkt nach wie vor prognostisch günstig, ist keineswegs ein veralteter Ansatz. Und Gemeinschaft heißt hier nicht nur WG, sondern auch Nachbarschaft und Freundeskreise.

Ähnliches gilt beim »Ambulant Betreuten Wohnen«. Anstatt es zu einem für alle Beteiligten unsicheren Billigangebot verkommen zu lassen, muss es ergänzt und weiterentwickelt werden, zum Beispiel durch eine stärkere Einbeziehung von Gruppenangeboten. Auch das Aufspüren von Ressourcen im Umfeld, in der Nachbarschaft, in Familie und Freundeskreis – mit dem Ziel, eine Mischung aus Selbsthilfe, bürgerschaftlicher Hilfe und professioneller Betreuung zu erreichen, kann zum wichtigen Teil der ambulanten Arbeit werden und muss in der Vergütung berücksichtigt werden. (In ihrem Buch »Gastfreundschaft – Das niederländische Konzept Kwartiermaken« (Paranus Verlag 2006) beschreibt Doortje Kal die hier gemeinte Weiterentwicklung der Arbeit. Besonders anregend ist darin die Beschreibung der »Freundschaftsdienste«.) Anstatt Einrichtungen/MitarbeiterInnen zur aufwendigen Dokumentation einzelner Betreuungsleistungen zu verpflichten, ist es erheblich sinnvoller zu fragen: Welche Nachbarschaftshilfen, welche Hilfen in der Familie konnten im Rahmen der Betreuung einbezogen und gestärkt werden. Von solcher Dokumentation können alle Beteiligten lernen: Der hilfebedürftige Bürger kann sich mehr als Teil einer Gemeinschaft, als Teil gemeinsamen Handelns erleben. Die helfende Nachbarin kann u.a. erfahren, dass Helfen auch der Helferin hilft, – zum Beispiel Bedeutung zu haben für jemand anderen (siehe dazu Klaus Dörner: »Leben und sterben, wo ich hingehöre«, Paranus Verlag 2007). Einrichtung, Mitarbeiter, Verwaltung, Politik könnten lernen, neue Hilfeformen entwickeln und fördern zu helfen. Die Gemeinwesenorientierung der Sozialen Arbeit zu stärken, zu fördern, ist das eine. Soziale Arbeit bzw. die Organisation von vielfältigen Formen von Hilfen für psychisch erkrankte Mitbürger, für behinderte Bürgerinnen und Bürger als unverzichtbaren Bestandteil von Stadtteil- und Dorfentwicklung zu begreifen und voranzubringen, ist das andere. Einrichtungsträger und Politik sind hier gleichermaßen gefordert. Klaus Dörner berichtet in jüngster Zeit häufiger von sogenannten »Nachbarschaftlichen Pflegewohngruppen« für pflegebedürftige Menschen. Ich denke, von diesem Modell müssen wir unbedingt auch in der »Ambulanten Betreuung« lernen.

Dass diese Umfeldarbeit in Zeiten besserer Mittelausstattung zu sehr vernachlässigt worden ist, mag vielfältige Gründe haben. Selbstkritik der ambulant arbeitenden Dienste ist hier sicher angebracht.

Auch mit den »Tagesstätten« und den »Offenen Hilfen«, den zuwendungsfinanzierten, niedrigschwelligen »Ambulanten Zentren«, »Begegnungsstätten«, »Kontaktstellen« können wir Neues erreichen, wenn wir alle möglichen Schritte in Richtung Gemeinwesenorientierung erproben. Wir müssen nicht jedes Gruppenangebot in der Einrichtung selbst erfinden und gestalten. Eine Vernetzung mit Angeboten von Familienbildungsstätten und Volkshochschulen muss gewiss gut vorbereitet und begleitet sein, kann dann aber für viele der erwähnten jungen Menschen, aber auch für alte chronisch kranke Menschen wichtige Erfahrungen ermöglichen. Die soziale Relevanz ihres Verhaltens würde spürbarer, in gewisser Weise wirklicher. Ihr Verhalten würde wieder mehr zu einer öffentlichen Angelegenheit. Behinderte und nicht behinderte BürgerInnen können viel voneinander lernen, sobald das Hilfesystem aufhört, sie voneinander zu separieren.

In dem Papier der WHO von 2004 »Prevention of Mental Disorders« werden maßgebliche Risiko- und Schutzfaktoren für psychische Gesundheit genannt. Zu den Schutzfaktoren zählen: »Empowerment, positive interpersonelle Interaktion, Soziale Partizipation, Soziale Verantwortung und Toleranz, Soziale Unterstützung und Gemeinschaftsnetze« (zitiert aus dem Grünbuch der EU für psychische Gesundheit).

Genau diese Schutzfaktoren werden in den genannten Einrichtungen und Diensten äußerst nachhaltig produziert. Seit über zwanzig Jahren wirken sie innovativ, gemeinschaftsstiftend, stützend, Mitwirkung und Selbsthilfe fördernd und gemeinwesenorientiert. Gerade die zuwendungsfinanzierten Dienste jetzt aus Kostenerwägungen heraus zu gefährden, wäre ein schwerer Fehler. Sie entsprechen zeitgemäßen fachlichen Konzepten und den Bedürfnissen der Hilfesuchenden. Alle anderen Hilfeformen können von der netzwerkbildenden Kraft dieser Arbeit lernen, bürgerschaftliche Elemente, Selbsthilfenetzwerke an den Rändern der Einrichtungen zu entdecken und zu fördern.

Zugleich würden durch solche Netzwerkarbeit die Hilfen für die genannten Menschen und auch ihre Notsituation wieder sichtbarer werden als Teil unserer sozialen Realität. Hier schlummert ein unschätzbarer sozialer Reichtum: Ein weites Lernfeld für nicht behinderte BürgerInnen, die Stärkung der »sozialen Würde« behinderter Menschen, die Entstehung neuer Formen von Nachbarschaft, in denen sowohl Not als auch Hilfe Teil der gemeinsamen sozialen Realität werden können, die Erfahrung, dass Hilfe sowohl dem Hilfebedürftigen als auch dem Helfer hilft, für beide die Erfahrung, Bedeutung zu haben für den anderen. Die »Schutzfaktoren für psychische Gesundheit« sind auch für die Gesundheit von Menschen, die nicht psychisch erkrankt sind, von großer Bedeutung. Die gemeinsame Erfahrung von Leid, von Behinderung ... macht das Leben wirklicher, die Realität realer. Die gemeinsame Erfahrung von Hilfe macht Leben/Realität sozialer.

Auf eine ebenfalls sehr wichtige Form der Vernetzung, nämlich die Zusammenarbeit verschiedener Dienste untereinander, meist verhandelt unter dem Stichwort »Gemeindepsychiatrischer Verbund«, gehe ich an dieser Stelle nicht näher ein. Zu seinem Sinn und seiner derzeitigen Gefährdung, siehe den Beitrag »Reformkonzepte im Sog veränderter Kontexte« in diesem Buch.

Keine der beispielhaft erwähnten Hilfeformen darf, trotz aller Widrigkeiten, die der Arbeitsmarkt gerade für psychisch erkrankte und behin-

derte Menschen aufweist, die Wichtigkeit von sinnvoller Tätigkeit, von
Arbeit und Beschäftigung vernachlässigen. Wer noch bezweifeln sollte,
dass kreative künstlerische, sprachliche, handwerkliche Arbeit ganz
besonders wichtig und wirksam sind für neues Lernen, für das Erlernen
neuer Lösungswege, für die Bereitschaft, krankmachende Bahnungen zu
verlassen und sich neuen Erfahrungen zu öffnen, dem ist mit den neue-
sten Erkenntnissen der Neurobiologie/-psychologie aufzuhelfen (zum
Beispiel: Prof. Teuchert-Noodt, Universität Bielefeld). Die Entstehung
von psychosozialen Eigenheiten, auch von Psychosen, als eine Form des
Lernens aufzufassen, als eine mögliche Ausprägung der Plastizität unserer neuronalen Netzwerke im Kopf, auch das kann uns neben medizinischen, tiefenpsychologischen, spirituellen, systemischen, dialogischen
Zugängen auf neue Ideen bei der sinnvolleren Ausgestaltung der Arbeit,
der verschiedenen Hilfeformen bringen.

Wir können hier nur Richtungen andeuten, in die es unseres Erachtens
gehen müsste. Die Ausgestaltung solcher Ideen in den einzelnen Regionen wird unterschiedlich sein.

In der Arbeit vor Ort müssen wir die Herausforderung annehmen, die
darin liegt, gerade in Zeiten verknappter Mittel, trister Sparzwänge, läh-
mender paradoxer Fallen und falscher Rezepte an möglichst ungewöhnlichen Ideen zu arbeiten, müssen bei genauer Kenntnis der derzeitigen
Gesetze so parteiisch wie möglich für beeinträchtigte Menschen eintreten
und darüber hinaus Gelegenheiten nutzen, uns politisch einzumischen.
Soziale Arbeit darf nicht zum bloßen »Exklusionsmanagement« (Kröll
/Löfflerin: Das Argument 256/2004, Soziale Arbeit im Neoliberalismus)
verkommen. Ausgrenzung und Vernachlässigung zerstören mitmenschlichen und sozialen Reichtum. Sie erzeugen Not, gesellschaftliche
Depression und die Gefährdung von Demokratie. In einer Zeit, in der
sich eine solche Entwicklung abzeichnet, ja fast als zwangsläufig dargestellt und empfunden wird, sind Gemeinwesen- und Gemeinwohlorien-
tierung zum einen lebensnotwendig, zum anderen ein Mittel gegen
Depression und für Demokratie. Vielfältige, überraschende, hilfreiche
soziale Erfindungen können wir alle dringend gebrauchen.

Renate Schernus

Kiesel für Davids Schleuder

Soltauer Impulse: wie es dazu kam und was daraus werden kann

> »Wir können aber auch versuchen, uns dem Anpassungszwang
> an das neoliberale Menschenbild zu widersetzen
> und damit die Sozialpsychiatrie
> wieder als Teil einer gesellschaftlichen
> Oppositionsbewegung begreifen.«
> *Heiner Keupp, 2002*

Genau genommen ist die Idee zu der sogenannten Soltauer Initiative am 15.11.2003 nachmittags auf einer Bahnfahrt zwischen Dresden und Hannover entstanden.

Deshalb zu Beginn gleich eine Warnung an Leitungen sozialer Einrichtungen oder Dienststellen, die besonderen Wert auf Ruhe in ihrem »Laden« legen: Lassen Sie niemals Mitarbeiterinnen oder Mitarbeiter, die Sie irgendwie als kritikfreudig, politisch interessiert oder gar etwas aufmüpfig einschätzen, miteinander Bahn fahren. Schütten Sie sie lieber zu mit zusätzlichen Formularen, Plänen, Abfragen, Zielvereinbarungen, Qualitätsrastern und ähnlichem, damit sie nicht zum Nachdenken kommen und nicht womöglich Sand oder gar Kiesel in die Sachzwangmaschine streuen.

Bei besagter Bahnfahrt waren der Kollege Fritz Bremer (Neumünster) und ich (Bielefeld) für einige Stunden ohne Fluchtmöglichkeiten auf ein Zugabteil beschränkt. Was blieb uns anderes übrig, als miteinander zu sprechen und nachzudenken. Auf Fritz Bremer war ich 1996 aufmerk-

sam geworden und zwar durch einen seiner Artikel, der den Titel trug
»Ver-rückte Ethik« (2)[1]. Seine Beschreibung einer klammheimlichen Verrückung der Werte entsprach auf verblüffende Weise meinem eigenen
Erleben. Beide konnten wir uns dem Eindruck nicht entziehen, dass sich
etwas in der Arbeit mit behinderten und kranken Menschen auf schleichende, verdeckte Weise veränderte. Individuelle kreative Lösungen
waren zunehmend weniger gefragt. Dass Menschen Umwege brauchen
und sich nicht nach Programmen richten, schien immer mehr in Verges-
senheit zu geraten. Zugespitzt gesagt: Als gut schien nur noch das zu gelten, was sich gut dokumentieren, in standardisierte Programme unterbringen oder messen ließ. Uns beunruhigte auch, dass sich eine Unmenge von Plastikwörtern insbesondere rund ums Qualitätsmanagement in
den Vordergrund drängte. Wir wurden den Verdacht nicht los, dass vieles davon vor allem als Feigenblatt zur Verschleierung der Auswirkungen
von Sparprogrammen dienen sollte.

Was war los? Wir, die wir uns sonst eher wenig um Politik oder gar
Wirtschaftspolitik zu kümmern pflegten, begannen zu ahnen, dass es im
Gebälk bisheriger scheinbar selbstverständlicher, sozialpolitischer und
kultureller Übereinkünfte zu knacken begonnen hatte. Ehrlich gesagt,
zunächst waren wir einfach verwirrt, denn alles kam äußerst progressiv,
sozial, innovativ, personenzentriert und qualitätsgesichert daher und
dafür waren wir doch irgendwie auch.

Bereits in den 90er Jahren erstaunte uns, dass man sich in Verbands-
und Fachzeitschriften und auch in kirchlichen Einrichtungen im Nach-
ahmen einer technischen und marktkonformen Managersprache überku-
gelte. Schließlich ertappten wir uns dabei, dass wir selbst anfingen, uns
an die neuen Sprachspiele zu gewöhnen. Sprache lenkt Gedanken und
Gefühle, und so beginnt man sich einer Fremdsteuerung selbstverständlich und unbewusst zu überlassen. Das wollten wir nicht. Wir wollten
unseren eigenen Kopf behalten.

Als Selbsthilfe in der Alltagsarbeit versuchten wir zunächst die noch
vorhandenen Spielräume möglichst fantasievoll zu nutzen und wandten
außerdem all die kleinen Tricks an, die einem so einfallen. Also zum Beispiel als ich mich in meiner damaligen Leitungsfunktion der Sache mit
den Qualitätssicherungssystemen nicht mehr entziehen konnte, erklärte
ich mich rasch für die Entwicklung eines eigenen Systems verantwortlich,
um die schlimmsten Unangemessenheiten zu verhüten. Auch kann man

---

1 Siehe Dokumentation im Anhang

als Leitung für Mitarbeiterinnen und Mitarbeiter manches abpuffern, relativieren und Druck wegnehmen. Ansonsten fiel uns beiden zunächst nichts Besseres ein, als Artikel zu schreiben, in denen wir versuchten zu verstehen und zu analysieren, was vorgeht. Die wurden sogar hier und da gelesen.[2]

Einen Wirbel verursachten sie nicht. In den folgenden Jahren tauschten wir in häufigen Telefongesprächen weiterhin unsere regional unterschiedlichen und doch auch wieder sehr ähnlichen Erfahrungen aus sowie Informationen über Einblicke, die wir durch Gespräche mit Mitarbeiterinnen und Mitarbeitern anderer bundesdeutscher Einrichtungen erhalten hatten und murmelten am Ende jeden Gesprächs: »Man kann das doch alles nicht einfach nur so hinnehmen, man müsste eigentlich mal etwas tun, sich überregional zusammenschließen zum Beispiel.« Dabei blieb es etliche Jahre, denn neben der üblichen Arbeit im gemeindepsychiatrischen Feld mussten jetzt immer rascher aufeinander folgende, von außen vorgegebene Veränderungen von Verwaltungsstrukturen bewältigt werden, sowie zusätzliche bürokratische Aufgaben. Der ökonomische Druck nahm zu. Bei alledem hat man als fleißige/r, realitätsangepasste/r Mitarbeiter/in einfach keine Zeit mehr übrig.

Dann kam die Bahnfahrt. Dabei ist erwähnenswert, dass wir deshalb miteinander Bahn fuhren, weil wir gerade von der Jahrestagung der Deutschen Gesellschaft für Soziale Psychiatrie (DGSP)[3] kamen und dadurch brandneue Anregungen hatten.

2   Der von Fritz Bremer gegründete Paranus Verlag brachte 1997 ein Buch mit dem Titel »Ökonomie ohne Menschen? – Zur Verteidigung der Kultur des Sozialen« und 2000 mein Buch »Die Kunst des Indirekten – Plädoyer gegen den Machbarkeitswahn in Psychiatrie und Gesellschaft« heraus. Es wundert mich im Nachhinein selbst, dass wir damals schon, also vor zehn, bzw. vor sieben Jahren, einiges von dem ahnten, was uns heute in verschärfter Form, beschäftigt.

3   Die DGSP ist der größte berufsgruppenübergreifende und unabhängige Fachverband sozialpsychiatrisch tätiger Menschen in der BRD. Ihm gehören ca. 2.500 Mitglieder an. In fast allen Bundesländern bestehen Landesverbände. Daneben existiert noch eine Vielzahl von themenspezifischen Arbeitsgruppen. Entstanden im Zuge der Reformpsychiatrie der 70er Jahre, setzt sich die DGSP seit über 30 Jahren für die Entwicklung einer menschenwürdigen Psychiatrie ein. Neben anderen Aktivitäten veranstaltet sie jährlich eine bundesweite Jahrestagung.

Die Tagung stand unter dem Motto »Schlimmer kommt's immer – Profis in der Psychiatrie zwischen Sparzwängen und Visionen«. Das Neue an dieser Veranstaltung kommentierte einer der Redner, Michael Eink, so: »Ein Wunder ist geschehen, halleluja! Die DGSP will die Mitarbeiterinnen und Mitarbeiter zum Thema machen.« (5) Natürlich kamen die Klienten immer wieder vor, denn ein Mitarbeiter ist ja keiner ohne Klienten, aber durch die gestattete Verschiebung des Blickwinkels wurde diese Tagung erstmals nach vielen Jahren wieder politischer und auch kontroverser.

Zwei Richtungen zeichneten sich ab: Von der einen Seite wurde ein scharfes Plädoyer gegen die zunehmende Ökonomisierung psychiatrischen Handelns formuliert. Da wurde gesprochen von der Dominanz der Sprache des Marktes in der Sozialen Arbeit, von einem einseitig auf Zählen und Zertifizieren ausgerichtetem Qualitätsmanagement, das mit den Merkmalen von Mode und Ideologie daherkomme und eher zur Entfremdung in den zwischenmenschlichen Beziehungen beitrage als zu echter Qualität. Adorno wurde zitiert mit dem Begriff des »Verblendungszusammenhangs« (3), denn immer mehr erweise sich, dass mit Worten wie Qualitätssicherung, Kundenzentrierung und Autonomie die eigentlichen Zusammenhänge vernebelt worden seien, dass diese Begriffe nur der »mentalen und emotionalen Vorbereitung« gedient hätten, um dann leichter das eigentliche Ziel der Kostendämpfung durch Erhöhung von Effizienz und Effektivität durchzusetzen. (3 und 13)

Auch die andere Seite äußerte Verständnis für die Verunsicherung von Mitarbeitern am und für Ängste um den Arbeitsplatz. Diese seien bedingt durch Paradigmenwechsel, ein Begriff, auf den ich noch zurückkommen werde. Neue Standards und erhebliche finanzielle Einsparungen seien Fakt und es führe kein Weg daran vorbei, sich mutig den Tatsachen zu stellen. Die vernünftigste Strategie im Umgang mit Angst sei, »sich mit der Herausforderung vertraut zu machen, ihr zu begegnen und die notwendigen Veränderungen aktiv selbst mit zu gestalten«. (16) Den Sparanforderungen sei mit klugen und beispielgebenden Ideen zu begegnen, Dokumentation und Qualitätsnachweise seien notwendig und berechtigt, um nach innen und außen Transparenz herzustellen und für Politik und Kostenträger glaubwürdig zu sein. Durch den vorangetriebenen Prozess der Deinstitutionalisierung würden auch Begrenzungen und Restriktionen wegfallen und neue Möglichkeitsräume der Entwicklung von Chancen und (professioneller) Selbstverwirklichung entstehen. (16 und 18)

Nach jedem Vortrag dachte ich, da ist ja was dran. Das sollte man bedenken. Außerdem handelte es sich bei allen Rednern, egal, welche Position sie vertraten, um ausgewiesene sozialpsychiatrisch engagierte Kollegen. Die sich anschließende Podiums- und Plenumsdiskussion jedoch wurde rasch durch gegenseitige Polemiken angereichert.

Soweit ich erinnere, entzündete sich eine heftige Diskussion an der Unterstellung, dass es sich bei kritischen Äußerungen von Mitarbeitern vor allem um unfruchtbares Jammern handele, hinter dem sich oft mangelnde Flexibilität und konservatives Festhalten am Bestehenden verberge. Bevor das alles geklärt werden konnte, war die Tagung zu Ende und die erwähnte Bahnfahrt begann.

Unser Bahn-Gespräch nun entwickelte sich immer mehr in die Richtung, dass das pragmatische, aktive Umgehen mit den sogenannten nackten Tatsachen nicht daran hindern dürfe, die Lage zu analysieren und Wahrnehmungen, auch und gerade von Basis-Mitarbeitern, ernst zu nehmen – ja, das, was wir selbst hinter den Fassaden zu spüren meinen, ernst zu nehmen. Denn die Tatsachen pflegen sich eben nicht als nackte auszugeben, sondern, wie im Märchen von des Kaisers neuen Kleidern, erheischen sie gegen den schlichten Augenschein, ziemlich viel Glauben an schöne Wortgewänder. Im Kern dessen, was uns umtrieb, ging es um zwischenmenschliche Beziehungen in den sozialen Diensten und in der Gesellschaft überhaupt. Bei alledem war uns bewusst, dass wir weit davon entfernt waren, die alles rettenden Konzepte auf den Tisch legen zu können.

Da wir uns jedoch in dem Bahngespräch schon stärker fühlten, weil wir zu zweit mehr Einfälle hatten als jeder alleine, lag die Idee nahe, solchen Effekt zu verstärken. So beschlossen wir, Kolleginnen und Kollegen aus verschiedenen Teilen Deutschlands anzusprechen. Wir stellten die Hypothese auf, dass es zurzeit vor allem darauf ankäme, die rasche anpassungsbereite Identifikation mit dieser oder jener Modeerscheinung zu verhindern, einen offenen Prozess in Gang zu bringen und Gespräche über Sinn und Unsinn dessen, was in den sozialen Diensten und Kliniken geschieht, anzuregen. Wir vermuteten, dass dies zunächst wichtiger sei, als mit Patentrezepten aufzuwarten. Wir sagten uns, dass wir uns zumindest nicht damit übernehmen, wenn wir klar und deutlich beschreiben, was wir subjektiv wahrnehmen, wenn wir betonen, dass jeder ein Recht hat auf eigene, nicht gleichgeschaltete Wahrnehmung. Wir dachten, dass sich daraus zumindest Impulse formulieren lassen müssten, Impulse dazu, die Situation in der sozialen Arbeit als Teil eines sozialpolitischen Kontextes zu begreifen, Impulse auch dazu, nicht aufzugeben, die Richtung, in die sich unsere Arbeit entwickeln soll, auch an ethischen und nicht nur ökonomischen Gesichtspunkten zu eichen. Auf diesem Hintergrund konzipierten wir noch im Zug die Struktur und einige Inhalte der späteren Soltauer Impulse vor.

Zu Hause angekommen rief jeder von uns einige Menschen an – und siehe da, sie sahen die Dinge ganz ähnlich und wollten mitmachen. Eine Kollegin schlug als Treffpunkt die Stadt Soltau vor, als einen von verschiedenen Seiten einigermaßen erreichbaren Ort. Dort trafen wir uns am 6. Februar 2004 zum ersten Mal in der Kontaktstelle einer Selbsthilfeinitiative abhängigkeitskranker Menschen.

Wir waren schließlich etwa 16 Kolleginnen und Kollegen, aus verschiedenen Regionen, Einrichtungen und hierarchischen Ebenen. Der Austausch, in einer Atmosphäre, die Widersprüche, Ambivalenzen, offene Fragen aushielt, war für die meisten deutlich entlastend. Man war nicht mehr allein mit dem nagenden Zweifel, vielleicht bin nur ich ein persönlicher Versager, nicht in der Lage, die fortschrittlichen Segnungen der modernen Zeit, wie sie sich in der »new Speach« und zahlreichen sozialtechnischen Verfahren zeigen, zu begreifen. Die Gespräche drehten sich schwerpunktmäßig um das zunehmende Auseinanderdriften von arm und reich, um die Beobachtung, verminderter Toleranz gegenüber Anderssein und verstärktem Ausschluss von Randgruppen, um die Zunahme der Zweiklassenmedizin, um die Vernachlässigung alter, behinderter und psychisch kranker Menschen in Heimen, um mangelhaft betreute Menschen in Obdachlosigkeit und schließlich um die Vermarktwirtschaftlichung und Ökonomisierung des Gesundheits- und Sozialwesens sowie die zunehmende Fremdsteuerung und Bürokratisierung des Hilfegeschehens. (Siehe auch 17)

Eine besonders lebhafte Diskussion entzündete sich an, heutzutage in der Gesellschaft und besonders im Sozial- und Gesundheitsbereich sehr hoch gehandelten, Begriffen wie: Autonomie, Freiheit zur Selbstbestimmung und Eigenverantwortung. Begriffe, die zunächst positive Assoziationen hervorrufen, bis man durch Vergleich mit der Realität nicht mehr umhin kann wahrzunehmen, dass einflussreiche Leute aus Politik und Wirtschaft damit vor allem die Auflösung sozialer Sicherungssysteme gegen Lebensrisiken wie Krankheit, Behinderung, Altersarmut und Arbeitslosigkeit meinen.

Natürlich hatten wir alle auch weiterhin mit lähmenden Überforderungsgefühlen zu kämpfen, die einem bei solchen Gesprächen überkommen können. Geld in den Kommunen ist nicht da, alles was geschieht, ist in europäischen und globalen Zusammenhängen zu sehen, die ökonomischen Interessen, die all das steuern, sind mächtig und wir sind schwach, vielleicht naiv, haben nicht genug Durchblick, nicht genug Einfluss, nicht genug politisches Know-how.

Darüber hinaus erlebten die meisten sich selbst als verflochten, als ambivalent, auch da, wo sie selbst in Leitungsverantwortung stehen, hatten das Gefühl vieles mitzumachen, das sie überflüssig oder falsch finden, sahen sich in Abhängigkeit von Vorgesetzten und Kostenträgern. Jemand fragte sich voller Selbstzweifel, ob er sich gerade an der vordersten Fortschrittsfront engagiere, wenn er top-mäßig dokumentiere, Fürsorge durch Empowerment ersetze, Qualitätsberichte schreibe, standardisierte Bögen ausfülle und den PC mit Zielplanungen füttere, oder ob er vielleicht gerade darin und dabei die schlichtesten Gesetze menschlichen Begleitens verletze. Oder wie und ob sich zwischen beidem vertretbare Kompromisse eingehen lassen und wenn ja wie und bis wohin?[4]

Manche hatten außerdem Angst um ihren Arbeitsplatz. Gesehen wurde natürlich auch, dass Leitungen und Kostenträger ihrerseits in Zwängen stehen, nach Wegen suchen, um die ganze Arbeit nicht zu gefährden. Wir ermahnten uns gegenseitig, nicht zu viel auf einmal zu wollen. Wir sagten uns, dass es zwischen »alles ändern wollen« und »ein ganz klein wenig ändern« Unterschiede gibt. Das Wenige, das wir tun können, wollten wir wenigstens versuchen.

Vielleicht hatten wir alle in unserer Jugend zu viel Dostojewski gelesen. Der sagt zum Beispiel so etwas Freches wie: »Auf eigene Weise zu lügen ist ja fast noch besser als fremde Wahrheiten nachplappern; im ersten Fall bist du ein Mensch und im zweiten höchstens ein Papagei! Die Wahrheit läuft nicht davon, aber mit fremder Wahrheit kann man das eigene Leben ersticken.« (14)

Kurz und gut: Um sich dieses Gefühls des Ersticktwerdens mit fremder Wahrheit zu erwehren, wurde die Idee mit den Impulsen, als Möglichkeit öffentlichkeitswirksam zu werden, schließlich aufgegriffen.

In den Gesprächen kamen wir dann immer mehr zu der Meinung, dass es zwar sinnvoll sei, bei den eigenen Erfahrungen in der psychiatrischen

---

4 Trotz alledem blieb die Gesprächsatmosphäre locker und kreativ. Auch philosophische und poetische Schlenker bis hin zu Nonsense hatten Raum. Zwei kleine Beispiele: »Selbstermutigungsgedicht« von Fritz Bremer: »Als er keinen Ausweg wusste, / dachte er sich einen aus. / Als er das zu Ende dachte, / war er aus dem Gröbsten raus.« (Auch in weiblicher Form anwendbar)
Oder Robert Gernhardt: »... nur was gar nichts werden kann, / fang ich gleich noch heute an.«

Arbeit anzusetzen, aber tendenziell über die Fachgrenzen hinauszugehen. Man einigte sich auf den Titel »Soltauer Impulse zu Sozialpolitik und Ethik am Beispiel psychiatrischer Arbeitsfelder«. Jedem kritischen Punkt wurden Vorschläge, Forderungen oder Richtungsangaben gegenübergestellt.

Diese Impulse wurden aus unterschiedlicher Sicht komplettiert, diskutiert, zu Papier gebracht, korrigiert, etliche Male hin- und hergeschickt und schließlich verschiedenen Personen und Einrichtungen zugeschickt mit der Bitte, sie, wenn möglich zu unterschreiben oder aber uns eine konstruktive Kritik zukommen zu lassen.

Über das lebhafte positive Echo waren wir, die wir zögerlich und tastend begonnen hatten, zunächst – gelinde gesagt – ziemlich verblüfft, nicht nur wegen der Leichtigkeit, mit der wir prominente Unterschriften von Klaus Dörner über Oskar Negt und Erich Wulff bis zu Horst Eberhard Richter und vielen anderen mehr bekamen, sondern besonders wegen der zahlreichen spontanen, zum Teil begeisterten Zuschriften. Es entstand diesmal wirklich ein gewisser Wirbel. Hilfreich war dafür, dass nicht nur der Vorstand der DGSP sich entschlossen hatte, die Impulse zu unterstützen und sie in der Fach- und Mitgliederzeitschrift abzudrucken, sondern dass sie am 23. Juli 2004 auch in der Frankfurter Rundschau erschienen und zwar unter dem Titel »Steine für Davids Schleuder« und dem Untertitel »Die Politik darf nicht nur den Goliath Wirtschaft päppeln«. Ich habe für den Titel dieses Beitrags aus den Steinen Kiesel gemacht, um nicht allzu martialisch zu erscheinen.

Jedenfalls war es, als hätten wir einen Nerv der Zeit getroffen. Heiner Keupp, Professor für Sozialpsychologie an der Universität München, schrieb zum Beispiel: »Ich finde Eure Initiative großartig und ich bin sicher, dass sie ganz vielen KollegInnen in der Sozialpsychiatrie und darüber hinaus aus dem Herzen spricht.«

In den meisten Zuschriften wurde die Erleichterung beschrieben, mit den eigenen Wahrnehmungen der alltäglich spürbaren Veränderungen nicht mehr allein zu sein. Es meldeten sich MitarbeiterInnen aus allen Regionen Deutschlands und aus unterschiedlichsten Arbeitsfeldern, Menschen, die selbst durch Behinderung oder Krankheit betroffen sind, Angehörige und auch einzelne Bürgerinnen und Bürger, die die derzeitige Sozialpolitik aufmerksam verfolgen, zu Wort. Hier noch einige typische Sätze aus den Briefen:

Eine Diplompädagogin aus der Jugendhilfe: »Manchmal habe ich den Eindruck, die ›organisierte Unverantwortlichkeit‹ breitet sich aus wie ein Buschfeuer. Auch ›meine‹ Klienten sollen und werden inzwischen bedenkenlos und zweifelsfrei in Kunden verwandelt, obwohl sie sich in der Regel am Existenzminimum bewegen.«

Vertreter einer Selbsthilfeinitiative Behinderter: »Begeistert haben wir – Behinderte jeglicher Art – die Impulse gelesen und diskutiert. Wir alle haben die Erfahrung machen müssen, dass wir nur das zugestanden erhalten, für was wir auch zahlen können.«

Ein Landesverband Angehöriger psychisch Kranker: »Wir versuchen Ihre Initiative im Rahmen unserer Möglichkeiten zu unterstützen, indem wir Öffentlichkeitsarbeit betreiben und ggf. Forderungen an die Sozialpolitiker richten.«

Ein Sozialarbeiter aus der Sozialpsychiatrie: »Ich beobachte einen zunehmenden Dokumentationswahn, der auch Mitarbeiter verführt, darin vermeintliche Sicherheiten zu finden. Einer Begegnung mit dem behinderte Menschen und damit auch seiner Förderung dient dies nicht.«

Ähnlich ein Hausarzt: »Überbordende Dokumentationspflichten sollen Qualität vorgaukeln, während die eigentliche Zuwendung zum einzelnen Menschen auf der Strecke bleibt.«

Ein sehr zorniger Leiter eines Werkstättenverbundes schreibt: »Ungeteilte Zustimmung: Populistische Schlagworte werden gebetsmühlenartig wiederholt, die an dümmlicher Konzeptlosigkeit kaum zu überbieten sind. Die schweigende Öffentlichkeit ist über Armut und Elend in unserem Land nicht informiert.«

Etwas sanfter ein Philosoph und Autor: »Ich realisierte plötzlich, mit ähnlichen Gedanken, Beobachtungen nicht mehr allein zu sein, denn die meisten Medien unterstützen den Trend zur sozialen Kälte schon seit Jahren.«

Den besonders eindrucksvollen Brief eines Krankenpflegers aus Süddeutschland vom 9.6.05 möchte ich an dieser Stelle als ganzen zitieren: »Eine persönliche Notiz. Wage das letztlich nur zu beschreiben, weil es nicht nur mich betrifft. Natürlich gibt es auch innerhalb meiner Familie manche Sorgen, aber die wirkliche Irritation liegt in der Ausübung meines Berufes als Krankenpfleger und in den Veränderungen, die da auf mich zukommen. Ich übertreibe im Folgenden nicht! Wir arbeiten mit ca. 30% weniger Personal und einer gewachsenen Arbeitsanforderung, die sich mit dem Zahlenverhältnis von 5 auf 7 ausdrücken lässt. Dabei ist die Arbeit so organisiert, dass meine, unsere Tätigkeit erstens persönliche Gestaltung nicht mehr zulässt und uns zweitens deutlich signalisiert wird, dass dies auch nicht erwünscht ist. Ich habe gegenüber dem ›Kunden‹ eine spezifische TECHNISCHE Leistung in entsprechendem Minutentakt zu erbringen. Gut, es gibt Untersuchungen, die nachweisen wollen, dass der chronische Dialysepatient (= Dialysekunde – also ein Mensch, der einfach mehrmals die Woche in die Werkstatt muss?) sich nach Eingewöhnung in seiner Lebenszufriedenheit in nichts vom Gesunden unterscheidet. Mein Erleben ist ein anderes: Ressentiment, Ängste, Verzweiflung prägen das Leben dieser Menschen weitaus mehr, als dies bei Gesunden der Fall ist. Letztlich befinden sie sich in einem ständigen Überlebenskampf, weitaus mehr gefordert, weitaus mehr herausgerissen aus ihrer Lebensmitte. Es war nie Aufgabe des Pflegepersonals, den Versuch zu unternehmen, ihnen das zu nehmen, was ja auch nicht geht. Aber jetzt sind wir als Menschen praktisch nur noch Teile der rein technischen Dienstleistung – eine menschlich absurde Situation der Nichtbegegnung und das in einer Situation menschlichen Leidens. Ich könnte auch in einer Werkhalle/Fertigungsstraße stehen und Teilarbeitsprozesse unter absolutem Zeitdruck verfertigen. Das ist nicht nur zwangsläufige Folge der Arbeitsverdichtung, sondern wird offensiv zur Schau gestellt. Dass ich nebenher erlebe, dass meine gleichaltrigen KollegInnen mit Dekompensation reagieren – sie werden schlicht krank – und damit vom Ausfall ihrer Erwerbsfähigkeit bedroht sind, tut ein Übriges. Also eine für mich, wie wahrscheinlich für Millionen anderer Menschen, neue Situation des Wettbewerbs am Arbeitsmarkt. Meine eigene Positionierung/Einjustierung ist von Verunsicherung, Demotivation und Angst geprägt.

Ich hoffe, dass diese Zeilen Sie interessiert haben.

Grüße N.N.«

Offene Kritik an den Impulsen wurde anfangs fast gar nicht geäußert. Diejenigen, die sich über die Impulse ärgerten, machten sich zunächst vor allem durch »gesammeltes Schweigen« bemerkbar. Vor allem sämtliche angeschriebenen und um Stellungnahmen gebetenen großen Verbände und großen Einrichtungen hüllten sich in komplettes Schweigen. Dass wir wahlweise als Traumtänzer, Fortschrittsbremser, zu spät gekommene 68er oder als Populisten qualifiziert wurden, erfuhren wir allerdings über manche Ecken. Langsam und allmählich bezogen schließlich einige Fachkolleginnen und -kollegen, teils konstruktiv kritisch, teils polemisch, Stellung.

Diese Fach-Debatten bissen sich schwerpunktmäßig an dem Punkt »Fremdsteuerung und Bürokratisierung des Hilfegeschehens« fest. Durch einige Sätze der Impulse fühlten sich Kollegen angegriffen, die sich mit dem sogenannten personenzentrierten Ansatz identifizierten und diesen mit Hilfe des Instrumentariums der integrierten Behandlungs- und Rehabilitationspläne (IBRP) in den Praxisfeldern verwirklichen wollen.

Diese ausgefeilten Pläne waren im Rahmen des durch das Bundesministerium für Gesundheit finanzierten Forschungsprojekts »Personalbemessung im komplementären Bereich« entwickelt worden. (10) Eine bundesweite »Implementierung«[5] wird angestrebt.

Wir nun wollten in den Impulsen darauf aufmerksam machen, dass auch Instrumente, die der Planung von Hilfen dienen sollen, unter den derzeitigen ökonomischen Bedingungen und unter Markt- und Konkurrenzgesichtspunkten sehr leicht in den Dienst anderer Interessen geraten können. Außerdem kam einigen von uns die griffige Kurzformel »von der Institutionszentrierung zur Personenzentrierung«[6] inzwischen eindimensional und verkürzt vor. Zumal sie in den letzten Jahren wie ein nicht mehr hinterfragbarer Code gehandelt wird, der das Programm all dessen, was in der Sozialpsychiatrie inhaltlich und strukturell machbar werden soll, bezeichnet.

Wenn unsere hochgeschätzten sozialpsychiatrischen Kollegen von »effizienzorientiertem, personenzentriertem Ressourceneinsatz« (12) sprachen, schienen sie uns, bei aller Einigkeit in anderen Fragen, gefährdet, sich der ökonomisierenden »new speach« zu sehr anzupassen und es schien, und scheint uns noch, problematisch, wenn sprachlich immer häufiger suggeriert wird, dass Hilfe*system* und *Bedarf* wie Schloss und Schlüssel zusammengefügt werden könnten, dass das machbar, im Sinne von organisierbar, sei.

Zu beobachten ist jedenfalls, dass der neue sozialpsychiatrische Code manchen seiner Vertreter eine ziemlich unreflektierte Gleichsetzung von Person und Kunde ermöglicht[7] und so unter der Hand das Eindringen der Marktsprache begünstigt.

5 Auch dieses Wort lässt stutzen. Der Begriff passt eher in das Umfeld einer Belehrungskultur als in das Umfeld einer mit verantwortlichen Individuen rechnenden Lernkultur.

6 Handelt es sich dabei wirklich um einen Paradigmenwechsel, wie auch ich anfangs gerne glauben wollte? Heutzutage könnten wir vielleicht eher dann von einem Paradigmenwechsel sprechen, wenn wir von dem Menschenbild des homo ökonomikus, dieser Fiktion des Leistungsathleten und Glücksmaximierers durch Gewinnstreben, wieder abkämen und hinkämen zur Wahrnehmung des Menschen als eines grundsätzlich Bedürftigen, auf andere Angewiesenen. Bedürftig »aus eigenem Recht und nicht aufgrund von Zugeständnissen anderer«. (20) Dieser Mensch ist der reale, ist jeder von uns.

7 So war zum Beispiel zur Erläuterung des Konzepts der Personenzentrierung Folgendes zu lesen: »die Orientierung an den Wünschen und am subjektiven Bedarf der verschiedenen Kunden... mit dem Vorteil des geringeren Verschleißes durch besseres Passen von Angebot und Nachfrage.« wird als sinnvolle Alternative zu einem »früheren Bedürftigkeits- und Indikationsdenken« angesehen. (9)

Günstigenfalls schadet ein solches Sprechen nicht, günstigenfalls schaffen die Instrumente, die benutzt werden, Ordnung und das hat bisweilen auch positive Auswirkungen, aber sie kompensieren m. E. nicht den Hauptschaden, der durch die Konstruktion des Menschen als homo ökonomikus angerichtet wird, im Gegenteil sie wirken bisweilen linear verstärkend in die gleiche Richtung, sozusagen fiktionsverstärkend.

Messdaten und Objektivität haben natürlich ihren Stellenwert, aber, um mit dem Dichter Musil zu sprechen: »Objektivität stiftet (daher) keine menschliche Ordnung, sondern nur eine sachliche.«[8] Wir sollten vorsichtig damit sein, der Politik oder den Kostenträgern im vorauseilenden Gehorsam, unter dem Druck der Verhältnisse oder aus listigen Überlegungen überformalisierte Ordnungsinstrumente anzubieten. Sehr leicht kann es passieren, dass wir es schließlich nicht mehr in der Hand behalten, die im menschlichen Bereich stets erforderlichen Ausnahmen von den formalen Regeln noch selbst zu beeinflussen.

Die Mitglieder der Soltaugruppe halten, soweit verschriftlicht werden muss, einfache Planungshilfen oder Leitfäden für angemessener, die bei den Mitarbeitern eher das Erzählen stimulieren als das Ankreuzen.

Übrigens erschien gleichzeitig, aber unabgesprochen mit den Soltauer Impulsen ein Artikel von Klaus Dörner unter dem harmlos klingenden Titel »Das Handeln psychosozialer Profis – Zwischen individueller Hilfeplanung und Begleitung im Lebensfeld«. (4) Darin kritisiert Dörner in grundsätzlicher Weise den Begriff und teilweise auch das Konzept der sogenannten Personenzentrierung. Er äußert prinzipielle Skepsis, was die Planbarkeit der Zukunft von Menschen betrifft, findet, dass es verboten sein sollte, Personen zu zentrieren und prägt das Bild der »Doppelzange der Zwänge des Marktes und ... der bürokratischen Fremdkontrollen«. Letztere werden kompensatorisch für die Destruktivitäten des Marktes eingesetzt. Gleichzeitig fordert Dörner, dass wir uns »öffentlichkeitswirksam machen«. Nun, damit hatten wir ja gerade begonnen.

Unsere Kritiker aus dem eigenen sozialpsychiatrischen Stall befürchten, dass die Impulse schädlich seien, weil sie Mitarbeiter darin unterstützen, sich nicht in die Karten schauen zu lassen und bequem im alten Trott weiterzumachen (19). Da könnte etwas dran sein, denn jeder, der lange in der psychiatrischen und rehabilitativen Arbeit steht, weiß, dass es neben der Gefahr, zu zielorientiert, zu verplant, zu pädagogisch zu

---

8 Musil R.: Gesammelte Werke; Bd. 8. Reinbek, Rowohlt Verlag 1978, S. 1092

arbeiten, auch die Gefahr gibt, zu ziellos zu arbeiten, alles schlüren zu lassen und so mitsamt den Patienten zu chronifizieren oder in der Zusammenarbeit mit anderen Diensten unfruchtbares Chaos zu verbreiten. In einer Region, wo solche Verhältnisse vorherrschen, lässt sich natürlich vorstellen, dass eine Arbeit mit Hilfeplaninstrumenten, egal mit welchen, zeitweilig mehr Vorteile als Nachteile bringt, wenn sie gut eingeführt und mit einer Grundhaltung begleitet wird, die einem linearen Verständnis entgegenwirkt, eine Haltung, die nicht vermittelt, dass man an Instrumente und angebliche Paradigmenwechsel gleichsam glauben[9] muss.

Vielleicht sind die in Verdacht stehenden Mitarbeiterinnen und Mitarbeitern vor allem ideologieresistent und verweigern sich, wenn sie eine übertriebene »Instrumentenzentriertheit« wittern. Jedenfalls gewichten wir von der Soltauer Initiative zurzeit den Widerstand der Mitarbeiterschaft, wenn er denn überhaupt vorhanden ist, im Großen und Ganzen eher in diesem Sinne, sozusagen als Ausdruck unverzichtbaren Eigen-Sinns.

Handelt es sich bei alledem um einen Gegensatz zwischen Pragmatikern und Skeptikern? Nicht ganz, denn vor Ort in ihrer Alltagsarbeit, zum Teil in ihren Leitungstätigkeiten, müssen auch die Leute der Soltauer Initiative pragmatisch sein. Es handelt sich eher um einen Gegensatz zwischen überzeugten Pragmatikern und skeptischen Pragmatikern. Und ich glaube, beide brauchen sich gegenseitig. Die überzeugten Pragmatiker brauchen das Hinterfragen der Überzeugungen, damit daraus keine Ideologien werden und keine stromlinienförmige Anpassung an eine Politik des Sozialabbaus. Die skeptischen Pragmatiker brauchen die überzeugten, damit sie vor lauter Skepsis das Hoffen und Suchen nach praxistauglichen Ideen nicht aufgeben.

---

9 Zum Stichwort »Glauben« ein kleines Gedicht von dem liebenswürdigen und eigensinnigen Kabarettisten Hanns-Dieter Hüsch. (8) Kabarettisten sind immer gut für Ideologieprophylaxe:
»Sie sagen, / Idealismus ist ein Intelligenzdefekt. / Ich glaube es nicht. // Sie sagen, / die Bergpredigt wäre nicht so gemeint. / Ich glaube es nicht. // Sie sagen, du sollst nicht töten ist so zu verstehen, dass ... / Ich glaube es nicht. // Sie sagen, / bei etwas gesundem Menschenverstand, / müsste doch jeder ... / Ich glaube es nicht. / Sie sagen, / selbst Christus würde, wenn er heute ... / Ich glaube es nicht. / Und wenn man mir Berge / schwarzen und roten Goldes verspricht. / Ich glaube es nicht.«

Nur so kann Not auch erfinderisch machen und sich »aus leeren Kassen (bisweilen) Kapital schlagen« lassen. (Dörner) Das macht Protest und Widerstand nicht überflüssig. Widerstand gegen sozialpolitische Ungerechtigkeit. Widerstand gegen die Fremdbestimmung durch marktkonforme Sprach-, Denk- und Handlungsschablonen. Widerstand gegen angebliche Handlungszwänge, die politisch als alternativlos dargestellt werden.

Inzwischen sind die Soltauer Impulse in vielen Fachzeitschriften, auch außerhalb der Psychiatrie (und außerhalb Deutschlands) veröffentlicht worden. Sie werden immer noch in zahlreichen Vorträgen und Artikeln erwähnt, teils zustimmend, teils kritisch und immer noch bekommen wir Zuschriften von Menschen, die berichten, sie hätten angefangen, in ihren Bereichen darüber zu diskutieren. Alles das weist darauf hin, dass hier ein Prozess in Gang gekommen ist, der von alleine weiterläuft.

Von alledem ermutigt, ging die Soltauer Gruppe Mitte September 2005 zum zweiten Mal an die Öffentlichkeit und zwar mit einer Tagung in der Hauptstadt Berlin, dieses Mal von Anfang an praktisch, inhaltlich und organisatorisch unterstützt durch die DGSP. Die Tagung stand unter dem Titel »Ökonomie ohne Menschen? – Zur Verteidigung der Kultur des Sozialen«. Bewusst griffen wir auf den erwähnten Buchtitel von 1997 zurück. Bei dieser Tagung wurde versucht, die Impulse zu vertiefen und die Verknüpfung verschiedener Ebenen durch drei Tagungsschwerpunkte zu leisten. Sie lauteten:

• Zwischenmenschlichkeit auf dem Prüfstand
• Handeln im Spannungsfeld zwischen »mainstream« und »besserem Wissen« und
• Diktat des Marktes? Mythen, Auswirkungen, Alternativen[10]

Neu für die psychiatrische Szene war u.a. die Einbeziehung von alternativ denkenden Wirtschaftswissenschaftlern und Sozialwissenschaftlern mit ökonomischem Sachverstand.

Ein Teilnehmer resümierte dazu: »Ich habe bisher noch nie erlebt, dass ca. 300 Menschen aus verschiedenen sozialen Berufen ein Referat über ökonomische Zusammenhänge derart gespannt verfolgten. In der Luft lag die Erkenntnis: Wir müssen die Ökonomie und ihre Wirkungen auf das Soziale genauer verstehen, um zu begreifen, in welcher Lage wir uns

---

10 Eine fast vollständige Tagungsdokumentation findet sich in Heft 4/2005 der Sozialpsychiatrischen Informationen (Psychiatrie-Verlag, Bonn).

befinden, welche Strategien wir entwickeln müssen, in welcher Weise wir politisch handeln müssen, auch um zu begreifen, wie sehr das ökonomisierende Denken unsere Köpfe schon besetzt hat, unser Handeln schon bestimmt.« Ein anderer: »Ich begann zu verstehen, welche wirtschaftlichen und machtpolitischen Interessen hinter der Veränderung der Sozialgesetzgebung stehen.«

Am Schluss der Tagung gelang es, trotz Zeitknappheit regionale Gruppen zusammenzubringen, die sich vor Ort organisieren können. Koordinator/inn/en fanden sich, die sich für die Weiterarbeit an den Themen verantwortlich erklärten. Auch hier wurde es möglich, Prozesse anzustoßen, die ihre eigene Dynamik entfalten können.

Erwähnt seien noch kurz eine Zukunftswerkstatt[11] und Ideen zu zwei kleineren Forschungsprojekten, die Fragestellungen der Impulse aufgreifen wollen. Sie befinden sich noch im Entwicklungsstadium. Viel mehr haben wir zurzeit an Anstößen für die Handlungsebene nicht zu bieten. Was andere jetzt aus den Soltauer Impulsen machen, haben wir nicht mehr in der Hand.[12] Für uns selbst waren sie wichtig, denn durch das eigene Aufrappeln und die Entscheidung, gemeinsam mit Kollegen und Freunden etwas zu unternehmen, durch sich daraus ergebende Gespräche, durch gemeinsam gelesene, kritische Literatur, durch neue Kontakte und neue Bündnispartner haben sich uns viele Zusammenhänge erschlossen, die wir zum Zeitpunkt des Verfassens der Impulse so noch nicht

---

11 Sie fand Anfang Juni 2006 in Hofgeismar statt und hatte den Titel: »Im Griff von Markt und Bürokratie – die Gestaltung des Sozialen in die eigenen Hände nehmen – aber wie?« Sie ist insofern als Folge der Berliner Tagung anzusehen, als der dort zu kurz gekommene Austausch zwischen MitarbeiterInnen und die Entwicklung eigener kreativer Ideen nachgeholt werden konnte. Ein Bericht über die Zukunftswerkstatt ist in Soziale Psychiatrie 4/06 erschienen. Eine Dokumentation von Seiten der DGSP liegt vor.

12 Unter dem Titel »Zukunftsangst« wurde zum Beispiel die Zusammenfassung einer Expertenbefragung durch Fachhochschulstudenten zu den Themen der Soltauer Impulse veröffentlicht. (Eink, M., In: Soziale Psychiatrie 4/06)
Oder: Die Ausgabe der Zeitschrift Brückenschlag 22/2006 (Paranus Verlag) bezieht sich unter dem Titel »Turboleben und neue Ausgrenzung« ausdrücklich auf die Soltauer Impulse und dokumentiert unter anderem Erfahrungstexte, die die neuen Entwicklungen aus Betroffenensicht beschreiben.
Oder: Martin Osinski von der Brandenburgischen Gesellschaft für Soziale Psychiatrie stellte im Oktober 2006 seine spannende Diplomarbeit zum Supervisor am Fachbereich Sozialwesen der Universität Kassel unter dem Titel fertig: »Soltauer Impulse zur Sozialpolitik und Ethik«. Der Verlag stellt gerne den Kontakt zum Autor her.

sahen. Die Situation für kranke, behinderte, alte, arbeitslose oder sonst wie benachteiligte Menschen, hat sich seit Erscheinen der Impulse nicht entspannt, sondern weiterhin verschärft. Vielleicht wird dadurch die Grundrichtung aber auch ungeschminkter erkennbar.[13]

Das, was wir seit geraumer Zeit als schleichende Veränderungen in unseren Einrichtungen und Diensten wahrnahmen und was wir schließlich mit einem Knacken im Gebälk des Sozialstaates in Zusammenhang brachten, ist uns inzwischen als Folgeproblem einer national und europaweit immer stärker neoliberal ausgerichteten Politik deutlich geworden, einer Politik, die u. a. bewirkt, dass arm und reich immer weiter auseinanderdriften. Die Frage »Wie wollen wir in den sozialen Diensten und Einrichtungen arbeiten?« führte so unmittelbar zu der Frage »In was für einer Gesellschaft wollen wir leben?«[14] Wir haben einige Zeit gebraucht, bis uns deutlich wurde, dass es nicht einfach schicksalhafte Umstände sind, die eine Knappheit von Mitteln u. a. in den Bereichen Bildung und Soziales erzeugen, sondern dass hier mächtige, medial unterstützte Interessen und die Verbandelungen von Interessen im Spiel sind. (15)

In dieses Räderwerk Kiesel zu streuen, um es abzubremsen, kann sicher nur über europaweit und global agierende Organisationen gelingen, aber auch solche Organisationen setzen sich aus nationalen Gruppierungen und Einzelpersonen, lauter kleinen Davids, zusammen.

Es kann noch einige Zeit dauern, bis sich die politische Vernunft wieder einigermaßen Einfluss verschaffen kann. Zwischenzeitlich sollten wir unser Selbst- und Menschenverständnis nicht kampflos von offenen oder verschleierten marktförmigen Modellen okkupieren lassen, sollten diese nicht in unsere zwischenmenschlichen Beziehungen und Haltungen, auch Arbeitshaltungen eindringen lassen.

---

13 Anfang Juni 2006 schrieb mir eine Frau, die in der Selbsthilfeorganisation Psychiatrieerfahrener mitarbeitet, Folgendes: »Die neue gesetzliche Regelung, die gestern beschlossen wurde, dass nämlich Langzeitarbeitslosen die gesamte Unterstützung gestrichen wird, wenn sie Arbeitsangebote ablehnen – verstößt diese nicht gegen die Menschenrechte? Denn nicht einmal verurteilten Schwerverbrechern wird das Recht auf Lebensunterhalt entzogen, weder im Knast, noch hinterher.« Sie fährt dann fort: »Für die Psychiatrie ist es übrigens auch eine interessante Frage, wie unsere Gesellschaft mit ›Unwilligen‹ (Behandlungsunwilligen, Anpassungsunwilligen, Integrationsunwilligen, Arbeitsunwilligen usw.) umgeht. Allmählich staatsunwillig werdend grüßt herzlich S.« So weit die Anmerkung einer aufmerksamen psychiatrieerfahrenen Frau, die in diesem Zusammenhang zu Recht an die Menschenrechte erinnert.
14 Dazu siehe die interessante Initiative: www.dieGesellschafter.de

Eins ist mir zum Schluss noch wichtig zu betonen: Die Soltauer Initiative ist nicht gegen sozialpolitische Steuerung. Steuernd eingreifen sollte die Politik in den *Wettbewerb* im Gesundheits- und Sozialwesen. Hier muss im Interesse der Betroffenen reguliert und nicht im Interesse von Billiganbietern dereguliert werden. Auch, dass auf regionaler Ebene die Kooperation verschiedener Anbieter aufeinander abgestimmt wird, ist notwendig. Jedoch die dem Alltagsleben nahen Kommunikationsprozesse in den Diensten und Einrichtungen sollten nicht technokratisch übersteuert werden. Heute scheint man überall zu denken, je weniger Mittel da sind, desto mehr muss gesteuert, kontrolliert, dokumentiert, in Wettbewerb getrieben werden. Die Soltauer Gruppe glaubt das nicht: Das Gegenteil scheint uns eher richtig, je weniger Mittel verfügbar sind, desto mehr Gestaltungsspielraum muss für Mitarbeiter und Einrichtungen da sein, um diese Mittel wirklich an die Menschen zu bringen und nicht die – sowieso schon stark reduzierte Mitarbeiterzeit – in komplizierten, aufwendigen Verfahren, Dokumentationen usw. zu verschwenden, Zeit, die Mitarbeiter dringend brauchen, um zum Beispiel neben der Alltagsarbeit auch neue Projekte aufzubauen – wie zum Beispiel eine zeitgemäße Form der Betreuung in Gastfamilien – um Nachbarschaftshilfe zu mobilisieren, Beschäftigungsverhältnisse auch jenseits der Erwerbsarbeit zu finden, zu erfinden, Hotelunterkünfte für psychisch kranke »Betreuungsverweigerer« aus der Nichtsesshaften-Szene zu organisieren, Selbsthilfegruppen zu fördern, unabhängige Beschwerdestellen einzurichten, Psychoseseminare und Öffentlichkeitsarbeit in Schulen anzuregen und zu begleiten etc.

Sollte es nicht auch heute noch gelingen mit gut beschriebenen, offensiv vertretenen Projekten und Konzepten bei Kommunen und Kostenträgern Interesse zu wecken? Denn auch sie müssen ja eigentlich daran interessiert sein, dass Mitarbeiterinnen und Mitarbeiter weiterhin kreativ und innovativ bleiben und ihre Kraft nicht in kostspieligen Pseudoaktivitäten verschwenden. Man sollte mit denen, die das Geld verwalten, reden, zum Beispiel über eine sinnvolle, vielleicht eher an Sozialräumen als an Fachleistungsstunden orientierte, Mittelverteilung, über das, was Qualität in diesem Bereich ist, und darüber, dass wir in der sozialen Arbeit über eigene angemessene Methoden verfügen, sie zu kontrollieren. Wir müssen unsere Methoden nicht denen der Industrie ähnlich machen, müssen nicht wie ein soziales Kaninchen auf die Schlange eines industriellen Effizienzbegriffs starren, bei dem es ums Zählen und Messen geht. Wenn wir uns gegen diesen »industriellen Schatten« (7) wehren, geht es nicht um Selbstmystifikation, sondern schlicht um die Verteidigung der Grundlagen der personennahen Arbeit.

Literatur

1. Beck, U.: Was zur Wahl steht. Frankfurt am Main, Suhrkamp Verlag 2005
2. Bremer, F.: Ver-rückte Ethik – Klammheimliche Verrückung der Werte: Anmerkungen zur Qualitätsdebatte im psychosozialen Bereich. In: Blume, J., Bremer, F., Meier, J. (Hg.): Ökonomie ohne Menschen? Zur Verteidigung der Kultur des Sozialen. Neumünster, Paranus Verlag 1997 (siehe auch Dokumentation im Anhang)
3 Bremer, F.: Auf Umwegen besser zum Ziel? – Plädoyer gegen die Ökonomisierung psychiatrischen Handelns. In: Soziale Psychiatrie 2/2004
4. Dörner, K.: Das Handeln psychosozialer Profis – Zwischen individueller Hilfeplanung und Begleitung im Lebensfeld. In: Soziale Psychiatrie 4/2004
5. Eink, M.: Die paradoxen »10 Gebote« der Sozialpsychiatrie als Basis chronischer Selbstüberforderung der MitarbeiterInnen. In: Soziale Psychiatrie 2/2004
6. Heidbrink, L.: Paradoxien der Verantwortung. In: Frankfurter Rundschau vom 19.2.2005
7. Hengsbach, F.: Wertschöpfung sozialer Arbeit ohne den Schatten einer Industriepräferenz (in: 10)
8. Hüsch, H.-D.: Das Schwere leicht gesagt. Freiburg 1995, S. 18
9. Herrmann-Woitas, E., Speicher, J., Schweitzer, J.: Was nutzt der IBRP? In: Sozialpsychiatrische Informationen 3/2000
10. Kauder, V. / Aktion Psychisch Kranke (Hg.): Personenzentrierte Hilfen in der psychiatrischen Versorgung. Bonn 1997
11. Keupp, H.: Teilhabe – nicht um jeden Preis! In: Kerbe – Forum für Sozialpsychiatrie 4/2002
12. Kruckenberg, P., In: Sozialpsychiatrische Informationen 3/2000
13. Kupfernagel, W.: Gefährdet Qualitätsentwicklung die Qualität psychiatrischer Versorgung? In: Soziale Psychiatrie 2/2004
14. Leferink, K.: Eigene Sprache – Fremde Sprache. In: Brückenschlag 14/1998
15. Müller, A.: Die Reformlüge. München, Droemer Verlag 2004
16. Rosemann, M.: Umbrüche in der Psychiatrielandschaft – Herausforderungen an psychosoziale Träger. In: Soziale Psychiatrie 2/2004
17. Regus, M.: Gegenwartsprobleme, Zukunftsherausforderungen und Modelle psychiatrischer Antworten, Vortrag auf dem Workshop »Gemeindenah ist auch vorbei?« von ZPE & DPWV am 21.2.2006
18. Reumschüssel-Wienert, Ch.: Barfuss im Regen – Unsicherheit und Individualisierung gemeindepsychiatrischer Arbeit. In: Soziale Psychiatrie 2/2004
19. Reumschüssel-Wienert, Ch.: Eine Chance vertan? Kritik der Soltauer Impulse – eine Polemik. In: Soziale Psychiatrie 1/05
20. Schnell, M. W.: Globalisierung und Gerechtigkeit. In: Elm, P. (Hg.): Globalisierung, Ethik, Kultur und Politik. Dortmund 2004

Anhang / Dokumentation

1940/41 »Die bisher geleistete Arbeit der Aktion« (Sachbearbeiter E. Brandt)

Ende des zweiten Weltkriegs finden die Alliierten ein Dokument, dass den Titel trägt »Die bisher geleistete Arbeit der Aktion«. Darin wird angeführt, »dass in den Jahren 1940/41 insgesamt 70.273 Geisteskranke ermordet wurden (was in dem Bericht ›Desinfektion‹ genannt wird). Dabei wurde ausgerechnet, dass die Tötung von 70.273 Kranken – wenn man einen Tagessatz von 3,50 Mark pro Patient annimmt – eine Einsparung von 88.543.980 Mark jährlich einbringt, und wenn man davon ausgeht, dass diese Kranken zehn Jahre in den Krankenhäusern verblieben, betrügen die Einsparungen 885.439.800 Mark.

Es wurde auch ausgerechnet, dass es durch die Ermordung von 70.273 Patienten in Deutschland binnen zehn Jahren 33.731.040 Eier mehr geben würde, was eine Einsparung von 3.710.414 Mark und 40 Pfennige bedeute, 88.540.040 kg Gemüse mehr, was eine Einsparung von 13.281.606 Mark gleichkäme, usw. bezüglich Brot, Mehl, Butter, Käse, Salz ...

Wer also ist der kranke Mensch? Ist er wie in der Sicht des Nazismus ein der menschlichen Würde entblößter Gegenstand, der nur so viel wert ist, wie er Lebensmittel verbraucht, darüber hinaus jedoch ein unproduktives, lästiges, lebensunwertes Geschöpf?

Von einer deutlichen Antwort auf diese Frage, die den Sinn der Fürsorge für den Kranken überhaupt anerkennt, hängt das künftige Schicksal der Geisteskranken ab.«

Zitat aus: Zdzislaw Jaroszewski (Hg.): Die Ermordung der Geisteskranken in Polen 1939-1945. Warschau 1993, Seite 19/20 (zu beziehen über den Paranus Verlag)

Fritz Bremer

Ver-rückte Ethik[1]

Klammheimliche Verrückung der Werte: Anmerkungen zur Qualitätsdebatte im psychosozialen Bereich

Zum Denken über Ethik gehört die Erarbeitung einer kritischen Beurteilung der jeweiligen Situation, die Frage nach gegebener, gewünschter, notwendiger Wertorientierung, die Frage nach Verantwortung. Es ist in Betracht zu ziehen, dass ethische Fragen sowohl gesellschaftlich bedingt und vermittelt sind, als auch subjektiven Bedingungen unterliegen, dass sie in diesem Spannungsfeld in einem offenen Prozess entwickelt werden müssen.

Die Allmacht der Globalisierung

Seit geraumer Zeit ist es scheinbar selbstverständlich geworden, in fast allen ökonomischen, politischen, gesellschaftlichen Zusammenhängen, bei fast allen Gelegenheiten auf die »Globalisierung« hinzuweisen. Die Globalisierung begründet alles. Sie ist der Hintergrund der sogenannten »Standortdebatte«; sie macht die 20%ige Kürzung bei der Lohnfortzahlung notwendig; sie ist die Triebfeder der Umstrukturierung im Krankenhausbereich, der Privatisierung, die Triebfeder der Änderung des BSHG usw. Es ist fast selbstverständlich geworden, nach dem Hinweis

---

1 Zuerst veröffentlicht in: Jürgen Blume, Fritz Bremer, Jürgen Meier (Hg.): Ökonomie ohne Menschen? Zur Verteidigung der Kultur des Sozialen. Neumünster, Paranus Verlag 1997

auf die unumgänglichen Folgen der Globalisierung keine weiteren Fragen mehr zu stellen und in Demut dem nächsten Schritt der Sparpolitik entgegenzusehen. Globalisierung, tja, da ist dann letztendlich wohl niemand mehr verantwortlich für »das Soziale«!?

Was zeichnet sich ab?

Globalisierung bedeutet die Totalisierung der Macht des Kapitals, die totale Macht der Interessenverzahnung von Kapital, Technik und Industrie, die totale Durchdringung aller Bereiche des menschlichen, des gesellschaftlichen Lebens durch Verwertungsinteressen, durch utilitaristisches Denken.

Zu vermuten ist, dass staatliche Politik zunehmend bedeutungslos wird. Zur Zeit scheint staatliche Politik in unseren Breiten vor allem die Funktion zu haben, die europäischen Gesellschaften auf die möglichst ungehemmten Umläufe des Kapitals, der Investitionen am günstigsten Standort, auf das in jeder Hinsicht möglichst ungehemmte freie Spiel der wirtschaftlichen Kräfte vorzubereiten.

An dieser Stelle sei auf den Beitrag »Gesellschaft und Krise« von Rolf Schwendter in der September-Ausgabe der »Sozialen Psychiatrie« (3/1996) verwiesen. Schwendter beschreibt einige ökonomische und politische Tendenzen, die zum Prozess der Globalisierung bzw. Totalisierung der Kapitalinteressen dazugehören.

Welche Wirkungen provoziert dieser Prozess im gesellschaftlichen Leben, beim einzelnen Menschen, insbesondere im Bereich der Behandlung und Unterstützung beeinträchtigter und kranker Menschen?

Beobachtung 1

Unter dem Motto »Qualitätsmanagement« bzw. »Qualitätssicherung« verbirgt sich eine seltsame Mischung von Motiven.

Eines ist klar: Behandler, Helfer – zum Beispiel im psychiatrischen, psychosozialen Bereich – müssen sich fragen und fragen lassen, ob sie in ihrer Arbeit einlösen, was sie versprechen, ob ihre Versprechungen und Angebote den Bedürfnissen der KlientInnen angemessen sind. Insoweit sind Qualitätsentwicklung und Kontrolle notwendig. Ist es aber nicht erstaunlich, dass diese Debatte gerade zu dem Zeitpunkt aufscheint, da durch Gesundheits- und Sozialhilfereformgesetze die Regierenden nicht nur die Qualitätsprüfung, sondern vor allem das Sparen auf die Tagesordnung gesetzt haben?

Sparen und die neue Qualität

Was geschieht? – Verbände, Einrichtungsträger und MitarbeiterInnen reden seit ca. zwei Jahren über Qualität, sind verunsichert, stellen ihre Arbeit in Frage, stürzen sich auf Dokumentationssysteme, entdecken das betriebswirtschaftliche Vokabular als neue Heilslehre, besuchen Managementkurse usw.

Ich habe erlebt, dass in dieser Art von Qualitätsdebatte der Hinweis darauf, dass es im Grunde doch um die Durchsetzung von Sparpolitik, um Einschnitte in das soziale Netz gehe, als ketzerisch abgetan wurde. Dieser skeptische Hinweis erfüllte nicht mehr die Kriterien neuer Fachlichkeit im Sozialmanagement.

Folgende Nebenbeobachtung nehme ich als Symptom: Während der Diskussion in einer Arbeitsgruppe zum Thema »Vergleich der Qualitätsentwicklung im sozialen Bereich in verschiedenen europäischen Ländern« flüsterte mir eine Kollegin zu: »Wir reden hier über Qualität, und tatsächlich geht es schon bald um Armut.«

Obwohl die Kollegin u.a. wegen ihrer Erfahrungen und Kenntnisse im Kreis der Anwesenden sicher sehr genau angehört worden wäre, äußerte sie ihre kritische Nachfrage nicht laut und vernehmlich.

Waren überall?

Was in der Qualitäts- bzw. »Kunden«-Debatte zum Ausdruck kommt, ist nach meinem Eindruck scheinbare Sachlichkeit, das Scheinbare einer fachlichen, geschäftstuerisch unterfütterten Orientierung, die es in unserem Arbeitsfeld gar nicht geben kann.

Psychisch, psychosozial beeinträchtigte und kranke Menschen, die nie und nimmer freiwillig in psychiatrische Einrichtungen gehen würden, nun als Kunden zu bezeichnen, die kommen, um eine Dienstleistung oder gar ein Produkt zu kaufen ... das grenzt an Zynismus. Psychisch beeinträchtigte Menschen sind in einer Notlage und nicht auf Preisvergleichstour bei der Suche nach neuen Tennisschuhen. – Wie gesagt: PatientInnen müssen praktikable Möglichkeiten haben, zu prüfen, ob das, was Behandler und Helfer anbieten, tatsächlich eingelöst wird.

Erinnerung

Zu dem, was wirklich hilft, zählen im wörtlichen Sinne unschätzbare menschliche Eigenschaften und Fähigkeiten.

»Die kleine, aber wichtige Minderheit von Menschen, die in psychiatrische Anstalten kommen und tatsächlich verrückt werden (in Stücke gehen), brauchen Psychiater und Pfleger, die ihre Angst in ausreichendem Maße überwunden haben, die zumindest relativ ehrlich in Bezug auf ihre eigene Verrücktheit sind ...«, schrieb David Cooper in seinem Buch »Psychiatrie und Antipsychiatrie« (1971).

Ich halte diese Auffassung auch heute noch und auch mit Blick auf SozialpädagogInnen, ErzieherInnen, PsychologInnen und andere mehr für zutreffend. Wer das, was Cooper mit dieser Aussage meint – eine sympathetische, intuitive Suchhaltung nämlich –, im Kontakt zu PatientInnen messen und quantifizieren will, schließt es aus, verhindert es.

Gerade weil ich Coopers Aussage für zutreffend, um nicht zu sagen maßgeblich halte, meine ich auch, dass behandelnde, beratende, begleitende Einrichtungen, zum Beispiel im psychiatrischen Bereich, dafür sorgen müssen, dass Kritik und Selbstkritik in Bezug auf Arbeitsstrukturen, Arbeitshaltung, Menschenbild, dem Bild von Krankheit und Gesundheit und vieles mehr permanent möglich sind. Dieses muss aber auf eine dem Arbeitsfeld und den Menschen, um die es geht, angemessene Weise geschehen.

Beobachtung 2

MitarbeiterInnen »betreuter Wohngemeinschaften«, die mit einem »Dokumentationssystem« arbeiten (müssen), berichteten, dass durch die laufende dokumentierende Arbeit der Kontakt zu den BewohnerInnen seltener und schwächer wurde. Dass eine solche Art der Messung bzw. kritischen Prüfung nicht angemessen ist für einen Arbeitsbereich, in dem »Beziehungs-« oder »Kontaktarbeit« Schlüsselbegriffe sind, erscheint logisch. Der Versuch der Quantifizierung von Beziehung steht – nicht nur, wenn es um psychoseerlebende, erleidende Menschen geht – im Ansatz schon im Widerspruch zum Versuch einer qualitativen Aussage über Beziehung. Das Eindringen des quantitativen, des ökonomischen Denkens in diesen Bereich ist vor allem Symptom fortgeschrittener Entfremdung.

Was sichert die Qualität?

Zurzeit ist die Qualitätsdiskussion maßgeblich, die als Bemühen im Interesse der »Kunden« daherkommt und tatsächlich der Durchsetzung von Sparpolitik dienen soll. So entsteht eine verworrene, widerspruchsvolle Lage, die sich in vielfältigen Erscheinungsformen ausdrückt:

1. SozialpädagogInnen fragen sich, wer denn nun ihre »Kunden« sind – die Patienten, die Angehörigen, die Kostenträger? – und was das Produkt ihrer Arbeit sei, um am Ende insgeheim zu befürchten, dass es vielleicht ja doch stimmt, dass ihre Arbeit gar keine »richtige« Arbeit sei.

2. Einrichtungsträger bereiten sich in vielerlei Weise auf die Sparschnitte vor, geben Druck an Mitarbeiter weiter, üben sich in vorbeugendem Gehorsam, um Einrichtungen über die Runden zu bringen.

3. Sozialpädagogische, sozialpsychiatrische, therapeutische Standpunkte werden an betriebswirtschaftliches Denken verscherbelt.

4. Fragen nach grundlegender Wertorientierung wirken zurzeit eher unsachlich, ungünstig, irgendwie unpraktisch und nicht ganz klug. Es ließen sich noch weitere Details aufzählen. Wie lässt es sich zusammenfassen? Was könnte eine Schlussfolgerung sein?

Abschweifung 1

Indem zurzeit die Ökonomisierung des »sozialen Sektors« betrieben wird, macht man unter der Hand den Versuch, einen historischen Widerspruch aufzuheben, zu beseitigen, der nicht »weggemacht« werden kann – es sei denn, man würde wiederum vor inhumanen Mitteln nicht zurückschrecken.

Der soziale Bereich entstand, weil die Herausbildung der kapitalistischen Wirtschaftsweise unter anderem zur Folge hatte, dass es verschiedene Gruppen »unbrauchbarer« Menschen gab, die, wenn die damalige bürgerliche Gesellschaft in Deutschland ihr humanes Gesicht wahren wollte, in irgendeiner Weise versorgt werden mussten. Die kapitalistische Form des Ökonomischen produzierte die soziale Frage der bürgerlichen Gesellschaft.

Der NS-Staat wollte die »Endlösung« der sozialen Frage durch Tötung der Menschen, die als »Ballastexistenzen« abgestempelt wurden (siehe Klaus Dörner: »Tödliches Mitleid«).

Wenn nun heute mit der Absicht des Sparens die Ökonomisierung des Sozialen betrieben wird, dann erkenne ich darin zuallererst eine erschreckend unhistorische Haltung. Und wenn mit dieser Absicht ein erneuter Versuch der Aufhebung des Widerspruchs zwischen sozialem und ökonomischem Sektor verknüpft werden sollte, dann wäre das eine zutiefst inhumane und bedrohliche Tendenz.

Abschweifung 2

Welches waren die Orientierungspunkte – ich denke, nicht nur für mich, sondern für viele – der Psychiatriekritik und -reform in den siebziger Jahren:
1. die Vergegenwärtigung der realen Lebenssituation der Patientinnen und Patienten in den real existierenden Großkrankenhäusern;
2. die Vergegenwärtigung der Brutalität, des Umfangs, der bürokrati schen Qualität der Patiententötungen, der T4-Aktion im NS-Staat;
3. der radikale, gesellschaftspolitisch orientierte Reformversuch der Demokratischen Psychiatrie-Bewegung um Basaglia in Italien;
4. die radikal erfahrungsbezogene, die Lebensgeschichte und das subjek tive Psychoseerleben ernst nehmende theoretische und praktische Arbeit von R.D. Laing und David Cooper.

Maßgeblich waren kulturkritische, historisch-analytische, institutionelle Zwänge überwindende, nicht zuletzt grundlegend humanistische Impulse.

Psychische Erkrankung, gesellschaftliche Ausgrenzungsmechanismen, das Patient-Therapeut-Verhältnis, die Rituale »totaler Institution« wurden im Kontext der Begriffe von Entfremdung und Selbstentfremdung diskutiert.

Auf dem Weg zur Norm-Menschmaschine

Wenn ich die Voraussetzungen, die bisher beschriebenen Beobachtungen, die Gedanken dazu und nun die beiden Abschweifungen konzentriere, komme ich zu folgender

Schlussfolgerung

Wir sind an einem Punkt angelangt, an dem entfremdetes Leben, Entfremdung und Selbstentfremdung total werden – die Totalisierung der Entfremdung. Die »Pathologie der Normalität« (Erich Fromm) ist normal. In einem Ausmaß, das Fromm und andere sich, scheint mir, noch nicht vorstellen konnten, wird dieser Zustand der permanenten Selbstverleugnung, der permanenten Anpassungshöchstleistung nicht mehr als entfremdet wahrgenommen, sodass das Denken darüber kaum noch möglich ist. Die Entfremdungsleistung als dauerhafte Voraussetzung dafür, dass dauerhaft angepasst überlebt werden kann, ist automatisiert, ist ein Vorgang – dem Atmen vergleichbar – geworden. Um ein anderes Bild hinzuzufügen: Er ist Teil der Norm-Menschmaschine. Das Denken, d.h. auch das Sprechen darüber, ist kaum noch möglich.

Abschied von der Humanität?

Wenn die Entfremdung solche Qualität erreicht, also ein Ausmaß, das die Bewusstwerdung der Phänomene der Entfremdung selbst nicht mehr möglich macht, das die Verdrängung der subjektiven und kollektiven Gefahren der Entfremdungsphänomene total werden lässt, dann haben wir es mit einem ethischen Problem zu tun. Stehen uns überhaupt noch humane Sensoren zur Verfügung, um zu bemerken, was mit uns geschieht? Was wir mit anderen tun? Was es bedeutet, »Patienten« »Kunden« zu nennen, Gesprächskontakte zu zählen?

Forderung

Es kann in unserer Arbeit nicht darum gehen, sich zyklisch im Hauptstrom zu bewegen.

Notwendig ist antizyklisches Denken, das es uns ermöglicht, in der Entfremdung kritisch zu sein.

Ein genauer historischer Blick ist notwendig, damit wir der Bedeutung des »Sozialen«, der Widersprüche, aus denen es immer neu hervorgeht, gewahr bleiben.

Wir haben natürlich die Arbeit an der Reform der psychiatrischen Versorgung weiterzuentwickeln. Wir haben aber auch etwas zu verteidigen:

die erreichte Wertschätzung der psychiatrieerfahrenen Menschen, wie sie sich in einigen Entwicklungen der letzten Jahre kundtut. Die unkritische Anwendung des Kunden-Begriffs dagegen sollten wir als Rückschritt zurückweisen.

Von der hiesigen Spardiskussion bis hin zur sogenannten Bioethik-Konvention – die Lage sollte uns anregen, unsere Arbeit erneut und intensiv politisch zu begreifen, um unter anderem dadurch unserer »moralischen Anästhesie« (Viktor von Weizsäcker) vorzubeugen.

Soltauer Impulse

zu Sozialpolitik und Ethik
am Beispiel psychiatrischer Arbeitsfelder

April 2004

Vorbemerkung

Die Soltauer Initiative ist ein überregionaler Zusammenschluss von Mitarbeiterinnen und Mitarbeitern aus sozialen Arbeitsfeldern, zunächst vornehmlich aus der Psychiatrie.

Sie befasst sich mit Themen auf der Schnittstelle zwischen Sozialpolitik und Arbeitsalltag.

Zum Beispiel: Wie verändert sich die Arbeit im Nebel einer ökonomisierenden Neusprache, schönen Qualitätsfassaden und unter dem Druck von Kürzungen? Wie wirkt sich das Übermaß bürokratischer Anforderungen sowie die Zunahme nicht Patienten/Klienten bezogener Sekundärtätigkeiten aus?

Die Initiative sucht danach, eigene Beobachtungen und Analysen, aber auch Irritationen und Zorn für angemessenes, kreatives Handeln fruchtbar zu machen.

Ein erstes Ergebnis sind die vorliegenden »Soltauer Impulse«. Sie sind zum Teil noch erkennbar an dem Arbeitsfeld Psychiatrie orientiert. Die Initiative ist sich bewusst, dass die Vernetzung weiter gehen muss. Andere Arbeitsfelder und Gruppierungen sollen einbezogen werden. – Schritt für Schritt – wir arbeiten daran.

»Modernisierung des Gesundheitswesens«, »Umsteuerung des Sozialstaates«, »Reformen« – Was bewirken diese Programmatik und die ihr folgenden Gesetzesänderungen in der Gesellschaft und bei den Betroffenen? Was bei ihren Angehörigen und bei den Mitarbeitern in den entsprechenden Arbeitsfeldern? Zunächst bei vielen das Nachdenken über Hintergründe und Zusammenhänge. Keiner kann behaupten, die Lage sei einfach: Die Globalisierung der Kapital-, Waren- und Arbeitsmärkte, die gravierende Veränderung der Altersstruktur in unserer Gesellschaft, die rasante Geschwindigkeit der technologischen Entwicklung, die dadurch ausgelösten Rationalisierungsschübe, mit gigantischen Arbeitslosenzahlen im Gefolge – das sind im Wesentlichen die Faktoren, die zur gegenwärtigen strukturellen ökonomischen Krise geführt haben. Die sogenannten Reformen in der Sozial- und Gesundheitspolitik sind eine Antwort auf diese Entwicklungen, gesellschaftliche Umbrüche ihre Folgen.

Aber ist es hinnehmbar, dass Reform vor allem bedeutet: Einschnitte, Verzicht, Zuzahlung, Absenkung von Behandlungs- und Betreuungsstandards? Ist es hinnehmbar, dass insbesondere dort weggenommen wird, wo die Schwächsten getroffen werden, die sich am wenigsten wehren können: gebrechliche alte Menschen, chronisch kranke und behinderte Menschen, allein lebend oder in Heimen? Von akuten Notlagen betroffene Menschen fühlen sich allein gelassen und würdelos behandelt. Die Politik verschließt im öffentlichen Diskurs davor die Ohren und will uns stattdessen einreden, es ginge nur um Modernisierung.

Beunruhigend finden wir, dass in Wechselwirkung mit ökonomischer Krise und sozialpolitischen Umbrüchen ein Mentalitätswandel in der öffentlichen Debatte hörbar und spürbar wird. Ein Beispiel: Im »Spiegel« war vor Kurzem zu lesen »Der wahre Treibsatz für die Sozialhilfeetats steckt in den Ausgaben für Schwerstbehinderte«. (40/2003, S. 21) Was schwingt da mit? Welche Enthemmung wird mit solcher Sprache vorbereitet? Ist das die entwertende Begleitmusik zur gegenwärtigen Politik?
    Wo fängt in unseren Arbeitsfeldern die ethisch abschüssige Bahn an? Wie weit können und sollen wir uns aus rationalen Gründen und aus solchen der Loyalität ökonomischen und bürokratischen Vorgaben anpassen? Müssen wir die neue ökonomisierende Sprache übernehmen, um überhaupt noch verstanden und ernst genommen zu werden? Können wir es schaffen, dabei uns selbst und dem Sinn unserer Aufgabe treu zu bleiben? Sehen wir überhaupt noch Handlungsspielräume und wo sollen wir mit unserem Zorn bleiben?
    Mit diesen und ähnlichen Fragwürdigkeiten setzen sich die Soltauer Impulse auseinander.

Wahrnehmungen und Impulse

1

Wir nehmen wahr: Das Netz der Solidarität reißt weiter ein. Erosion statt Reform? Dagegen etwas tun zu wollen, erscheint wie der Kampf eines kleinen, sensiblen Davids gegen den großen, selbstbewussten Athleten Goliath.

Wir behaupten dennoch weiterhin: Es ist und bleibt Aufgabe eines Sozialstaates, individuelle Risiken zu kompensieren und Ausgleich von Ungleichheiten herzustellen. Das wachsende Auseinanderdriften zwischen denen, die am Wohlstand teilnehmen und denen, die davon ausgeschlossen sind, muss beendet werden.

Es ist an der Zeit die »Davidfraktion« zu unterstützen. Wer den Glauben, dass es immer Einflussmöglichkeiten zu finden gibt, nicht verliert, kann gegen alle möglichen Athleten siegen.

2

Wir nehmen wahr: Verminderte Toleranz und Akzeptanz von Anderssein in der Gesellschaft und einen sich mehr und mehr verschärfenden Ausschluss von Randgruppen. Als einseitige Leitvorstellung gefährdet der Begriff der Autonomie diejenigen, die sich nicht selbst helfen können. Sie werden ökonomisch ausgegrenzt und zusätzlich sozial stigmatisiert.

Uns ist wichtig, dass solche Entwicklungen nicht als »Kollateralschäden« von Reformen hingenommen werden. Sie zu vermeiden, muss im Gegenteil zu den Eckpfeilern gehören, die aus ethischen Gründen nicht ins Wanken geraten dürfen. Dabei sollten Schlagworte wie Autonomie und Freiheit von der Politik nicht als Entlastung von sozialer Verantwortung missbraucht werden.

3

Wir nehmen wahr: Das gesellschaftliche Teilsystem Wirtschaft ist zum nicht mehr hinterfragbaren Schiedsrichter zwischen richtig und falsch geworden und das Zauberwort »Effizienz« dominiert inzwischen auch den gesamten Sozial- und Gesundheitssektor. Psychisch kranke Menschen werden auf Kosten ihrer Identität und Integrität gezwungen, sich dem ökonomischen, administrativen und dem an Messbarkeit ausgerichteten fachlichen Normierungsdruck zu beugen.

»Die Parteien überbieten sich ... darin, die Gesellschaft in eine Horde marktbesessener Athleten zu verbiegen.« (F. Hengsbach, Wirtschaftswissenschaftler)
Wir sind überzeugt, dass die Psychiatrie sich diesem Trend weder beugen muss noch darf. Sie sollte sich unbeirrbar und vorrangig auf den Respekt vor den subjektiven Erfahrungen der Betroffenen, ihrer Individualität und ihrer Lebenswelt gründen.

Wir möchten dazu ermutigen, die Emanzipationsbewegung psychiatrieerfahrener Menschen zu unterstützen und zwar hinsichtlich:

* Übersetzung psychiatrischen Fachwissens in verständliche Informationen
* Mitbestimmung bei der Behandlung und bei den Strukturen, innerhalb derer Behandlung, Begleitung, Betreuung stattfinden
* Information über zustehende gesetzliche Rechte
* Mitwirkung in politischen Gremien
* Finanzielle Unterstützung von Selbsthilfetätigkeiten

Außerdem sollte folgenden, von Psychiatrieerfahrenen formulierten, Qualitätskriterien Priorität eingeräumt werden:

* Individuelle Behandlung statt normiertem Vorgehen
* Zeit zur Verfügung stellen statt Hektik verbreiten
* Freundlichkeit, Respekt, Verständnis, Gespräche, Zuhören
* Unterstützung des selbst bestimmten Umgangs mit der psychischen Erkrankung.

4

Wir nehmen wahr: Die Bevorzugung pharmakologischer und technisch gestützter Therapien im klinischen Bereich führt im Verein mit Wettbewerb und Markt dazu, dass eine neue Zwei-Klassenpsychiatrie entsteht. Materielle und personelle Ressourcen werden vorwiegend für akut erkrankte Menschen verwandt, die diagnoseabhängig spezialisierten Stationen zugewiesen werden. Psychische Erkrankung wird nicht mehr als existenzielles Lebensereignis verstanden. Insbesondere kommen dabei schwer und längerfristig erkrankte Menschen zu kurz. Das führt zu Remedizinisierung und zur sogenannten Drehtürpsychiatrie.
Wir wollen, dass diese Entwicklungen nicht tabuisiert werden. Es kann nicht hingenommen werden, dass immer mehr psychisch kranke Men-

schen kaum betreut in Heimen der Chronifizierung überlassen werden oder in der Obdachlosigkeit landen.

5

Wir nehmen wahr: Mitarbeiter, die sich unter Top-down-Vorgaben als fremdbestimmt, enteignet, unter ewigem Zeitdruck und ohne wirkliche Einflussmöglichkeiten erleben. Von Mitarbeitern, die in ihrer Eigenständigkeit nicht respektiert werden, kann kaum tragfähiges Engagement für die Begleitung ihrer Klienten als eigenständigen Personen erwartet werden.

Wir erinnern daran, dass parallel zur Stärkung der Emanzipation der Psychiatrieerfahrenen auch die Emanzipation der sie begleitenden Mitarbeiter wieder als Aufgabe erkannt werden muss. Das Eine ist ohne das Andere nicht zu haben.

Nur Einrichtungen, die selbst Gestaltungsspielräume behalten, können diese an ihre Mitarbeiter weitergeben. Dies ist eine der wichtigsten Quellen für dauerhafte Arbeitsmotivation.

6

Wir nehmen wahr: In Bereichen der Eingliederungshilfe wird unter Propagierung wohlklingender Maßnahmen wie Qualitätssicherung, Personenzentrierung, individuelle Hilfeplanung, Zielvereinbarung, Persönliches Budget etc. der Anspruch an Mitarbeiter immer höher geschraubt, bei gleichzeitiger Kürzung von Mitteln und Verknappung von Zeit im direkten Umgang mit Patienten/Klienten. Gigantische Datenfriedhöfe, die keiner mehr handhaben kann, werden erzeugt. Plakative Selbstdarstellung wird von innerer Aushöhlung des praktisch nicht Umsetzbaren begleitet.

Wir fordern, dass Mitarbeiter von Sekundärtätigkeiten entlastet werden, um wieder mehr Zeit für Klienten/Patienten zu haben. Gute Ziele dürfen nicht missbraucht werden als Fassade für Sparprogramme. Insbesondere die an und für sich sinnvolle Einführung eines persönlichen Budgets muss wachsam beobachtet werden, damit ein Zugewinn an Freiheitsrechten nicht von dem Verlust lebensnotwendiger Sozialrechte begleitet wird, die die Freiheitsrechte fiktiv werden lassen. Bei Kontroversen dieser Art sollten wir uns nicht einreden lassen, dass es um konservative Mahner und Bremser auf der einen Seite und pragmatisch-optimistische Modernisierer auf der anderen geht.

7

Wir nehmen wahr: Es besteht ein hohes gesellschaftspolitisches Interesse, auch kranke und behinderte Menschen in Kunden zu verwandeln, obgleich nur allzu deutlich ist, dass sie nicht über Konsumentensouveränität verfügen.

Wir halten es für wichtig, dieser Mogelpackung keine Chance zu geben und unseren Klienten lieber zu ihren Bürgerrechten zu verhelfen, denn ein Bürger kann Ansprüche gegenüber dem Staat geltend machen. Ein Kunde jedoch hat lediglich Anspruch auf das, was er bezahlen kann. Es zeugt von dem Verfall sozialer und politischer Kultur, wenn das wirtschaftliche Subjekt höher eingestuft wird als das politische und wenn so alle menschlichen Beziehungen zur Ware werden.

8

Wir nehmen wahr: Von der Politik wird Wettbewerb mit der Intention der »Marktbereinigung« durch Konkurrenz und Preisdruck unter Kollegialeinrichtungen gefördert. Das erschwert die Zusammenarbeit der Anbieter.

Wir haben gute Erfahrungen damit gemacht, die solidarische Zusammenarbeit der unterschiedlichen Dienste und Träger zu suchen und Konkurrenzen konstruktiv und fair zu gestalten. Dabei können und sollen die Strukturen der Zusammenarbeit in den verschiedenen Regionen unterschiedlich aussehen.

Gegenüber Kostenträgern, Politik und Öffentlichkeit ist eine gemeinsame Formulierung der Interessen unabdingbar. In diesem Sinne werden wir uns auch mit anderen Lebens- und Arbeitsfeldern der Behinderten-, Alten- und Sozialhilfe verbinden.

9

Wir nehmen wahr: Ein verwirrendes Gemisch aus politisch bedingtem Spardruck, Kontrollbedürfnissen von Leistungsträgern, Rechtfertigungsbemühungen von Leistungserbringern, sowie von Seiten aller Beteiligten eine geradezu manische Neigung zur Anwendung unterschiedlichster Instrumente, die das alles regulieren sollen. Ein Begriff wie »personenzentriert« als Titel flächendeckender normierender Hilfeplanung wird zu einem Widerspruch in sich.

Wir wenden uns gegen eine flächendeckende Implementierung von Dokumentations- und Hilfeplaninstrumenten ohne regionalen Bezug.

Die Zufriedenstellung von Kostenträgern darf nicht als Rechtfertigung dafür benutzt werden, sich die Auseinandersetzung mit denjenigen, die mit den Instrumenten umgehen sollen, und denjenigen, denen sie dienen sollen, zu ersparen. Instrumente können als Hilfsmittel bisweilen sinnvoll sein. Wo sie benötigt werden, sind sie unter Einbeziehung von Mitarbeitern und Betroffenen zu entwickeln, bzw. auf ihre Tauglichkeit in der Praxis zu überprüfen. Von Leitungen dürfen sie nicht als Reglementierungsinstrumente missbraucht werden. Bei dem, was für Menschen an Unterstützung notwendig ist, ist u. E. eher auf die gesetzlich verankerten Rechte der Betroffenen zu setzen sowie auf Gespräche und Aushandlung im Einzelfall als auf zusätzliche bürokratische Instrumente.

10

Wir nehmen wahr: Im Bereich der Sozialhilfe stehen Leistungsträger und Leistungserbringer mit aufwendigen, höchst komplizierten, bisweilen diskriminierenden Hilfeplanverfahren im Widerspruch zum gesetzlich Geforderten, denn nach §9 SGB X ist das Verwaltungsverfahren nicht an eine bestimmte Form gebunden; es ist lediglich einfach und zweckmäßig durchzuführen.

Wir dringen auf vereinfachte, gesetzeskonforme Verfahren, in denen berücksichtigt wird, dass Sozialhilfe nach §5 BSHG unmittelbar nach Bekanntwerden des Bedarfs einzusetzen hat und nicht von einer positiven Empfehlung einer »Hilfeplankonferenz« abhängig gemacht werden darf.

11

Wir nehmen wahr: Zunehmende Bürokratisierung, zum Teil mitverursacht durch eine Vielzahl neuer Hierarchie- und Sachbearbeitungsebenen, blockiert notwendige Kommunikation. Formalisierende und normierende Vorgaben haben sich von den Bedürfnissen der Menschen längst abgelöst. Zum Beispiel: Jede Ebene will die Geschicke der Betroffenen mitgestalten und versucht ihre Existenzberechtigung durch immer neue Abfrageinstrumente und Quotenvorgaben zu beweisen – dies umso mehr je weniger sie inhaltlich und fachlich informiert ist. Misstrauen zwischen allen Beteiligten ist die Folge.

Wir halten es für dringend geboten, den ausufernden Bürokratismus schnellstens herunterzufahren und die weitere Verschwendung von Geldern auf dieser Ebene zu verhindern. Mindestens 40% der Mittel werden nach Einschätzung von E. Huber (Vorstand Securvita BKK) durch solche bürokratischen Pseudobewältigungsversuche verschleudert. (FR, 9.12.03) Formularexzesse und Standardisierungsmanie, die als persönliche Abwehrstrategien benutzt werden, sind die falsche Antwort. Sie sind häufig auch ein Versuch, im Grundsatz Unbeherrschbares zu beherrschen. Sozialpsychiatrie darf sich nicht im »zwanghaften Erstellen von Strichlisten verlieren«. (U. Plog, Psychologin)

12

Wir nehmen wahr: Vielen sozialpsychiatrischen Initiativen, die im Zuge der Psychiatriereform entstanden sind, geht durch die fortschreitende Institutionalisierung und Bürokratisierung sowie durch administrative Auflagen der örtlichen und überörtlichen Verwaltungen die Luft aus.

Wir möchten wieder anknüpfen an den eigentlichen Sinn sozialpsychiatrischer Arbeit, nämlich: Heraustreten aus den Einrichtungen und Diensten zugunsten des Hineingehens in die Familien, in die Arbeits- und Wohnwelt der Betroffenen, zu den Nachbarn. Dazu gehört auch Begleitung zu unterschiedlichen kulturellen – und Freizeitveranstaltungen sowie Fortbildungsangeboten in der Kommune. Dies alles muss gegenüber der Flutwelle sekundärer, nicht klientenbezogener Tätigkeiten wieder Priorität gewinnen. Zu solcher Gemeinwesenarbeit gehört auch die Einmischung in die kommunale Politik, zum Beispiel durch Anregung, regionale Runde Tische zu gründen, um gemeinsam mit allen Beteiligten Lösungswege zu finden.

Schlussbemerkung

Die InitiatorInnen und ErstunterzeichnerInnen würden sich freuen, wenn die Soltauer Impulse dazu anregen, sich mit Kolleginnen und Kollegen in den jeweiligen Arbeitsfeldern auch über die eigenen Erfahrungen auszutauschen. Besonders spannend wird ein solcher Austausch, wenn er hierarchie- und berufsgruppenübergreifend erfolgt. Natürlich ist die Soltauer Initiative auch an weitergehenden Ideen, Anregungen und Rückmeldungen der Leserinnen und Leser interessiert.

Kontaktadresse: Renate Schernus, Bohnenbachweg 15, 33617 Bielefeld
Die niederländische, englische und polnische Übersetzung sind abzurufen über die homepage der Soltauer Initiative Ostwestfalen-Lippe:
http://soltauer-impulse.culturebase.org
Dort finden sich auch weitere Kontaktadressen.

Doortje Kal

Gastfreundschaft

Das niederländische
Konzept Kwartiermaken

Übersetzt von Rita Schlusemann
Mit einem Vorwort von Robin Boerma

Paranus *goes Wissenschaft*

»*Weißt du, was schlimm ist?! Das ständig zurückkehrende Gefühl der Hoffnung, doch endlich dazuzugehören.*«

Das Konzept *Kwartiermaken* ist eine Antwort auf die Enttäuschung dieser Hoffnung, eine Antwort auf die gesellschaftliche Ausgrenzung von psychisch kranken Menschen, die noch mehr als andere das Bedürfnis haben, verstanden zu werden.

Wörtlich bedeutet *Kwartiermaken*, einen Aufenthaltsort für eine Gruppe Neuankömmlinge vorzubereiten. *Kwartiermaken* meint also die Förderung eines gesellschaftlichen Klimas, in dem (mehr) Möglichkeiten entstehen für Menschen mit Psychiatrieerfahrung und viele andere, die mit denselben Mechanismen der Ausgrenzung kämpfen.

Dazu sagt die Autorin Doortje Kal, die das Projekt *Kwartiermaken* in den Niederlanden maßgeblich mit aufgebaut hat, in diesem Buch:

»Ich möchte untersuchen, was gesellschaftlich notwendig ist, um soziale Integration zu ermöglichen, die nicht auf Assimilation hinausläuft, bei der das Anderssein ausgelöscht wird.

Kwartiermaken ist im Wesen das Organisieren von Gastfreundschaft, also ein Willkommenheißen, ohne Fragen zu stellen.«

216 Seiten · ISBN 978-3-926200-67-9 · 19,- €
Postfach 1264, 24502 Neumünster · Telefon (0 43 21) 20 04-5 00 · Fax 20 04-411
verlag@paranus.de · **www.paranus.de**

Brückenschlag 22/2006

Zeitschrift für Sozialpsychiatrie,
Literatur, Kunst

Turboleben
und neue Ausgrenzung

Unser aller Leben ist zunehmend geprägt durch Beschleunigung und wachsende Komplexität. Forderungen nach Leistung, Mobilität, Flexibilität, höherer Geschwindigkeit sind im Berufsleben und in der öffentlichen Debatte ständig gegenwärtig. Wer nicht mehr mitkommt, fällt vom rasenden Karussell.

Nicht nur behinderte Menschen sind im Zuge der Sozialstaat-„Reformen" von Kürzungen finanzieller Leistungen betroffen.

Greift da eine modernisierte Form von Ausgrenzung – Ausgrenzung dadurch, dass der Zugang zu notwendigen Hilfen erschwert oder versperrt wird?

Bedeutet – nachdem „gemeindenahe Versorgung" die Ausgrenzung durch das Leben in großen Anstalten weitgehend abgelöst hat – „Anderssein" heute wirklich gleich gültig oder wieder zunehmend gleichgültig zu sein? Gibt es in Folge ausgrenzenden Verhaltens anderer, in Folge von Ausgrenzung durch andere, so etwas wie Selbstausgrenzung? Leben in der ständigen Erwartung, nicht erwünscht zu sein, nicht gebraucht zu werden?

Wie wirkt das alles eigentlich auf Menschen, die beeinträchtigt sind? Bewirkt die Beeinträchtigung, das Anderssein selbst die Ausgrenzung? Oder entsteht Ausgrenzung durch die Reaktionen anderer, durch die Anforderungen des sozialen, beruflichen, technischen Umfeldes?

Der neue Brückenschlag versucht Antworten in Form von Essays, Berichten, Geschichten, Bildern und Gedichten.

Mit einem Abonnement unterstützen Sie unsere Arbeit sehr.

ISBN 978-3-926200-69-3 · 224 Seiten · viele farbige Abbildungen
15,- Euro · Abopreis: 12,80 Euro
Postfach 1264 · 24502 Neumünster · Telefon (0 43 21) 20 04-500 · Fax 20 04-411
verlag@paranus.de · **www.paranus.de**

Fritz Bremer

In allen Lüften hallt es wie Geschrei

Jakob van Hoddis
Fragmente einer Biographie

Mit einem Nachwort von
Irene Stratenwerth

Fritz Bremer nimmt uns „an die Hand", um einen außergewöhnlichen Menschen kennen zu lernen. Mit Hilfe von Krankenakten, Briefen und Erinnerungen der Wegbegleiter geht Bremer auf die Suche nach der Persönlichkeit des Hans Davidsohn, der sich Jakob van Hoddis nannte. Bereits 1911 erschien das vielleicht berühmteste expressionistische Gedicht „Weltende", mit dem van Hoddis Literaturgeschichte schrieb: „Dem Bürger fliegt vom spitzen Kopf der Hut, in allen Lüften hallt es wie Geschrei...".

Kurz darauf traten die ersten Anzeichen einer psychotischen Erkrankung auf und eine jahrzehntelange Odyssee begann. Sein Leben als Pflegling und Patient verschiedener psychiatrischer Kliniken endete im Mai 1942 mit der Deportation und Ermordung in Polen. Hans Davidsohn starb als Jude, als „verbrannter Dichter" und als Psychiatriepatient.

Fritz Bremer lässt den Menschen Jakob van Hoddis wieder lebendig werden, ohne Überhöhung und ohne übertriebene Schonung. Und er unternimmt mit ihm schließlich eine Zeitreise an eine der wichtigsten Geburtsstätten der Psychiatriereform – ins Triest der 70er Jahre.

„Bremers Biographie fragt, ohne es auszusprechen: Wie würde uns jemand wie Hoddis heute begegnen?" Die ZEIT

ISBN 978-3-926200-46-4 · 168 Seiten · 14,80 Euro
Postfach 1264 · 24502 Neumünster · Telefon (0 43 21) 20 04-500 · Fax 20 04-411
verlag@paranus.de · www.paranus.de